아두이노,
상상을 현실로 만드는 프로젝트 실전편

Copyright ⓒ 2021 by Youngjin.com Inc.

401, STX-V Tower 128, Gasan digital 1-ro, Geumcheon-gu, Seoul, Republic of Korea 08507

All rights reserved. No part of this book may be reproduced or transmitted in any form or by any means, electronic or mechanical, including photocopying, recording or by any information storage retrieval system, without permission from Youngjin.com Inc.

이 책의 사용된 일러스트 소유권은 'Fritzing'에 있습니다.

ISBN 978-89-314-5488-8

독자님의 의견을 받습니다

이 책을 구입한 독자님은 영진닷컴의 가장 중요한 비평가이자 조언가입니다. 저희 책의 장점과 문제점이 무엇인지, 어떤 책이 출판되기를 바라는지, 책을 더욱 알차게 꾸밀 수 있는 아이디어가 있으면 팩스나 이메일, 또는 우편으로 연락주시기 바랍니다. 의견을 주실 때에는 책 제목 및 독자님의 성함과 연락처(전화번호나 이메일)를 꼭 남겨 주시기 바랍니다. 독자님의 의견에 대해 바로 답변을 드리고, 또 독자님의 의견을 다음 책에 충분히 반영하도록 늘 노력하겠습니다.

주 소 : (우)08507 서울특별시 금천구 가산디지털1로 128 STX-V 타워 4층 401호
(주)영진닷컴 기획1팀

이메일 : support@youngjin.com

파본이나 잘못된 도서는 구입처에서 교환 및 환불해 드립니다.

STAFF

저자 이준혁 | **총괄** 김태경 | **기획** 기획 1팀 | **진행** 정소현 | **디자인** 지화경 | **편집** 임정원·고은애 | **인쇄** 예림

아두이노,
상상을 현실로 만드는 프로젝트 [실전편]

YoungJin.com Y.
영진닷컴

이 책의 머리말

이준혁

입문편을 내고 거의 1년이 지났다. 입문편을 낸 뒤 좋은 점은 책을 준비하느라 아두이노에 대해 많이 배웠다는 것과 많은 사람들이 아두이노에 대한 관심이 생겼다는 것이다. 책을 내기 전 아두이노를 안다고 하는 사람들을 만나면 대게 공대생이거나 하드웨어 개발자들이 많았다. 그런데 입문편을 내고 난 뒤에는 초등학생부터 일반인까지 아두이노가 재미있다고 내게 연락하는 사람들이 많다. 나 또한 그런 사람들이 반가워 꼭 사무실로 초대해 아두이노와 관련된 다양한 이야기를 나누고, 더 나아가 3D 프린터, 라즈베리 파이와 같은 이야기로 즐거운 시간을 보내곤 한다. 어찌보면 입문편을 내게 된 계기인 아두이노에 대한 편견을 깨뜨리는데 어느 정도 성공했다는 생각에 기분이 좋다.

여전히 아두이노는 내가 재미있게 가지고 노는 것 중에 하나다. 회사 제품 개발과 관련된 부분을 아두이노를 이용해 프로토타입을 개발하고, 다양한 프로젝트를 아두이노로 개발한다. 물론 그 중에는 개인적인 취미로 만드는 프로젝트도 많다. 6살짜리 아들도 이젠 내게 "아두이노 박사, 이준혁"이라고 말한다. 그럴 때면 난 다시 아들에게 "아빠, 그냥 구글에서 아두이노에 대해 검색을 잘 하는 것뿐이야^-^"라고 말해준다.

사람들은 내가 책을 냈다는 이유로 아두이노를 엄청 잘 한다고 생각한다. 하지만 난 내 자신이 아두이노를 잘 한다고 생각하지 않는다. 단지 내가 구현하고자 하는 아두이노 프로젝트에 대한 정보를 좀 잘 찾는 것뿐이다. 실제로 인터넷을 찾아보면 아주 많은 아두이노 프로젝트들이 어떻게 만들어졌는지 친절하게 모두 공개되어있다. 나름 기발하다고 하는 나만의 아이디어도 검색해보면 누군가 이미 아두이노를 이용해 만든 것을 볼 수 있다. 심지어 내가 생각한 아이디어에서 더 나아가 문제점을 파악하고 더 멋지게 만든 경우가 대다수다. 결국 아두이노 프로젝트를 하는데 있어 제일 중요한 것은 프로젝트를 하겠다는 의지라 할 수 있다. 많은 사람들이 프로그래밍과 하드웨어를 잘 모른다는 이유로 아두이노를 시작조차 안 한다. 일단 두려워하지말고 도전해보기 바란다. 시작이라도 하면 반은 성공한 것이다.

이번 실전편은 입문편에서 하지 못한 내용을 정리해보았다. 내용을 크게 4가지로 나누었다.

첫 번째는 아두이노 프로젝트를 본격적으로 하기 위해 필요한 기본 지식에 대해 설명한다.
두 번째는 아두이노와 PC를 연결해 프로젝트를 하는 방법에 대해 배운다.
세 번째는 블루투스를 이용해 아두이노와 안드로이드를 연결한 모바일 프로젝트를 하는 방법을 설명한다.
네 번째는 아두이노를 이용해 사물인터넷 프로젝트를 만드는 방법을 배운다.

실전편은 입문편을 봤다는 것을 전제로 한다. 따라서 실전편을 보기 전 꼭 입문편을 읽기 바란다.

이번에도 실전편을 쓸 수 있게 해준 영진닷컴 출판사에 감사드린다. 그리고 여러모로 도움을 많이 준 매직에코 식구들에게도 감사드린다. 마지막으로 이번 실전편을 쓰는 동안에도 옆에서 응원해준 가족들에게 감사하단 말을 전한다. 특히 일하느라 책 쓰느라 많이 놀아주지 못했는데도 항상 아빠 좋다고 안기는 현성이와 옆에서 덜렁대는 나를 챙겨주느라 고생 많은 아내, 고맙고 사랑해♡

이 책의 구성

PART 01 :: 개구쟁이 바보상자
사람이 스위치를 켜면 자동으로 로봇 팔이 나와 스위치를 다시 끄는 개구쟁이 바보상자를 만들어봅니다.

PART 02 :: 외부 전원 사용하기
외부 전원을 사용하는 방법을 배웁니다. 외부 전원을 이용하면 아두이노에 많은 센서와 액츄에이터를 연결할 수 있고, 전기를 많이 먹는 부품도 사용할 수 있습니다.

PART 03 :: 릴레이 사용하기
릴레이는 주로 큰 전압의 전기가 흘러가는 길을 바꿔줄 때 사용하는 전자부품입니다. 릴레이를 사용해 전자 도어락을 제어해봅니다.

PART 04 :: 아두이노 LEONARDO
아두이노 LEONARDO는 컴퓨터에 연결해 키보드나 마우스처럼 사용할 수 있습니다. 아두이노 LEONARDO를 이용해 슈퍼 마리오를 조종해봅니다.

PART 05 :: 시리얼 통신 파헤치기
시리얼 통신을 보다 잘 활용할 수 있는 방법에 대해 배웁니다. switch문이라는 것을 이용해 컴퓨터에서 전달받은 글자에 따라 정해진 음이 피에조 스피커로 재생되도록 해봅니다. 그리고 시리얼 모니터에 RGB 값을 입력해 삼색 LED의 색을 바꿔봅니다.

PART 06 :: 아두이노의 어머니, 프로세싱
아두이노의 어머니라 할 수 있는 프로세싱에 대해 살펴보고, 프로세싱 IDE를 설치하는 방법을 배웁니다. 또한 프로세싱을 이용해 화면에 그림 그리는 것을 해봅니다.

PART 07 :: 초음파 레이더 만들기
초음파센서와 서보모터를 이용해 초음파 레이더를 만들어봅니다. 먼저 아두이노에 초음파센서와 서보모터를 연결해 좌우로 돌며 거리 값을 읽도록 만듭니다. 그리고 프로세싱과 연결해 화면에 레이더 그림을 그려봅니다.

PART 08 :: 레이저 장난감 만들기

서보모터와 레이저 포인터 모듈을 이용해 레이저 장난감을 만들어봅니다. 먼저 아두이노에 서보모터와 레이저 포인터 모듈을 연결해 상하좌우로 움직일 수 있도록 만듭니다. 그리고 프로세싱과 연결해 마우스로 레이저 장난감을 조종해봅니다.

PART 09 :: 블루투스 : 안드로이드와 대화하기

무선 통신을 할 수 있게 해주는 블루투스 모듈에 대해 알아봅니다. 먼저 아두이노에 블루투스를 연결하는 법을 배웁니다. 그리고 안드로이드와 연결해 통신해봅니다.

PART 10 :: 간편 앱 제조기, 앱 인벤터

안드로이드 앱을 쉽게 만들 수 있는 앱 인벤터에 대해 알아봅니다. 먼저 앱 인벤터로 만들 수 있는 앱을 살펴봅니다. 그리고 앱 인벤터를 사용하기 위한 준비 과정에 대해 알아봅니다. 마지막으로 앱 인벤터를 이용해 블루투스 통신을 하는 앱을 만들어봅니다.

PART 11 :: 출동, 아두이노 RC카!

안드로이드 앱으로 움직일 수 있는 RC카를 아두이노를 이용해 만들어봅니다. 먼저 RC카를 조립하고 아두이노 회로 연결을 해봅니다. 그리고 RC카에 필요한 아두이노 스케치를 작성합니다. 마지막으로 RC카를 조종하기 위한 안드로이드 앱을 앱 인벤터를 이용해 만들어봅니다.

PART 12 :: 인터넷 연결하기

아두이노에 인터넷을 연결하는 것을 해봅니다. 먼지 랜선으로 인디넷에 연결할 수 있는 이더넷 쉴드를 사용해봅니다. 그리고 아두이노 WiFi 쉴드를 사용해봅니다. 마지막으로 스파크펀 ESP8266 WiFi 쉴드를 사용해봅니다.

PART 13 :: 블링크 : 쉽고 재미있는 사물인터넷

아두이노를 이용해 쉽게 사물인터넷 프로젝트를 만들 수 있도록 해주는 블링크에 대해 배웁니다. 먼저 블링크가 어떤 특징이 있는지 알아봅니다. 그리고 블링크를 하기 위해 준비해야할 것들에 대해 배웁니다. 마지막으로 블링크와 아두이노를 이용해 간단한 사물인터넷 프로젝트를 구현해봅니다.

PART 14 :: 아두이노 YUN과 템부

사물인터넷용 아두이노인 아두이노 YUN과 블링크처럼 아두이노로 사물인터넷 프로젝트를 쉽게 만들 수 있도록 해주는 템부에 대해 배웁니다. 그리고 아두이노 YUN과 템부를 이용해 버튼을 누르면 현재 날씨 정보를 인터넷에서 가지고 오는 것을 만들어봅니다.

이 책의 목차

PART 01
개구쟁이 바보상자

바보상자 소개하기	14
바보상자 만들기	16
쉬어가는 페이지 귀엽고 재미있는 아두이노 프로젝트	27

PART 02
외부 전원 사용하기

외부 전원이 필요한 이유	30
외부 전원 사용하기	31
쉬어가는 페이지 아두이노 프로젝트 찾아보기	39

PART 03
릴레이 사용하기

릴레이 소개하기	44
전자 도어락 소개하기	48
아두이노로 전자 도어락 제어하기	49
쉬어가는 페이지 릴레이로 전동책상도 제어한다?!	58

PART 04
아두이노 LEONARDO

아두이노 LEONARDO 소개하기	62
조이스틱 쉴드 소개하기	63
아두이노 LEONARDO로 슈퍼 마리오 조종하기	66
쉬어가는 페이지 아두이노 LEONARDO를 마우스로 설정하기	74

PART 05
시리얼 통신 파헤치기

switch문과 함께 시리얼 통신 사용하기	82
시리얼 통신으로 삼색 LED 제어하기	94
쉬어가는 페이지 스크래치X : 쉽고 재미있는 아두이노 프로그래밍	101

PART 06
아두이노의 어머니, 프로세싱

프로세싱 소개하기	104
프로세싱 준비하기	105
프로세싱 살펴보기	107
프로세싱 시작하기	110
01 ┃ 창 크기 조절하기	110
02 ┃ 배경색 바꾸기	112
03 ┃ 점 찍기	114
04 ┃ 점과 선의 두께 조절하기	116
05 ┃ 점과 선의 색 바꾸기	117
06 ┃ 선 그리기	120
07 ┃ 원 그리기	121
08 ┃ 사각형 그리기	123
09 ┃ 도형의 면 색 바꾸기	124
10 ┃ 도형의 면과 선 없애기	127
쉬어가는 페이지 프로세싱으로 만든 아름다운 작품들	130

PART 07
초음파 레이더 만들기

초음파 레이더 조립하기	134
아두이노 스케치 작성하기	140
프로세싱 코드 작성하기	144
쉬어가는 페이지 초음파 레이더에 효과음 추가하기	157

PART 08
레이저 장난감 만들기

레이저 장난감 조립하기	164
아두이노 스케치 작성하기	172
프로세싱 코드 작성하기	176
쉬어가는 페이지 스크래치 X로 레이저 장난감 조종하기	180

PART 09
블루투스 : 안드로이드와 대화하기

블루투스 모듈 소개하기	186
블루투스 연결하기	189
안드로이드와 연결하기	195
쉬어가는 페이지 HC-06 설정하기	199

PART 10
간편 앱 제조기, 앱 인벤터

앱 인벤터 소개하기	204
앱 인벤터 준비하기	213
앱 인벤터로 블루투스 연결 앱 만들기	219
쉬어가는 페이지 블루노 : 블루투스를 품은 아두이노	235

PART 11
출동, 아두이노 RC카!

RC카 조립하기	240
아두이노 코드 작성하기	251
RC카 조종 앱 만들기	256
쉬어가는 페이지 레이저 장난감을 안드로이드에 연결하기!	261

PART 12
인터넷 연결하기

이더넷 쉴드 연결하기	266
아두이노 WiFi 쉴드 사용하기	272
스파크펀 ESP8266 WiFi 쉴드 사용하기	278
쉬어가는 페이지 아두이노로 만든 사물인터넷 프로젝트	286

PART 13
블링크 : 쉽고 재미있는 사물인터넷

블링크 소개하기	290
블링크 준비하기	292
블링크 시작하기	295
쉬어가는 페이지 블링크의 다양한 기능들	309

PART 14
아두이노 YUN과 템부

아두이노 YUN 소개하기	314
템부 소개하기	315
아두이노 YUN으로 템부 시작하기	317
쉬어가는 페이지 플로라 : 웨어러블 아두이노	330

마치며	333

이 책을 보는 법

'아두이노, 상상을 현실로 만드는 프로젝트 실전편'은 영진닷컴 아두이노 유튜브 채널의 저자가 직접 제작한 동영상 강의를 통해 좀 더 쉽고 재미있게 아두이노를 배울 수 있습니다.

주소 | http://goo.gl/VsZCKe

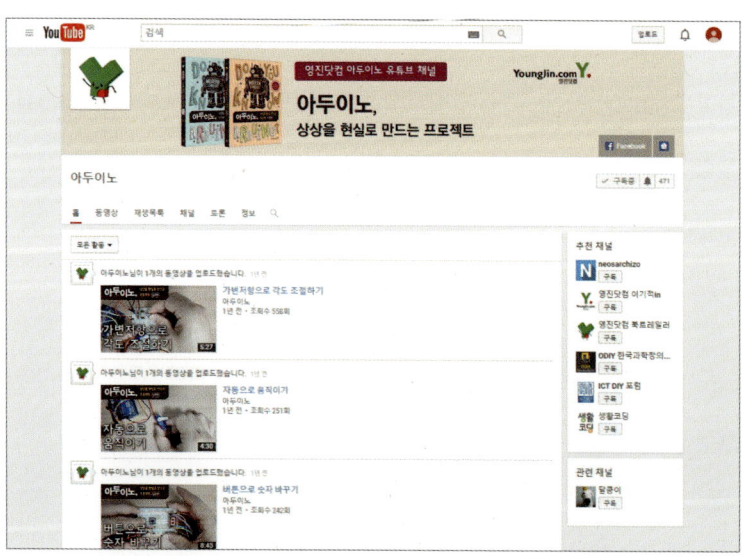

도서 및 동영상 관련 문의 사항은 저자 이메일(neosarchizo@gmail.com) 또는 영진닷컴 아두이노 유튜브 채널에 언제든지 남겨주세요.

PART

01

개구쟁이 바보상자

이번 장에서는 사람이 스위치를 켜면 자동으로 로봇 팔이 나와 스위치를 다시 끄는 개구쟁이 바보상자를 만들어봅니다.

바보상자 소개하기

바보상자는 사람이 스위치를 켜면 자동으로 로봇 팔이 나와 스위치를 다시 끄는 재미있는 장난감이에요.

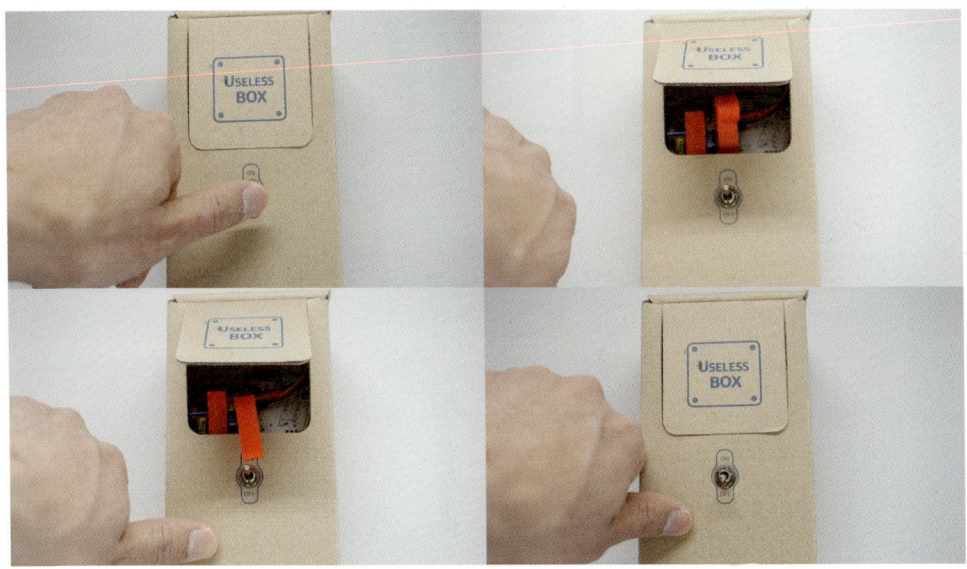

서보모터와 스위치를 이용해 여러분도 간단히 따라 만들 수 있어요. 책에서 만드는 바보상자의 경우 별도의 종이 박스와 3D 프린터로 출력된 로봇 팔을 사용해요. 만약 책과 완전히 똑같이 만들고 싶다면 디바이스마트(https://goo.gl/J2N9j6)에서 바보상자 키트를 구매하시면 돼요.

심심할 때 좋은 친구가 될 수 있는
나만의 바보상자를 만들며 아두이노와 친해져 봅시다!

만약 바보상자 키트가 아닌 직접 만들고 싶다 해도 걱정할 필요 없어요. 집에 있는 일반 종이박스와 하드 보드지를 이용해 로봇 팔을 만들 수 있답니다.

> **TIP** 외국에서는 바보상자를 단순히 스위치 1개가 아니라 여러 스위치로 만든 것을 볼 수 있어요. 바로 사람이 여러 스위치를 켜면 로봇 팔이 나와 켜져 있는 모든 스위치들을 왔다 갔다하며 끄는 거에요. 유튜브 링크(https://youtu.be/Nqk_nWAjBus)에 들어가면 움직이는 모습을 직접 볼 수 있어요.

바보상자 만들기

준비물

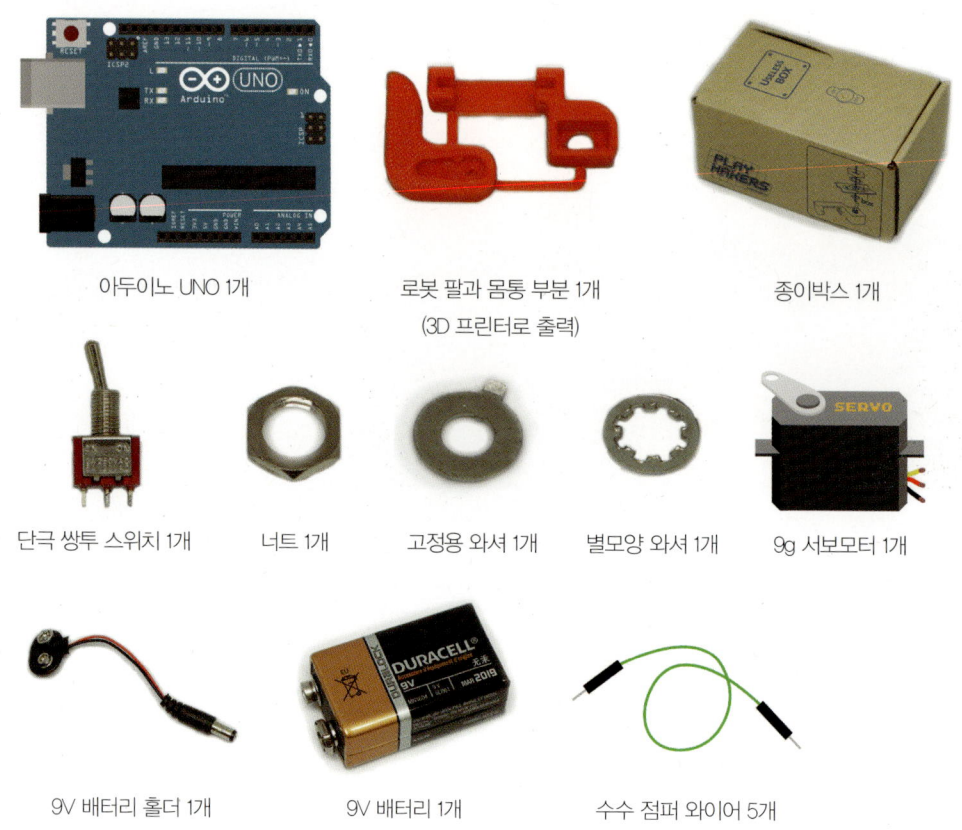

아두이노 UNO 1개	로봇 팔과 몸통 부분 1개 (3D 프린터로 출력)	종이박스 1개
단극 쌍투 스위치 1개	너트 1개	고정용 와셔 1개
별모양 와셔 1개	9g 서보모터 1개	
9V 배터리 홀더 1개	9V 배터리 1개	수수 점퍼 와이어 5개

이제 바보상자를 만들어볼께요. 바보상자에는 많은 재료가 필요해요. 앞에서 소개했듯이 디바이스마트(https://goo.gl/J2N9j6)에서 바보상자 키트를 통해 필요한 재료를 모두 한번에 살 수 있어요. 만약 바보상자 키트를 사용하지 않고 직접 만든다면 아두이노 UNO가 들어갈 수 있는 종이박스를 준비해주세요. 박스 크기는 대략 너비 8cm X 길이 14cm X 높이 7cm 정도가 좋아요.

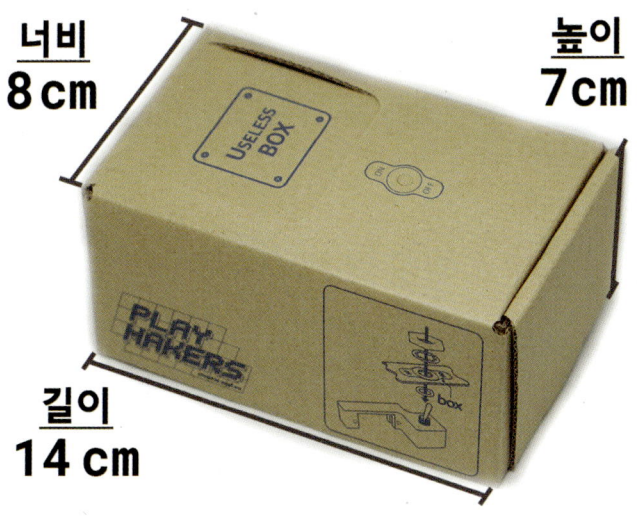

다음으로 로봇 팔이 필요한데 집에 3D 프린터가 있거나 메이커 스페이스가 근처에 있다면 직접 뽑을 수 있어요. 씽이버스 링크(http://goo.gl/VPI01l)로 이동하면 로봇 팔의 3D 모델 파일이 올려져 있어요. 여기서 STL 파일을 다운로드하고 3D 프린터로 뽑아주세요.

준비물이 다 갖춰졌다면 이제 조립을 해볼까요? 그림을 보며 하나씩 따라 연결해주세요.

회로도 1-1　개구쟁이 바보상자(http://goo.gl/HUAwMS)

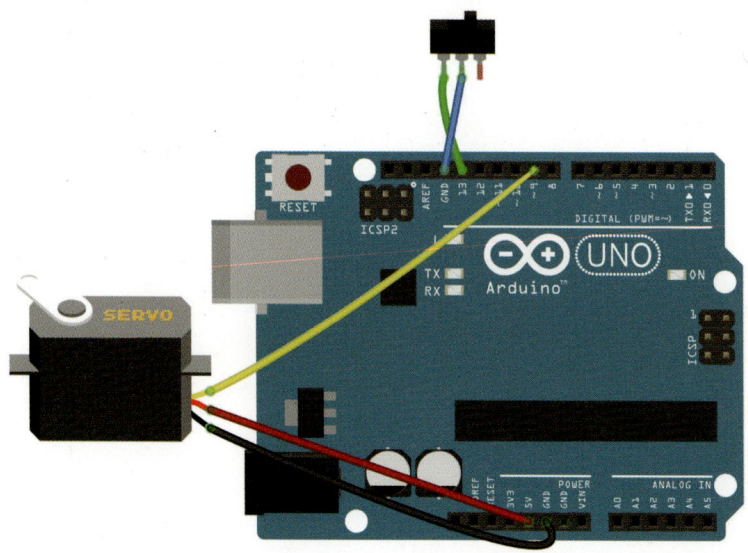

01　3D 프린터로 뽑은 로봇 팔과 몸통을 분리해주세요. 단극 쌍투 스위치의 가운데 다리를 포함한 2개 다리에 수수 점퍼 와이어를 납땜으로 연결해주세요(바보상자 키트에 있는 단극 쌍투 스위치는 수수 점퍼 와이어가 미리 납땜되어 있어요.).

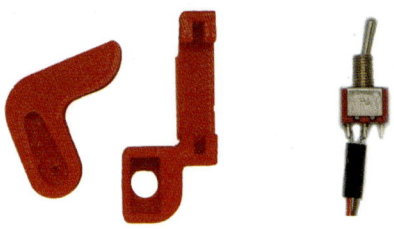

> **TIP**　스위치는 크게 단극 단투(SPST : single pole single throw), 쌍극 단투(DPST : double pole single throw), 단극 쌍투(SPDT : single pole double throw), 쌍극 쌍투(DPDT : double pole double throw) 4가지로 구분돼요. 여기서 단투와 쌍투는 전기가 흘러갈 수 있는 길의 개수를 뜻해요. 스위치를 움직였을 때 갈 수 있는 길이 1개라면 단투, 2개라면 쌍투에요. 단극과 쌍극의 기준은 스위치를 움직였을 때 바뀌는 길의 개수를 뜻해요. 한번에 1개의 길만 바뀌면 단극, 동시에 2개의 길이 바뀌면 쌍극이라고 불러요.
>
>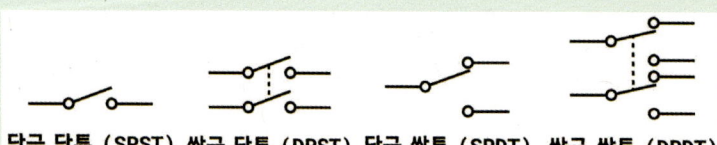

스위치의 구분을 꼭 외울 필요는 없어요. 단지 바보상자에서 사용되는 단극 쌍투 스위치를 위해 설명한거에요. 단극 쌍투 스위치를 눕히고 정면에서 바라본 기준으로 살펴보면 스위치가 오른쪽으로 갔을 때 다리 A와 B가 연결돼요. 그리고 스위치가 반대편에 있다면 다리 B와 C가 연결돼요. 혹시나 사용하는 단극 쌍투 스위치 종류에 따라 연결되는 다리의 방향이 다른 경우가 있어요. 따라서 사용하기 전에 꼭 한번 확인하세요.

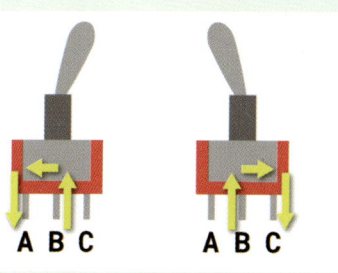

02 서보모터를 그림과 같은 방향으로 놓은 뒤 몸통 부분에 끼워주세요.

03 몸통을 보면 나사를 끼울 수 있는 구멍이 있어요. 이 구멍에 서보모터 축과 함께 들어있는 나사를 끼워 조여주세요.

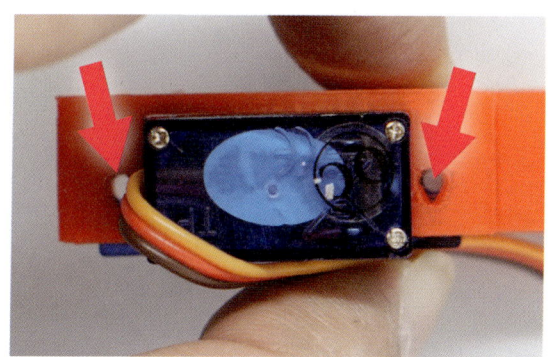

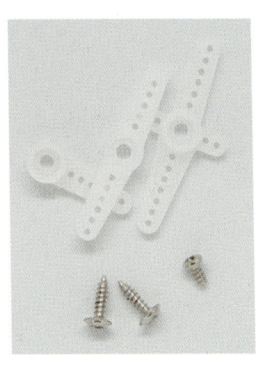 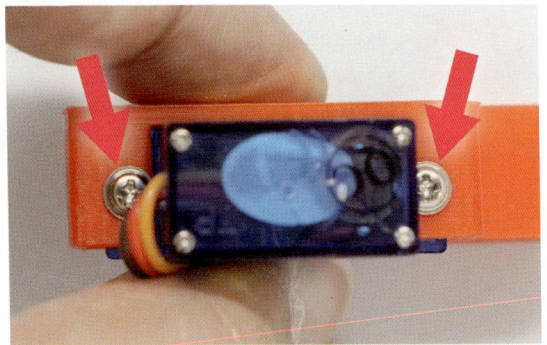

04 스위치 방향을 그림과 같이 한 다음에 몸통에 끼워주세요.

 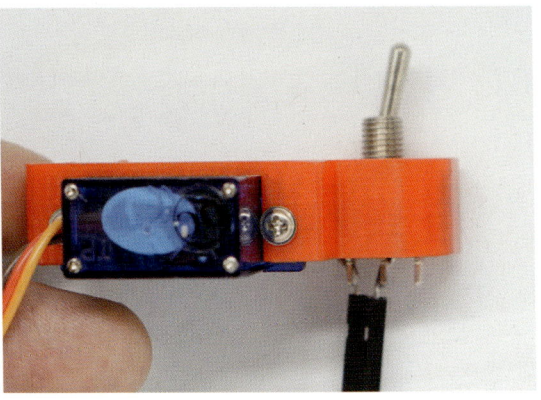

05 몸통 위로 튀어나온 스위치에 고정용 와셔를 끼워주세요. 튀어나온 부분이 위로 향하도록 해주세요. 박스에 끼울 때 스위치를 고정시키기 위해 필요한거에요.

06 박스 위 ON/OFF가 적힌 부분 가운데에 구멍을 뚫어주세요.

 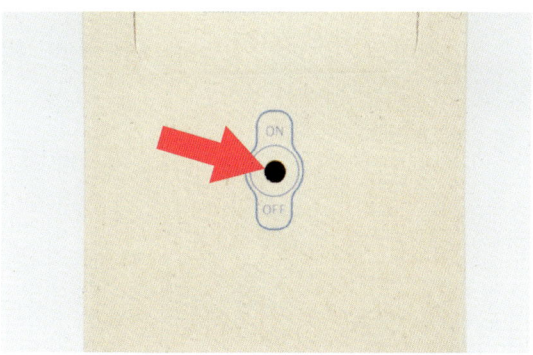

07 스위치를 박스 안쪽에서 바깥쪽으로 나오도록 끼워주세요.

 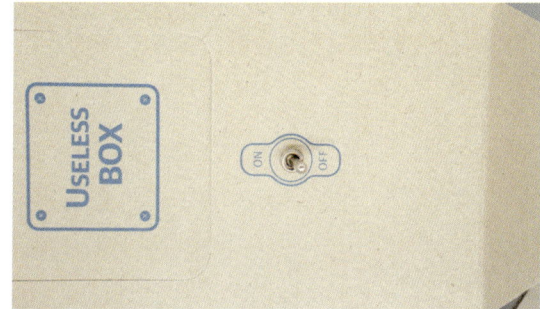

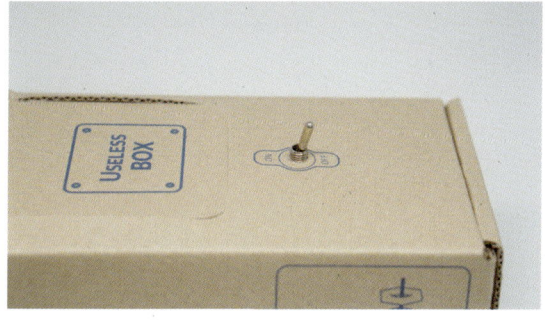

08 스위치 위에 별모양 와셔를 끼워주세요. 끼울 때 거친 부분이 아래로 향하도록 해주세요. 고정용 와셔와 마찬가지로 스위치를 고정하기 위해 필요해요.

09 너트를 끼워 고정해주세요. 가급적 스위치가 움직이지 않도록 꽉 조여주세요.

10 스위치에 연결된 점퍼 선을 순서 상관없이 하나는 아두이노의 그라운드 핀, 하나는 13번 핀에 연결해주세요.

11 서보모터의 검은 선 또는 갈색 선을 그라운드 핀에 연결해주세요. 빨간 선을 전원 핀에 연결해주세요. 노란 선 또는 주황 선을 아두이노 보드의 9번 핀에 연결해주세요.

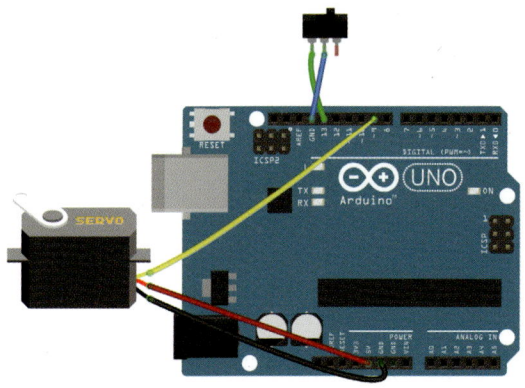

12 아두이노와 연결한 모습이에요.

팔은 아두이노 스케치를 먼저 작성하고 연결하는 것이 좋아요. 스케치는 [코드 1-1]과 같이 작성해주세요.

코드 1-1 개구쟁이 바보상자(http://goo.gl/Y5h12l)

```
1    #include <Servo.h>
2
3    Servo myServo;
4
5    void setup() {
6      myServo.attach(9);
7      myServo.write(15);
8      pinMode(13, INPUT_PULLUP);
9    }
```

```
10
11    void loop() {
12      if (digitalRead(13) == HIGH) {
13        myServo.write(170);
14        while (digitalRead(13) == HIGH) {}
15        myServo.write(15);
16      }
17    }
```

3번 줄에서 Servo 라이브러리 변수를 선언하고 setup 함수에 6번 줄에서 attach 명령어로 서보모터와 연결된 디지털 핀 번호를 설정해요. 그리고 곧바로 7번 줄에서 서보모터의 각도가 15도가 되도록 해요. 이렇게 하면 서보모터의 처음 각도가 15도에 있게 돼요.

다음으로 8번 줄을 보면 많이 본 pinMode 함수인데 기존과는 좀 다른 것을 볼 수 있어요. 바로 매개변수에 INPUT_PULLUP을 사용했어요. INPUT_PULLUP은 INPUT과 같이 입력을 뜻하지만 기존 INPUT과 달리 입력 핀의 평소 전압이 플로팅이 되지 않고 HIGH가 되도록 설정한다는 것이 달라요. 따라서 전압이 바뀌는 것을 확인하려면 입력 핀과 그라운드를 연결해줘야 해요. 이 점을 고려해 loop 함수를 살펴볼께요. 12번 줄을 보면 digitalRead 함수를 이용해 13번 핀의 전압이 HIGH가 맞는지 확인하고 있어요. 만약 조건이 맞다면 13번 핀이 평소 상태, 즉 그라운드와 연결되지 않았다는 뜻이에요. 그라운드와 연결하면 13번 핀의 전압은 반대로 LOW가 돼요.

바보상자를 조립할 때 스위치가 OFF 방향에 있도록 한 상태에서 아두이노와 연결했어요. 우리가 사용한 스위치는 OFF 방향에 있을 때 13번 핀과 그라운드 핀이 연결되기 때문에 13번 핀의 전압이 LOW가 돼요. 반대로 스위치를 ON 방향에 놓으면 13번 핀과 그라운드 핀이 연결되지 않아 13번 핀의 전압이 HIGH가 돼요. 결국 12번 줄은 스위치가 ON에 있는 것이 맞는지 확인하는 거에요. 맞다면 그때 서보모터를 움직여요. 13번 줄에서 서보모터의 각도를 170도로 바꿔요. 이때 서보모터에 연결된 로봇 팔이 움직이겠죠.

다음으로 14번 줄을 보면 while문이 나와요. while문도 for문과 마찬가지로 반복문이에요. 대신 for문이 몇 번 반복하도록 한다면, while문은 정해진 조건이 맞는 동안 계속 반복하도록 하는 반복문이에요. 바로 while 옆 소괄호 안의 조건이 맞다면 중괄호 안에 코드가 계속 실행돼요. 여기서는 실행할 코드가 필요하진 않아 중괄호 안을 비워놨어요. 14번 줄의 while문은 13번 핀의 전압이 HIGH가 맞는 동안에 계속 실행하게 되어있어요. 만약 로봇 팔이 움직여 스위치를 끄면 13번 핀의 전압은 LOW가 되고 조건은 거짓이 되어 반복문에서 빠져 나오게 돼요. 반복문에서 빠져나오면 다시 원래 위치로 돌아가기 위해 서보모터의 각도를 15도로 바꿔요. 스케치를 작성했다면 업로드해주세요.

13 스케치를 업로드했다면 9V 배터리를 9V 배터리 홀더에 끼우고 아두이노에 연결해주세요.

14 로봇 팔에 반쪽짜리 서보모터 축을 그림과 같이 끼워주세요.

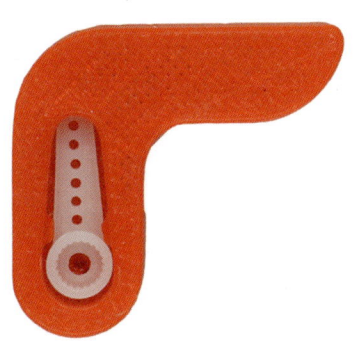

15 꼭! 스위치의 방향을 OFF로 놔두고 로봇 팔을 서보모터에 끼워주세요. 끼울 때 로봇 팔의 끝이 그림과 같이 박스에 딱 닿도록 끼워주세요.

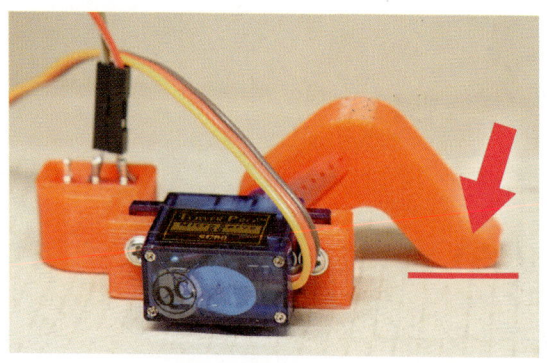

16 완성된 모습이에요!

스위치를 켜면 로봇 팔이 나와 스위치를 다시 끄는 것을 볼 수 있어요. 혹시나 로봇 팔이 스위치를 잘못 끈다면 170이라고 되어있는 각도를 적당하게 바꾸면 돼요. 여러분이 만든 바보상자를 친구들이나 가족들에게 한번 보여주세요.

쉬 어 가 는 페 이 지

귀엽고 재미있는 아두이노 프로젝트

아두이노 프로젝트들을 살펴보면 바보상자뿐만 아니라 귀엽고 재미있는 프로젝트를 찾아볼 수 있어요. 또한 프로젝트를 만든 방법도 함께 있기 때문에 원한다면 똑같이 만들어 볼 수도 있어요. 어떤 프로젝트들이 있는지 한번 살펴볼까요?

01 | 다가가면 꼬꼬댁! 우는 닭(https://goo.gl/Fzjbia)

다가가면 날개를 퍼덕거리며 꼬꼬댁 우는 아두이노로 만든 닭이에요. 아두이노 UNO, 날개를 퍼덕이는 서보모터, 가까이 다가왔는지 감지하는 초음파센서, 그리고 꼬꼬댁 소리를 낼 때 필요한 아다프루트 웨이브쉴드(http://goo.gl/7tDv9k)를 사용했어요.

쉬 어 가 는 페 이 지

02 | 다가가면 가면 벗는 아이언맨(http://goo.gl/a9yJ5x)

이 프로젝트도 앞에 닭과 비슷해요. 다가가면 아이언맨의 가면이 벗겨지면서 토니 스타크의 귀여운 얼굴이 나타나요. 아두이노 UNO, 초음파센서, 서보모터 그리고 실을 이용해 만들었어요. 참고로 다른 종류의 아이언맨도 응용해 만들 수 있으니 여러분도 한번 따라 만들어보세요.

03 | 뺨을 때려 깨워주는 알람시계(https://youtu.be/mXLzfAHI4-k)

많은 사람들이 아침에 일어나는걸 상당히 힘들어해요. 5분만 더 자야지. 더 자야지 하다 보면 학교나 회사에 늦기 일쑤죠. 이런 고민을 해결하기 위해 만든 프로젝트에요. 알람 시간이 되면 일어날 때까지 친절하게 뺨을 때려주는 알람시계에요. 아두이노 UNO와 강력한 DC 모터를 사용했어요. 잠을 잘 깨울 수 있지만 자칫 스트레스를 유발할 수 있으니 주의해주세요.

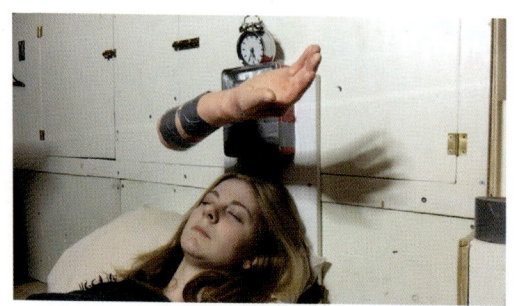

PART

02

외부 전원 사용하기

이번 장에서는 외부 전원을 사용하는 방법을 배웁니다. 외부 전원을 이용하면 아두이노에 많은 센서와 액츄에이터를 연결할 수 있고, 전기를 많이 먹는 부품도 사용할 수 있습니다.

외부 전원이 필요한 이유

만약 어린이가 자기가 들 수 없는 상당히 무거운 물건을 들어야 한다면 어떻게 될까요? 당연히 그 물건이 꿈쩍도 안 하거나 잘못하면 어린이가 다칠 수도 있겠죠. 이런 경우 어른에게 부탁해 들어달라고 해야 해요.

아두이노도 마찬가지에요. 아두이노가 감당할 수 없을 정도에 액츄에이터나 센서를 달면 아두이노의 전원이 꺼지거나 잘못하면 고장이 날 수 있어요. 이런 경우를 위해 외부 전원이 필요해요. 어린이의 무거운 짐을 어른이 대신 들어주듯이 외부 전원은 아두이노가 감당할 수 없는 액츄에이터와 센서의 전원을 대신 공급해주는 거에요. 이와 같이 외부 전원을 이용하면 아두이노에 더 많은 센서와 액츄에이터를 연결해 제어할 수도 있어요.

외부 전원 사용하기

준비물

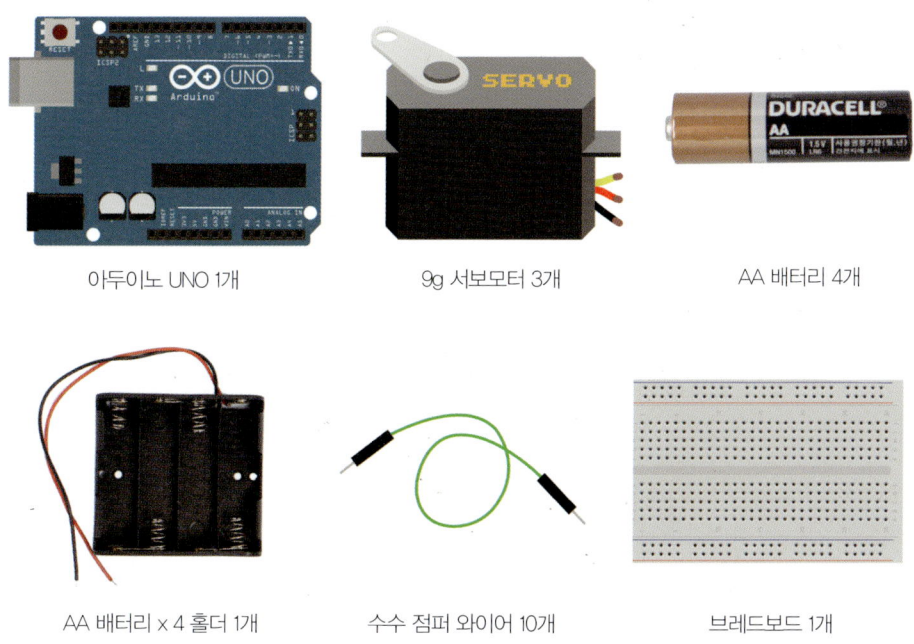

아두이노 UNO 1개 · 9g 서보모터 3개 · AA 배터리 4개

AA 배터리 x 4 홀더 1개 · 수수 점퍼 와이어 10개 · 브레드보드 1개

이제 외부 전원을 이용해 서보모터 3개를 제어해볼께요. 원래 서보모터 3개를 한번에 아두이노에 연결하면 전원이 부족해 아예 켜지지 않거나 도중에 아두이노가 꺼져요. 따라서 이와 같이 서보모터를 여러 개 사용하고 싶다면 외부 전원을 사용해야 해요. 전압이 1.5V인 AA 배터리 4개를 외부 전원으로 사용할거에요. 4개를 직렬로 연결하니까 외부 전원의 전압이 6V가 돼요.

아두이노 보드에 연결은 [회로도 2-1]과 같이 해요. 그림을 보며 하나씩 따라 연결해주세요.

회로도 2-1   외부 전원 사용하기(http://goo.gl/VV5RMl)

01 AA 배터리 홀더의 플러스를 브레드보드 긴 빨간색 세로줄에, 마이너스를 긴 파란색 세로줄에 연결해주세요.

02 서보모터의 검은 선 또는 갈색 선을 오른쪽 파란색 세로줄과 연결해주세요. 빨간 선을 오른쪽 빨간색 세로줄에 연결해주세요. 마지막으로 노란 선 또는 주황 선을 아두이노 보드의 10번 핀에 연결해주세요.

03 서보모터의 검은 선 또는 갈색 선을 오른쪽 파란색 세로줄과 연결해주세요. 빨간 선을 오른쪽 빨간색 세로줄에 연결해주세요. 마지막으로 노란 선 또는 주황 선을 아두이노 보드의 9번 핀에 연결해주세요.

04 서보모터의 검은 선 또는 갈색 선을 오른쪽 파란색 세로줄과 연결해주세요. 빨간 선을 오른쪽 빨간색 세로줄에 연결해주세요. 마지막으로 노란 선 또는 주황 선을 아두이노 보드의 8번 핀에 연결해주세요.

05 아두이노 보드의 그라운드 핀을 AA 배터리 홀더의 마이너스가 꽂힌 긴 파란색 세로줄에 연결해주세요.

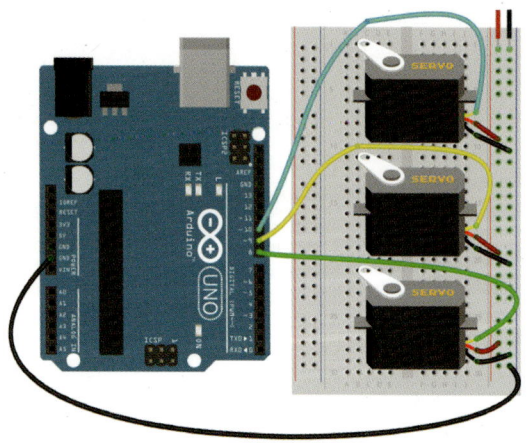

06 완성된 모습이에요!

스케치는 [코드 2-1]과 같이 작성해주세요.

코드 2-1 외부 전원 사용하기(https://goo.gl/hE9Ynj)

```
1    #include <Servo.h>
2
3    Servo servo[3];
4
5    void setup()
6    {
7      servo[0].attach(8);
8      servo[1].attach(9);
9      servo[2].attach(10);
10   }
11
12   void loop()
13   {
14     for (int i = 0; i < 120; ++i)
15     {
16       servo[0].write(i);
17
```

```
18      if (i % 5 == 0)
19        servo[1].write(i);
20
21      if (i % 10 == 0)
22        servo[2].write(i);
23
24      delay(100);
25    }
26    servo[0].write(0);
27    servo[1].write(0);
28    servo[2].write(0);
29    delay(1000);
30  }
```

3번 줄에서 Servo 라이브러리 변수를 선언하는데 배열을 이용해 선언했어요. 즉, Servo 라이브러리 변수 3개를 담는 배열 변수를 선언했다는 뜻이에요. 그리고 setup 함수에서 이 배열과 attach 명령어를 이용해 서보모터들에 연결된 디지털 핀들의 번호를 설정해요.

다음으로 loop 함수를 보면 카운터변수가 0에서 119까지 변하는 for문을 볼 수 있어요. 이 for문을 이용해 서보모터들의 각도를 바꿔줘요. 먼저 16번 줄에서 8번 핀에 연결된 서보모터의 각도를 바꿔요. 그리고 18번 줄을 보면 if문이 나오는데 아마 소괄호 안에 수식이 낯설거에요. 바로 수식에 퍼센트 (%) 기호 때문이에요. 여기서 사용된 % 기호는 우리가 흔히 알고 있는 퍼센트 용도로 사용된 것이 아니에요. +, -, *, /와 마찬가지로 수학 연산을 하는 기호로 사용하는데, 이 기호는 나머지를 뜻해요.

코드 2-2 i를 5로 나눈 것의 나머지 값

```
i % 5
```

[코드 2-2]는 i에서 5를 나눈 뒤에 나머지 값을 뜻해요. 따라서 18번 줄 소괄호 안의 수식은 i에서 5를 나눈 뒤에 나머지 값이 0이 맞는지 확인한다는 뜻이에요. 이게 참이 되려면 i가 5의 배수가 되어야겠죠. 5의 배수라면 참이 되어 19번 줄이 실행되고, 결국 9번 핀에 연결된 서보모터의 각도가 바뀌어요. 마찬가지로 21, 22번 줄도 같은 원리로 움직여요. 대신 여기서는 i가 10의 배수일 때 10번 핀에 연결된 서보모터의 각도가 바뀌게 돼요.

서보모터가 움직이는 시간을 기다려주기 위해 24번 줄에서 0.1초 멈춰요. 그리고 for문이 끝난 뒤에 26~28번 줄에서 3개 서보모터의 각도를 모두 0도로 바꿔줘요. 그리고 29번 줄에서 1초 멈추고 다시 loop함수가 시작해요. 업로드를 하고 정상적으로 움직인다면 8번 핀의 연결된 서보모터는 계속 움직이고 9번 핀의 연결된 서보모터는 5도씩, 10번 핀의 연결된 서보모터는 10도씩 움직이는 것을 볼 수 있어요. 그럼 여기서 아두이노 보드의 그라운드 핀과 브레드보드의 긴 파란색 줄에 연결된 점퍼 선을 빼보세요. 어떻게 되나요? 이렇게 하면 서보모터가 모두 멈춰요.

전기가 물처럼 흘러가는 것이 비슷하지만 다른 점이 있어요. 바로 물은 단순히 높이만 다르면 곧바로 흘러갈 수 있지만, 전기는 플러스에서 마이너스로, 마이너스에서 플러스로 모두 연결이 되야 흘러갈 수 있어요. 아두이노 보드의 그라운드 핀과 브레드보드의 긴 파란색 줄에 연결된 점퍼 선을 뺏을 때 서보모터가 멈추는 이유가 바로 이 때문이에요.

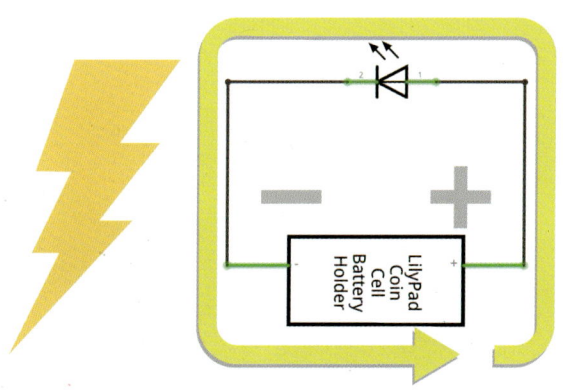

먼저 아두이노의 그라운드 핀과 브레드보드의 긴 파란색 세로 줄이 연결 안 됐을 때를 볼께요. 이때 긴 빨간색 줄에는 6V의 플러스가 긴 파란색 줄에는 6V의 마이너스가 연결되어있어요. 긴 빨간색 세로 줄로 흘러 들어온 전기는 서보모터들의 빨간 선으로 들어갔다가 다시 검은 선으로 빠져 나온 뒤에 긴 파란색 세로 줄을 통해 6V의 마이너스로 돌아가요. 반면 서보모터들의 노란 선에 연결된 아두이노 보드의 8 ~ 10번 핀들에서는 전기가 흐르지 않아요. 서보모터를 제어하려면 이 핀들에서 전기가 흘러야 하는데, 여기서 나온 전기가 다시 아두이노 보드의 그라운드 핀으로 돌아갈 길이 연결되어 있지 않기 때문이에요.

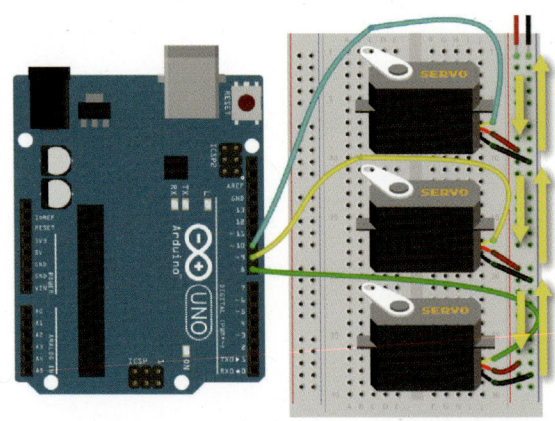

다시 아두이노 보드의 그라운드 핀과 긴 파란색 세로 줄에 연결된 모습을 볼까요? 이때는 아두이노 보드의 8 ~ 10번 핀들에서 흘러 들어온 전기가 긴 파란색 세로줄과 연결된 점퍼 선을 통해 아두이노의 그라운드 핀으로 흘러나가요. 바로 외부 전원을 사용할 때는 이와 같이 외부 전원의 그라운드와 아두이노의 그라운드 핀을 연결하는 것을 꼭 기억해야 해요.

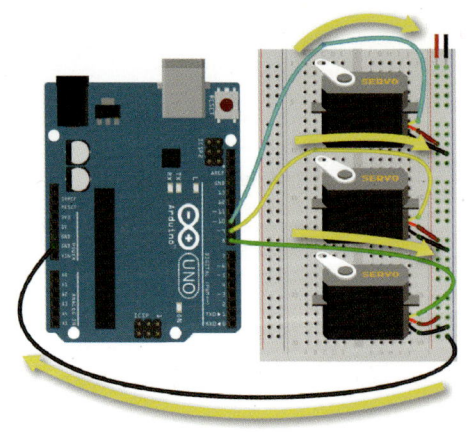

쉬 어 가 는 페 이 지

아두이노 프로젝트 찾아보기

아두이노를 가지고 노는 게 익숙해지면 만들고 싶은 게 많아질 거에요. 이전보다 더 어려운 걸 만들거나 사용하지 않은 센서와 액츄에이터를 사용하고 싶어지죠. 그런데 본인이 만들기 전에 다른 사람들은 비슷한 것을 어떻게 만들었는지 궁금할거에요. 이런 경우를 위해 아두이노 프로젝트 찾는 방법을 알려드릴께요.

01 | 인스트럭터블즈

인스트럭터블즈(http://instructables.com)는 취미나 DIY와 관련된 정보 공유 사이트로 세계적으로 거의 가장 유명한 곳이에요. 아두이노 프로젝트도 마찬가지죠. 아두이노로 무언가를 만들고 싶을 때 인스트럭터블즈에서 검색을 하면 해외에 있는 누군가가 그와 비슷한 것을 만드는 방법을 공유한 걸 볼 수 있어요. 거의 모든 자료가 영어로 되어있다는 것이 아쉽긴 하지만 웬만한 건 여기서 다 찾을 수 있어요. 찾는 방법은 인스트럭터블즈 안에 들어가 검색을 할 수도 있고 구글을 이용해 검색할 수도 있어요. 가급적 구글을 추천해요. 만약 서보모터를 이용한 아두이노 프로젝트를 찾고 싶다면 구글에서 "instructables arduino servo motor"를 검색해보세요. 서보모터를 이용한 다양한 아두이노 프로젝트를 볼 수 있을거에요.

쉬 어 가 는   페 이 지

02 | 메이크진 홈페이지

메이크진 홈페이지(http://makezine.com)에서도 다양한 아두이노 프로젝트를 찾을 수 있어요. 이 곳을 보면 인스트럭터블즈에 우수한 프로젝트를 뽑아 소개한 것을 볼 수 있고, 메이커 관련 전문가들이 자신만의 코너로 프로젝트를 공유한 것도 볼 수 있어요. 또한 아두이노 프로젝트뿐만 아니라 다양한 메이커 뉴스를 접할 수도 있답니다. 메이커에 관심이 많은 분이라면 메이크진의 메일 구독을 추천해요. 한국의 경우 메이크 코리아(http://www.make.co.kr)를 통해 한글로 볼 수 있어요.

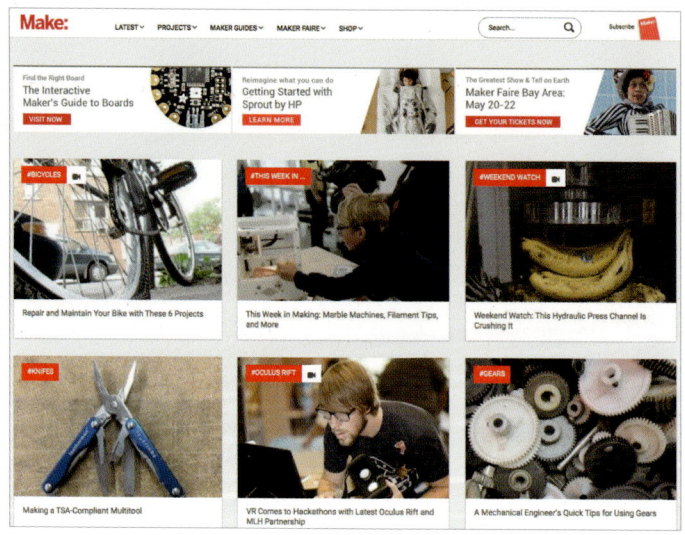

03 | 아두이노 공식 블로그

아두이노 공식 블로그(https://blog.arduino.cc)는 아두이노 팀에서 직접 운영하는 곳이에요. 아두이노 제품에 대한 신속한 정보를 얻을 수 있을 뿐만 아니라 세계 각지의 아두이노를 이용해 만든 재미있는 프로젝트들도 확인할 수 있어요. 아두이노를 만든 마시모 반지가 아침에 일어나 아두이노 블로그에 올라온 아두이노 프로젝트 포스팅을 확인하는 것이 하루 일과라고 밝히기도 했어요. 이 곳도 거의 모든 자료가 영어라 아쉽지만, 아두이노팀이 엄선해 올린 아두이노 프로젝트들을 볼 수 있으니 자주 들어가보기 바래요.

04 | neosarchizo 페이스북 페이지

필자가 운영하는 페이스북 페이지(http://fb.com/neosarchizo.blog)를 통해서도 다양한 아두이노 프로젝트를 접할 수 있어요. 주로 기발하고 재미있는 아두이노 프로젝트를 공유하고 있어요. 혹시나 궁금한 게 있으면 이 페이스북 페이지를 통해 질문하면 친절하게 답해드려요.

PART

03

릴레이 사용하기

이번 장에서는 릴레이를 사용합니다. 릴레이는 주로 큰 전압의 전기가 흘러가는 길을 바꿔줄 때 사용하는 전자부품입니다. 릴레이를 사용해 전자 도어락을 제어해봅니다.

릴레이 소개하기

만약 여러분이 기차가 가는 길을 바꾸고 싶다면 어떻게 해야 할까요? 기차를 통째로 옮기나요? 슈퍼맨이 아닌 이상 불가능하겠죠. 대신 기찻길에 있는 선로 교차 선을 이용해 기차가 가는 길을 바꿔줄 수 있어요. 바로 레버를 당겨 선로를 바꿔주기만 하면 돼요.

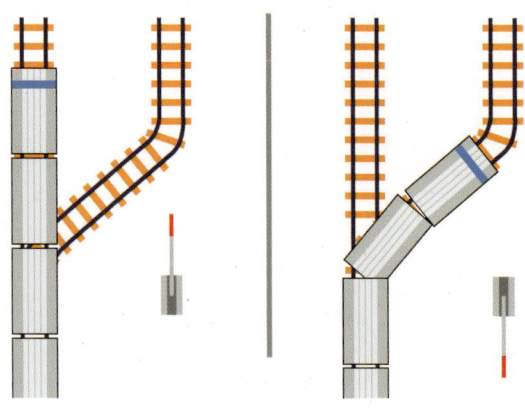

릴레이도 이와 비슷해요. 아두이노에서 사용하는 일반적인 전압이 5V인데 릴레이를 사용하면 5V보다 훨씬 큰 전압의 전기를 제어할 수 있어요. 예를 들어 릴레이를 이용해 TV나 스탠드에 연결된 전기를 연결하거나 끊을 수도 있어요.

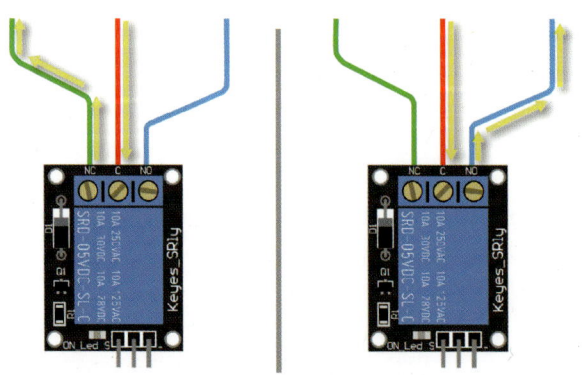

기본적으로 많이 사용하는 릴레이의 경우 다음과 같이 생겼어요. 한 개 전류만 제어하기 때문에 1채널이라고 불러요. 릴레이를 보면 제어하고자 하는 전기의 전선을 연결하는 부분이 있는데, NC, C, NO 라고 적혀있어요. 아두이노 프로젝트를 할 때 중국산 릴레이를 많이 사용하기 때문에 중국어도 같이 표시했어요. 먼저 C는 Common의 약자로 전기의 플러스를 주로 연결하는 곳이에요. 이 C 부분은 전선이 끊기거나 연결되거나 항상 변화 없이 고정된 부분이에요. 다음으로 NO는 Normally Open의 약자로 평소에 C와 연결이 안 되어 있는 곳이에요. 그러다 릴레이에서 조건에 맞게 설정하면 C와 연결돼요. 마지막으로 NC는 Normally Closed의 약자로 평소 C와 연결이 되어있는 부분이에요. 마찬가지로 릴레이에서 조건에 맞게 설정하면 C와 연결이 끊겨요. 결국 조건을 어떻게 설정하느냐에 따라 C와 연결된 부분이 NC가 됐다 NO가 되면 바뀌게 되는 거에요.

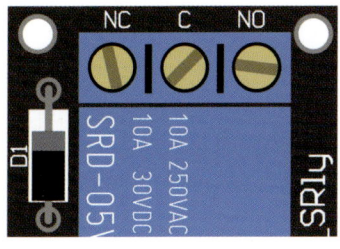

릴레이 윗부분을 보면 그림과 같이 연결할 수 있는 전기의 사양이 표시되어있어요. 여기서 사용하는 릴레이는 최대 250V의 AC 또는 30V의 DC를 연결할 수 있어요. AC(Alternating Current)는 교류라는 뜻으로 전압이 위, 아래로 바뀌는 전기를 뜻해요. 집에서 사용하는 전기가 바로 AC에요. DC(Direct Current)는 직류라는 뜻으로 전압이 항상 일정한 전기를 뜻해요. 건전지나 DC 어댑터를 이용해 사용하는 전기가 DC에요. 제어하고자 하는 전기를 릴레이에서 제어할 수 있는지 확실히 확인하고 사용해야 해요. 자칫 과전류로 부품이 망가지거나 사고가 날 수도 있기 때문이에요.

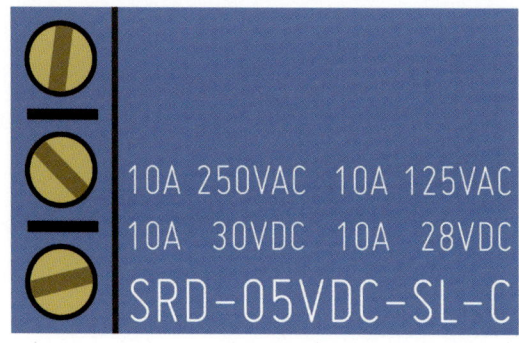

릴레이가 전기의 길을 바꿔줄 수 있는 건 안에 전자석이 있어서 그래요. 안을 뜯으면 코일이 있는데, 이 코일에 전기를 흘려보내 자석으로 만드는 거에요. 이 전자석을 이용해 스위치를 움직여 전기의 길을 바꿔줘요. 이 때문에 지난 시간 배운 외부 전원처럼 아두이노 보드와 제어하려는 전기가 연결되지 않아요. 따라서 릴레이를 사용할때는 아두이노 보드의 그라운드 핀과 제어하려는 전기의 마이너스를 연결할 필요가 없어요.

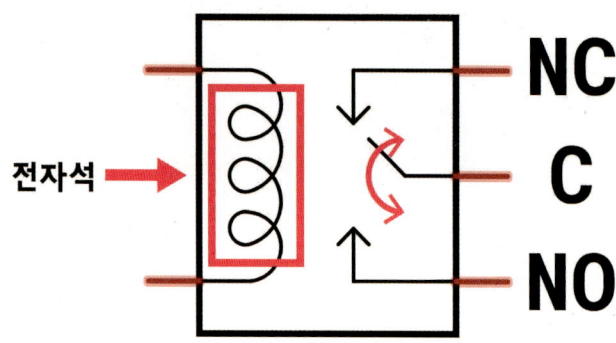

릴레이의 경우 조건에 따라 C와 NC가 연결되거나 C와 NO가 연결된다고 했어요. 여기서 조건은 릴레이마다 달라요. 따라서 릴레이 부품 겉면이나 데이터시트를 보고 조건이 어떻게 되는지 확인해야 해요. 여기서 사용하는 릴레이는 밑부분에 Low level trigger라고 적혀있어요. 이 말은 릴레이를 제어하는 핀의 전압이 HIGH일 때가 기존 상태이고 LOW일 때가 연결이 바뀐 상태라는 뜻이에요.

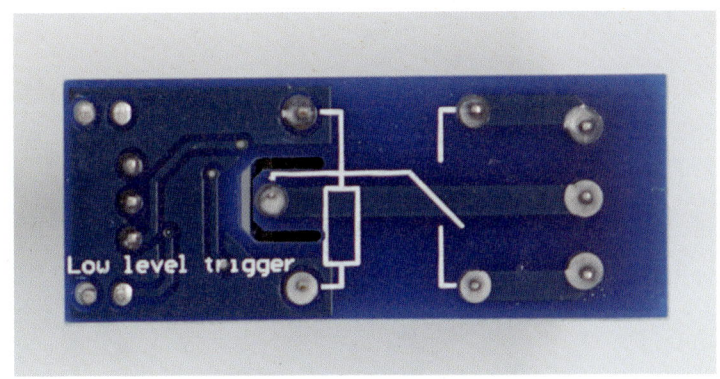

릴레이 모듈에 보면 IN, GND, VCC라고 적힌 점퍼 선을 꽂을 수 있는 부분이 있어요. IN은 아두이노의 디지털 출력 핀, GND는 아두이노의 그라운드 핀, VCC는 아두이노의 전원 핀에 연결하는 곳이에요. 여기서 사용하는 릴레이는 IN에 연결된 디지털 핀의 전압이 HIGH일 때가 기존 상태이고 LOW일 때 연결이 바뀌어요. 즉, HIGH일 때 C와 NC가 연결이 되어있고, LOW일 때 C와 NO가 연결돼요. 만약 조건이 High level tirgger인 릴레이는 거꾸로 동작하니 꼭 확인하고 사용하세요.

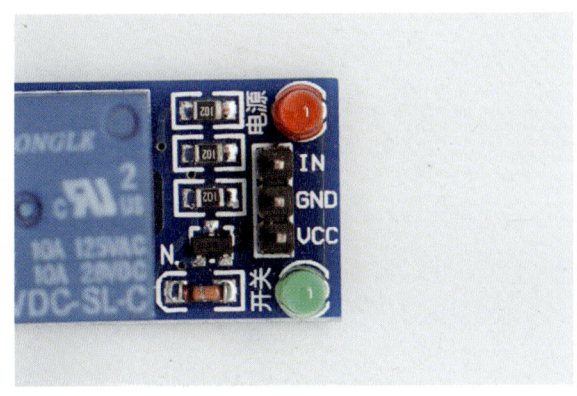

전자 도어락 소개하기

전자 도어락은 전기를 이용해 문을 잠그거나 열 수 있는 부품이에요. 알리익스프레스 같은 쇼핑몰에서 "electric door strike"라고 검색해서 살 수 있어요. 일반적으로 많이 사용하는 전자 도어락은 12V 전압에서 작동해요. 따라서 아두이노에서 전자 도어락을 제어하려면 릴레이를 사용하는 것이 좋아요. 전자 도어락이 전기를 이용해 문을 잠그거나 열 수 있는 원리는 릴레이와 같아요. 바로 안에 전자석이 들어있어 이 전자석으로 문을 잠그거나 여는거에요.

모터에도 릴레이와 같은 전자석을 사용해요. 전자석을 이용해 모터를 돌리는 거죠. 그런데 이와 같은 전자석 부품들은 전기와 연결이 끊길 때 역류하는 전기를 만드는 성질이 있어요. 따라서 보호장치가 없다면 자칫 연결된 아두이노나 DC 어댑터를 망가뜨릴 수 있어요. 여기서 사용하는 릴레이는 안에 보호장치가 있기 때문에 걱정 안 해도 돼요. 하지만 전자 도어락의 경우 사용하는 전압이 크고 큰 코일을 사용하기 때문에 전기가 역류하는 경우 자칫 DC 어댑터를 망가뜨릴 수 있어요. 따라서 전자 도어락을 구매할 때 전기가 역류하지 않도록 만든 DC용 전자 도어락을 구매하는 것이 좋아요. 그렇지 않고 일반 전자 도어락을 구매하면 다이오드를 이용해 별도로 보호장치를 만들어줘야 하는데, 이 보호장치를 만드는 것은 많이 어려울 수 있어요. 여기서는 DC용 전자 도어락을 사용할 거에요.

아두이노로 전자 도어락 제어하기

준비물

아두이노 UNO 1개   릴레이 1개   전자 도어락 1개

12V 어댑터 1개   배럴잭 1개   버튼 1개   10k 옴 저항 1개

수수 점퍼 와이어 7개   암수 점퍼 와이어 3개   브레드보드 1개

이제 아두이노로 전자 도어락을 제어하는 것을 만들거에요. 버튼을 누르면 전자 도어락이 열리고, 버튼을 떼면 닫히도록 할거에요.

아두이노 보드에 연결은 [회로도 3-1]과 같이 해요. 그림을 보며 하나씩 따라 연결해주세요.

회로도 3-1 아두이노로 전자 도어락 제어하기(http://goo.gl/Oog18t)

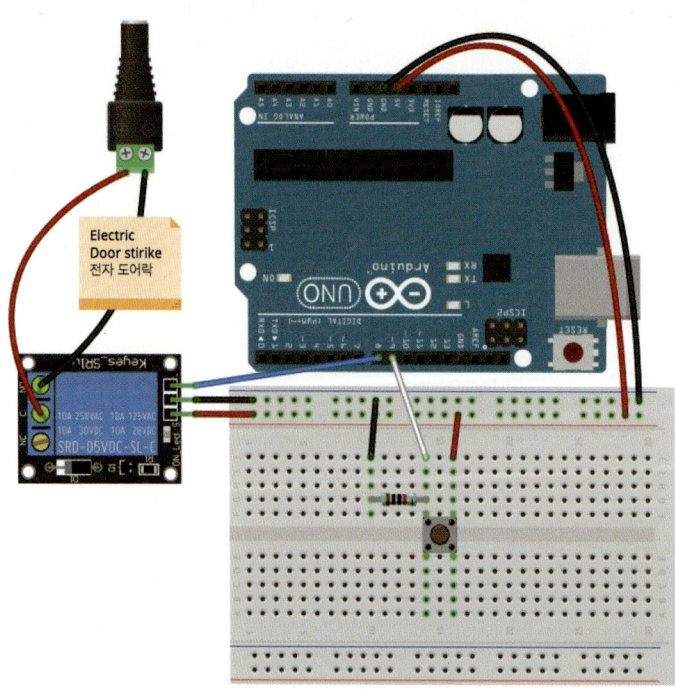

01   아두이노 보드 그라운드 핀을 브레드보드 긴 파란색 세로줄에, 전원 핀을 긴 빨간색 세로줄에 연결해주세요. 버튼 1개를 꽂고 아두이노 보드 9번 핀에 연결해주세요.

02   릴레이의 VCC를 전원 핀이 꽂힌 세로줄에 연결해주세요.

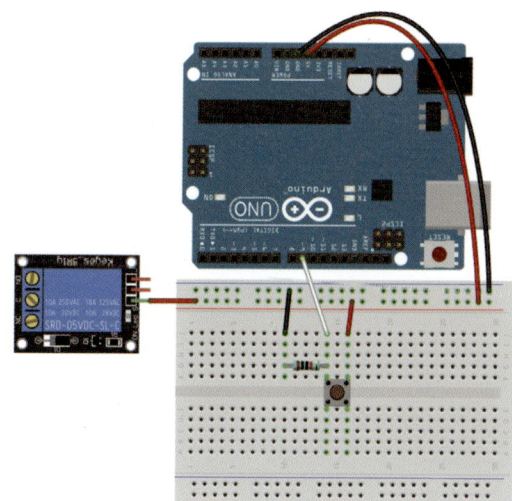

03 릴레이의 GND를 그라운드 핀이 꽂힌 세로줄과 연결해주세요.

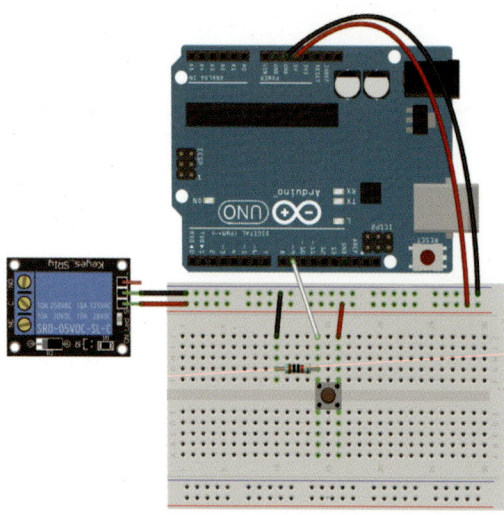

04 릴레이의 IN을 아두이노 보드의 8번 핀에 연결해주세요.

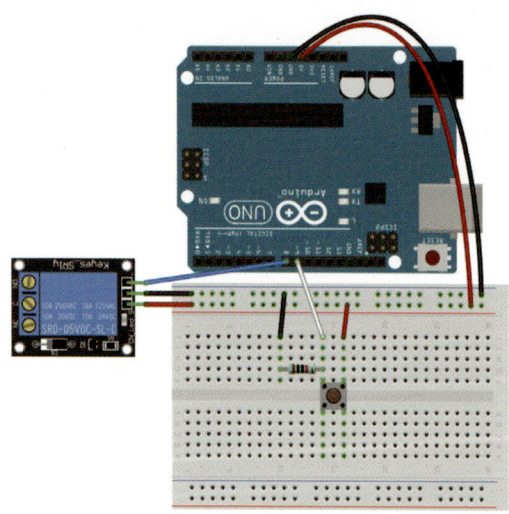

05 12V 어댑터에 배럴잭을 연결해주세요. 회로를 연결할 때는 꼭! 어댑터 플러그를 콘센트에서 빼 주세요. 그리고 배럴잭에 표시된 플러스, 마이너스 표시를 잘 봐두세요.

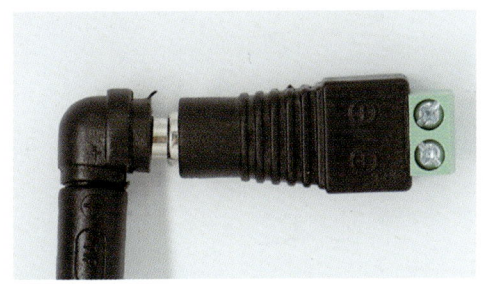

06 전자 도어락의 마이너스 부분인 검은 선을 배럴잭의 마이너스에, 전자 도어락의 플러스 부분인 빨간 선을 릴레이의 NO에 연결해주세요.

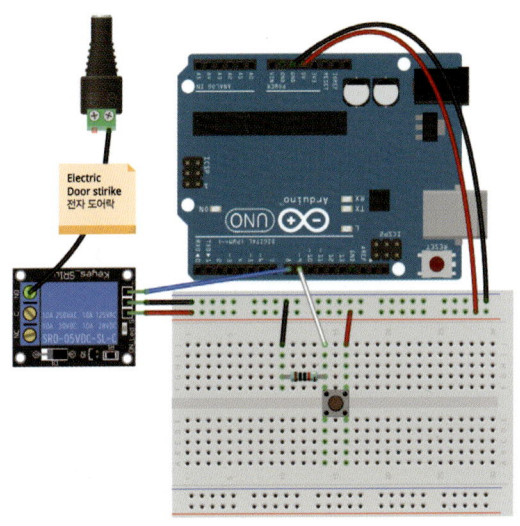
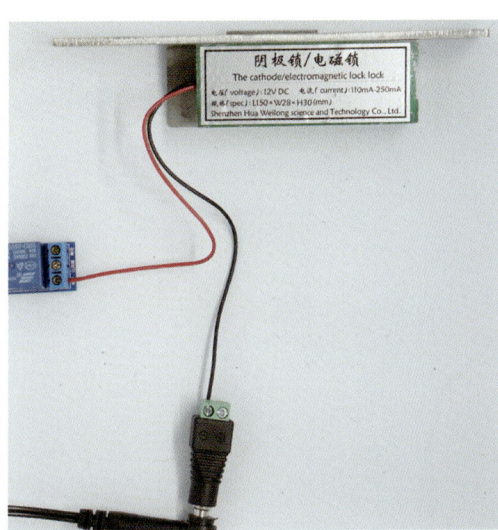

07 배럴잭의 플러스와 릴레이의 C를 연결해주세요.

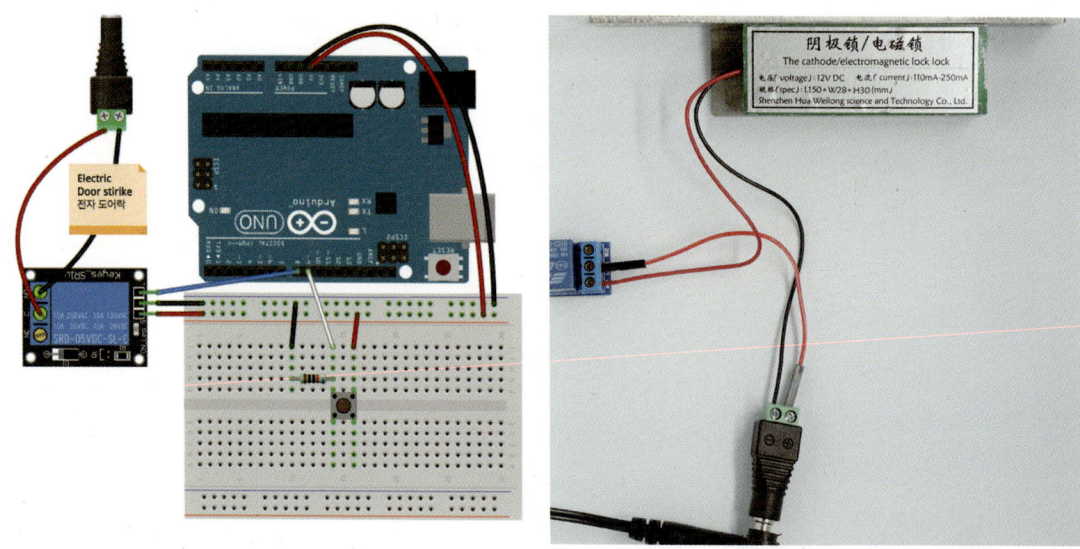

08 완성된 모습이에요!

스케치는 [코드 3-1]과 같이 작성해주세요.

코드 3-1 아두이노로 전자 도어락 제어하기(https://goo.gl/F35yTQ)

```
1   #define RELAY 8
2   #define BUTTON 9
3
4   int pState = LOW;
5
6   void setup() {
7     pinMode(RELAY, OUTPUT);
8     pinMode(BUTTON, INPUT);
9     digitalWrite(RELAY, HIGH);
10  }
11
12  void loop() {
13    int state = digitalRead(BUTTON);
14
15    if (state == HIGH && pState == LOW)
16      digitalWrite(RELAY, LOW);
17    else if (state == LOW && pState == HIGH)
18      digitalWrite(RELAY, HIGH);
19
20    pState = state;
21  }
```

1~2번 줄에 낯선 것이 보일거에요. #define이라고 적혀있는데 이것은 매크로 상수를 뜻해요. 상수는 변수와는 달리 처음 값을 그릇에 넣으면 바뀌지 않는 것이라고 설명했었죠. 매크로 상수는 값이 고정된 것인데, 그냥 "찾기 및 바꾸기" 기능을 생각하면 이해하기 쉬워요. 우리가 컴퓨터로 열심히 글을 적은 다음에 잘못 입력한 단어가 있으면 "찾기 및 바꾸기" 기능을 사용해 글자를 바꾸죠. 매크로 상수도 그와 같아요. 우리가 코드를 보면 RELAY라고 보이지만 아두이노는 8처럼 보이게 돼요. 이게 매크로 상수에요. 마찬가지로 2번 줄에 BUTTON도 아두이노는 9처럼 보여요.

4번 줄에서 pState라는 변수를 선언하면서 LOW라는 값을 넣었어요. 이 변수는 바로 직전 loop 함수가 실행될 때의 버튼 상태 값을 알기 위해 사용해요. 이 변수를 통해 버튼이 눌렸다 떼졌는지, 떼졌다 눌렸는지 확인할거에요. setup 함수에서 릴레이에 연결된 8번 핀을 출력으로, 버튼에 연결된 9번 핀을 입력으로 설정해요. 그리고 곧바로 릴레이 쪽 전압을 HIGH로 설정해요. HIGH로 설정하는 이유는 여기서 사용하는 릴레이의 조건이 Low level trigger, 즉 HIGH가 기존 상태이고, LOW가 바뀐 상태이기 때문에 처음에 기존 상태로 만들어주기 위해서에요.

loop 함수를 보면 13번 줄에서 버튼의 상태 값을 읽어 state라는 변수에 넣어요. 그리고 15 ~ 18번 줄에서 if 문을 이용해 버튼이 눌렸다가 떼졌는지, 떼졌다가 눌렸는지 확인해요. 15번 줄의 조건을 보면 state가 HIGH, pState가 LOW인지 확인하는데 이 조건이 참이라는 말은 버튼이 떼어져 있다가 이번에 눌렸다는 뜻이 돼요. 조건이 참이 되면 16번 줄에서 릴레이의 전압을 LOW로 바꿔 상태가 바뀌도록 만들어요. 상태가 바뀌면 C와 NO가 연결되어 전자 도어락에 전기가 흐르게 돼요. 여기서 사용하는 전자 도어락은 전기가 흐를 때 열려요.

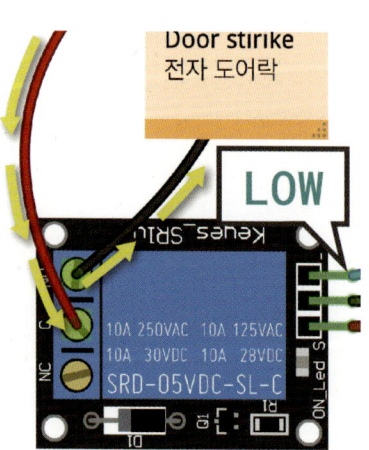

다음으로 17번 줄의 조건은 state가 LOW, pState가 HIGH인지 확인하는데 이 조건이 참이라는 말은 버튼이 눌렸다가 이번에 떼졌다는 뜻이 돼요. 조건이 참이 되면 18번 줄에서 릴레이의 전압을 HIGH로 바꿔 기존 상태로 바꿔놔요. 기존 상태이기 때문에 C와 NO의 연결이 끊겨 전자 도어락에 전기가 흐르지 않아요. 그래서 전자 도어락이 잠기게 돼요.

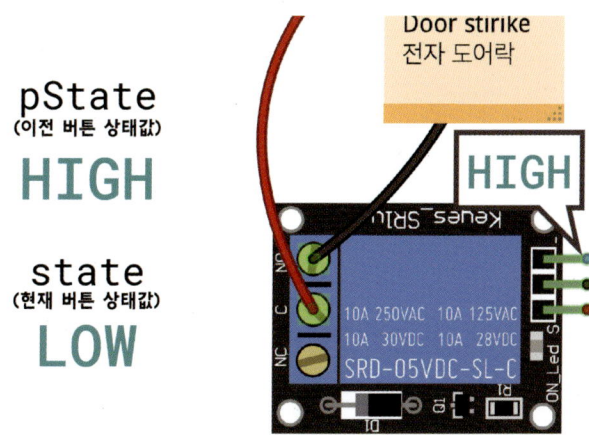

if문을 다 실행하고 난 뒤 20번 줄에서 state에 있는 현재 버튼의 상태 값을 다음 실행될 loop 함수에서 확인하기 위해 pState에 저장해요. 업로드를 하고 정상적으로 동작하면 평소에는 전자 도어락이 잠겨 있다가 버튼을 누르면 전자 도어락이 열리는 것을 볼 수 있어요.

쉬어가는 페이지

릴레이로 전동책상도 제어한다?!

릴레이로 전자 도어락을 잠그거나 여는 것을 해봤어요. 이것 말고 릴레이를 이용해 다양한 것들을 제어할 수 있어요. 저같은 경우에는 서서 일하기 때문에 위, 아래로 움직이는 전동 책상을 사용하는데 이 전동 책상을 릴레이를 이용해 아두이노로 제어하는 프로젝트를 만들었어요. 그리고 그냥 제어하는 것이 아니라 아두이노에 블루투스를 연결해 안드로이드 폰으로 전동 책상을 제어할 수 있게 했어요.

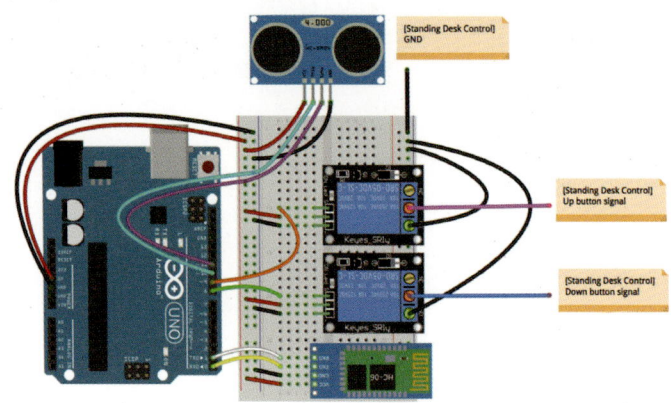

프로젝트의 재료는 아두이노 UNO, 초음파센서, 릴레이, 블루투스를 사용해요. 원래는 전동 책상의 높이를 조절하는 스위치가 있었는데, 그 스위치를 분해한 뒤에 스위치에 연결되어 있던 선들을 릴레이에 연결했어요.

아두이노와 부품들을 종이박스에 넣고 책상 밑에 붙였어요. 초음파센서는 바닥을 향하도록 해놓고 전동 책상의 높이를 잴 때 사용해요.

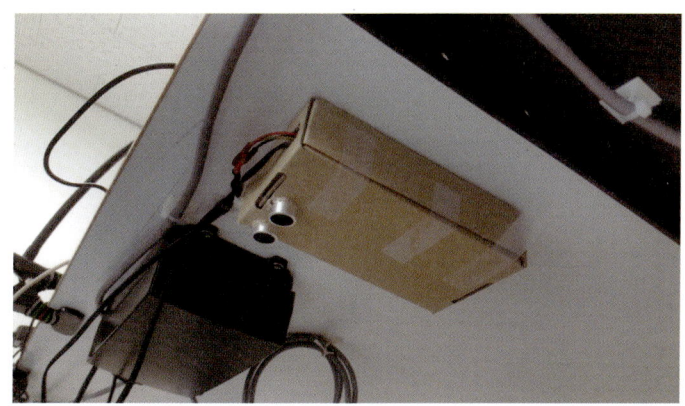

블루투스는 안드로이드 폰과 통신할 때 사용해요. 전동 책상을 제어하기 위한 안드로이드 앱도 만들었어요. 앱에서 위, 아래 버튼을 눌러 전동 책상의 높이를 바꿔줄 수 있어요. 이 프로젝트는 제 GitHub 페이지(https://goo.gl/cY3Peq)에 가면 볼 수 있어요. GitHub 페이지에 회로도, 아두이노 스케치, 안드로이드 앱 코드 모두 공개해놨기 때문에 똑같이 따라 해볼 수 있어요. 여러분도 릴레이를 이용해 집에 있는 가전 제품을 한번 제어해보세요.

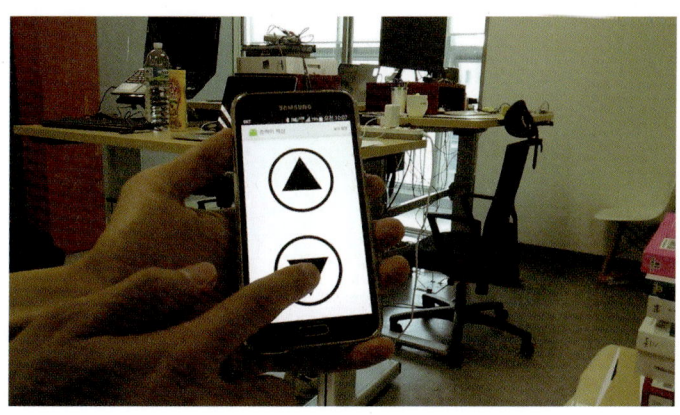

PART

04

아두이노 LEONARDO

이번 장에서는 아두이노 LEONARDO를 사용합니다. 아두이노 LEONARDO는 컴퓨터에 연결해 키보드나 마우스처럼 사용할 수 있습니다. 아두이노 LEONARDO를 이용해 슈퍼 마리오를 조종해봅니다.

아두이노 LEONARDO 소개하기

아두이노 LEONARDO는 이젠 아두이노 팀에서 지원하지 않는 모델이에요. 하지만 아두이노 UNO 형태와 재미있는 기능 덕분에 여전히 호환보드를 통해 많이 사용되고 있어요. 재미있는 기능이란 컴퓨터에 연결하면 키보드나 마우스로 인식되는 거에요.

아두이노 LEONARDO를 컴퓨터에 연결하면 컴퓨터는 아두이노 LEONARDO가 키보드나 마우스라고 인식해요. 이 상태에서 아두이노의 Keyboard, Mouse 라이브러리를 사용해 아두이노 LEONARDO에서 컴퓨터한테 키보드 키 입력이나 마우스를 움직이라는 명령을 보낼 수 있어요. 이 기능을 이용해 게임을 조종하는 조이스틱도 만들 수 있답니다.

조이스틱 쉴드 소개하기

아두이노 LEONARDO가 키보드와 마우스로 인식된다면 어떻게 조이스틱으로 만드는 것이 좋을까요? 일일이 버튼과 조종 키를 직접 연결해 만들어야 할까요? 조이스틱 쉴드를 사용하면 아주 간단하게 해결할 수 있어요. 현재 나와있는 조이스틱 종류가 다양한데, 그 중 싸면서 쉽게 구할 수 있는 ITEAD 조이스틱 쉴드를 소개해요. 알리익스프레스나 디바이스마트(http://goo.gl/vKSGzO)에서 살 수 있어요.

ITEAD 조이스틱 쉴드는 7개의 버튼과 조이스틱을 가지고 있어요. 쉴드 윗면에 보면 버튼마다 알파벳 이름이 적혀있어요. C만 표시가 안 되어있는데, 조이스틱을 버튼처럼 꾹 누르는 것이 C에요. ITEAD 조이스틱 쉴드의 각 버튼과 조이스틱은 [표 4-1]에 나와있는 아두이노 핀과 연결되어 있어요. 각 버튼과 연결된 핀들은 평소에는 아무 곳과 연결이 안 되어있다가, 버튼을 누르면 아두이노 그라운드 핀과 연결돼요. 따라서 바보상자할 때 배운 내부 풀업(INPUT_PULLUP)을 사용해 눌렸는지 확인하면 돼요. 조이스틱은 X축과 Y축이 각각 아날로그 입력 핀 A1, A0 핀에 연결되어 있어요. 가운데에 있으면 analogRead 함수로 값을 읽었을 때 대략 1,023의 반인 511에 가깝게 값이 읽히다가 양 끝에 갈수록 0 또는 1,023으로 바뀌어요.

표 4-1 ITEAD 조이스틱 쉴드가 연결된 아두이노 핀 정보

A	B	C	D	E	F	G	X축	Y축
7	6	5	4	3	8	9	A1	A0

ITEAD 조이스틱 쉴드를 사용할 때 주의할 점은 5V를 사용하는 아두이노 보드에서는 그림에 보이는 점퍼를 5V 쪽에 놓아야 된다는 거에요. 만약 아두이노 DUE나 아두이노 101 같이 3.3V를 사용하는 보드에서 사용할거라면 점퍼를 3.3V 쪽으로 놓고 사용해야 해요.

ITEAD 조이스틱 쉴드 우측 상단에 보면 그림과 같이 핀들이 있는 것을 볼 수 있어요. 이 핀들은 버튼, 조이스틱과 연결된 핀들이에요. 각 핀들이 어떤 버튼, 조이스틱과 연결되어있는지는 옆에 핀 맵에 표시되어있어요. 만약 아두이노 UNO 형태의 보드가 아닌 아두이노 PRO MINI, 아두이노 NANO와 같이 ITEAD 조이스틱 쉴드를 바로 꽂을 수 없는 것에 연결해 사용하고 싶다면 이 핀들을 이용하면 돼요.

아두이노 LEONARDO로 슈퍼 마리오 조종하기

준비물

아두이노 LEONARDO 1개

ITEAD 조이스틱 쉴드 1개

이제 아두이노 LEONARDO와 ITEAD 조이스틱 쉴드를 이용해 슈퍼 마리오(http://goo.gl/7MbVQj)를 조종하는 조이스틱을 만들거에요. 링크로 이동하면 웹 브라우저에서 슈퍼 마리오를 할 수 있어요. 슈퍼 마리오의 조작 키는 위, 왼쪽, 아래, 오른쪽이 `W`, `A`, `S`, `D`에요. 만약 불꽃을 발사하고 싶을 때는 `Shift`를 누르면 돼요. 그리고 `P`는 게임 멈춤, `M`은 음소거에요. 바로 ITEAD 조이스틱 쉴드의 버튼과 조이스틱을 움직이면 슈퍼 마리오의 조작 키가 컴퓨터로 보내지도록 할거에요.

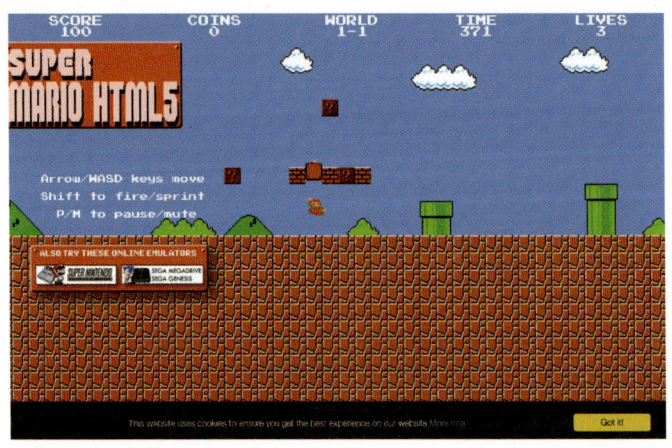

아두이노 보드에 연결은 너무 간단하기 때문에 이번 시간은 회로도가 필요 없어요. 그냥 ITEAD 조이스틱 쉴드를 그림처럼 아두이노 LEONARDO 위에 꽂아주기만 하면 돼요.

스케치는 [코드 4-1]과 같이 작성해주세요.

코드 4-1 아두이노 LEONARDO로 슈퍼 마리오 조종하기(https://goo.gl/3wnpf2)

```
1    #include <Keyboard.h>
2
3    int pins[3] = {7, 3, 4};
4    int keys[3] = {KEY_LEFT_SHIFT, 'p', 'm'};
5
6    void setup() {
7      for (int i = 0; i < 3; i++) {
8        pinMode(pins[i], INPUT_PULLUP);
9      }
10     Keyboard.begin();
11   }
12
13   void loop() {
14     for (int i = 0; i < 3; i++) {
15       if (digitalRead(pins[i]) == LOW)
16         Keyboard.press(keys[i]);
17       else
18         Keyboard.release(keys[i]);
19     }
```

```
20
21      int x = analogRead(A1);
22      int y = analogRead(A0);
23
24      if (x < 456) {
25        Keyboard.press(KEY_LEFT_ARROW);
26        Keyboard.release(KEY_RIGHT_ARROW);
27      } else if (x > 556) {
28        Keyboard.press(KEY_RIGHT_ARROW);
29        Keyboard.release(KEY_LEFT_ARROW);
30      } else {
31        Keyboard.release(KEY_LEFT_ARROW);
32        Keyboard.release(KEY_RIGHT_ARROW);
33      }
34
35      if (y < 473) {
36        Keyboard.press(KEY_DOWN_ARROW);
37        Keyboard.release(KEY_UP_ARROW);
38      } else if (y > 573) {
39        Keyboard.press(KEY_UP_ARROW);
40        Keyboard.release(KEY_DOWN_ARROW);
41      } else {
42        Keyboard.release(KEY_DOWN_ARROW);
43        Keyboard.release(KEY_UP_ARROW);
44      }
45    }
```

[코드 4-1]의 1번 줄을 보면 [코드 4-2]와 같이 적혀있는 것을 볼 수 있어요. 이건 Keyboard라는 키보드 라이브러리를 사용하겠다는 뜻이에요.

코드 4-2 Keyboard 라이브러리 선언하기

```
#include <Keyboard.h>
```

스케치 윗부분에 [코드 4-2]처럼 똑같이 써주거나 [스케치]-[라이브러리 포함하기]-[Keyboard] 메뉴를 선택하면 [코드 4-2]의 코드가 자동으로 써져요.

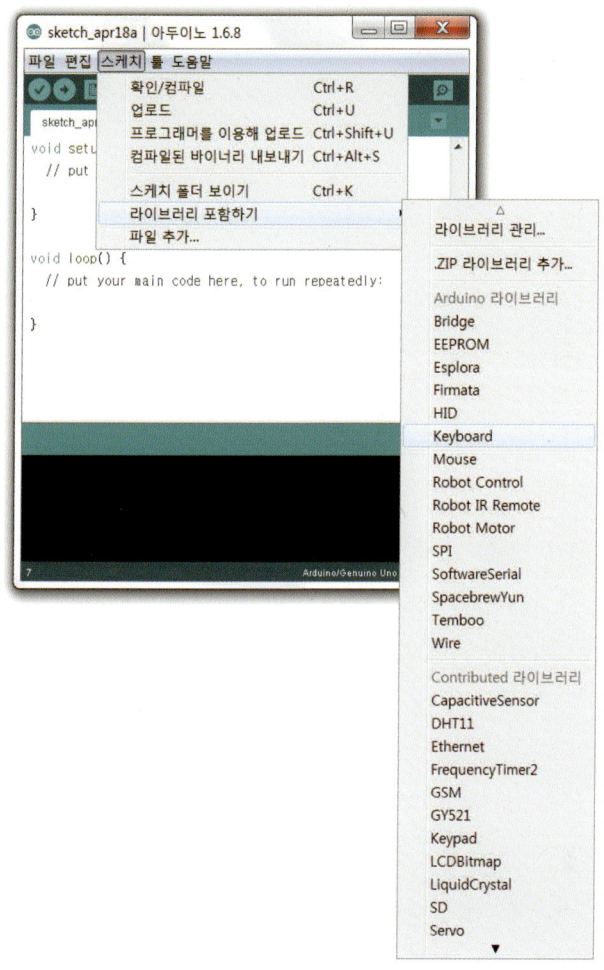

3번 줄에 pins는 ITEAD 조이스틱 쉴드에서 사용할 버튼들의 핀 번호들을 배열로 설정한거에요. 7, 3, 4핀에 A, E, D 버튼들이 연결되어 있어요. 4번 줄은 이 버튼들을 눌렀을 때 컴퓨터로 보낼 키들을 배열로 설정한거에요. A 버튼을 누르면 컴퓨터로 왼쪽 SHIFT키가 눌렸다고 보내고, E 버튼을 누르면 p가 눌렸다고 보내고, D 버튼을 누르면 m이 눌렸다고 보내요. 여기서 KEY_LEFT_SHIFT가 왼쪽 SHIFT키를 뜻해요. KEY_LEFT_SHIFT는 Keyboard 라이브러리에서 설정해놓은 상수에요. SHIFT 키와 같이 특수한 기능을 가지고 있는 키를 수식 키라고 불러요. [표 4-2]를 보면 KEY_LEFT_SHIFT처럼 사용할 수 있는 수식 키들이 표시되어있어요. 아마 거의 다 이름만 봐도 무슨 키인지 알지만 이 중 KEY_LEFT_GUI, KEY_RIGHT_GUI는 무슨 키인지 아리송할거에요. 이 키들은 바로 키보드에 로고가 그려져 있는 키들을 뜻해요. 윈도우 키보드인 경우 ▨, 맥인 경우 ⌘를 뜻해요.

표 4-2 Keyboard 라이브러리에서 사용할 수 있는 수식키들

KEY_F1	KEY_F2	KEY_F3	KEY_F4	KEY_F5	KEY_F6
KEY_F7	KEY_F8	KEY_F9	KEY_F10	KEY_F11	KEY_F12
KEY_LEFT_CTRL	KEY_LEFT_SHIFT	KEY_LEFT_ALT	KEY_LEFT_GUI	KEY_RIGHT_CTRL	KEY_RIGHT_SHIFT
KEY_RIGHT_ALT	KEY_RIGHT_GUI	KEY_UP_ARROW	KEY_DOWN_ARROW	KEY_LEFT_ARROW	KEY_RIGHT_ARROW
KEY_BACKSPACE	KEY_TAB	KEY_RETURN	KEY_ESC	KEY_INSERT	KEY_DELETE
KEY_PAGE_UP	KEY_PAGE_DOWN	KEY_HOME	KEY_END	KEY_CAPS_LOCK	

setup 함수를 보면 7 ~ 9번 줄에서 pins 배열을 이용해 버튼들의 모드를 INPUT_PULLUP인 입력 모드로 설정해요. 10번 줄의 Keyboard.begin은 아두이노를 키보드로 인식하도록 하겠다는 뜻이에요. 이 명령어를 실행해줘야 아두이노에서 컴퓨터로 키보드 명령어를 보낼 수 있어요.

 함수설명

Keyboard.begin()
컴퓨터에 키보드나 마우스로 인식할 수 있는 아두이노 LEONARDO, 아두이노 DUE, 아두이노 MICRO를 키보드로 인식하도록 설정하는 함수입니다. 이 함수를 실행해야 컴퓨터로 키보드 명령어를 보낼 수 있습니다.

구조
Keyboard.begin()

매개변수
없음

반환 값
없음

사용 예
Keyboard.begin();
// 컴퓨터에 연결된 아두이노를 키보드로 인식시킵니다.

loop 함수를 보면 14 ~ 19번 줄에서 pins를 이용해 버튼들이 눌렸는지 확인해요. 여기서는 INPUT_PULLUP을 사용했기 때문에 버튼의 평소 전압이 HIGH에요. 만약 버튼을 누르면 전압은 LOW가 돼요. 따라서 15번 줄의 조건인 버튼의 전압이 LOW가 맞다면 버튼이 눌렸다는 뜻이기 때문에 16번 줄에서 컴퓨터로 키보드가 눌렸다고 명령을 보내요. 명령을 보낼 때 Keyboard.press라는 명령어를 사용해요. Keyboard.press 명령어는 컴퓨터한테 어떤 키가 눌렸다고 알려주는 명령어에요. 만약 pins 배열에 있는 핀 번호 중 어떤 핀이 눌렸다고 인식되면 keys 배열 중 같은 위치에 있는 글자가 키보드로 눌렸다고 컴퓨터에 알려줘요.

함수설명

Keyboard.press()
컴퓨터한테 어떤 키가 눌렸다고 알려줍니다.

구조
Keyboard.press(키)

매개변수
키 : 컴퓨터한테 눌렸다고 알려줄 키입니다.

반환 값
없음

사용 예
Keyboard.press('a');
// 컴퓨터한테 a가 눌렸다고 알려줍니다.

만약 15번 줄의 조건이 거짓이라면 즉 버튼이 눌리지 않았다면 18번 줄이 실행돼요. 이때는 16번 줄과는 반대로 컴퓨터로 키보드가 떼졌다고 명령을 보내요. 명령을 보낼 때 Keyboard.release 명령어를 사용해요. Keyboard.release 명령어는 컴퓨터한테 어떤 키가 떼졌다고 알려주는 명령어에요. 16번 줄처럼 눌리지 않은 버튼에 해당되는 글자가 떼졌다고 컴퓨터에게 알려줘요. 이와 같이 하면 ITEAD 조이스틱의 A, E, D 버튼들을 누르면 해당되는 글자를 눌렀다고 컴퓨터가 인식하고 버튼에서 손을 떼면 해당되는 글자가 누르지 않는다고 인식해요.

함수설명

Keyboard.release()
컴퓨터한테 어떤 버튼에서 손을 떼었다고 알려줍니다.

구조
Keyboard.release(키)

매개변수
키 : 컴퓨터한테 손이 떼졌다고 알려줄 키입니다.

반환 값
없음

사용 예
Keyboard.release('a');
// 컴퓨터한테 a 버튼에서 손이 떼졌다고 알려줍니다.

21 ~ 22번 줄에서는 조이스틱의 값을 analogRead 함수를 이용해 각각 x, y라는 변수에 넣고 있어요. 저같은 경우 조이스틱을 만지지 않고 가운데 있는 상태에서 값을 읽었을 때 x가 506, y가 523이었어요. 이 값은 사용자마다 다를 수 있어요. 일단 이 값들을 기준으로 조이스틱이 왼쪽에 있는지 오른쪽에 있는지 또는 위에 있는지 아래에 있는지 구분할거에요.

먼저 24 ~ 33번 줄은 x의 값을 기준으로 컴퓨터한테 왼쪽 방향키(KEY_LEFT_ARROW)가 눌렸는지 오른쪽 방향키(KEY_RIGHT_ARROW)가 눌렸는지 알려주는 부분이에요. 여기서는 값이 0 ~ 455 사이라면 왼쪽 방향키, 557 ~ 1023 사이라면 오른쪽 방향키, 그 외 456 ~ 556 사이라면 아무 방향키도 안 눌렸다고 할거에요. 따라서 24번 줄에서 값이 456보다 작은지 확인한 다음에 맞다면 25 ~ 26번 줄에서 왼쪽 방향키는 누리고, 오른쪽 방향키는 떼졌다고 명령을 보내요. 그리고 27번 줄에서 값이 556보다 큰지 확인한 다음에 맞다면 28 ~ 29번 줄에서 오른쪽 방향키는 누리고, 왼쪽 방향키는 떼졌다고 명령을 보내요. 이 모든 조건이 아니라면 그냥 가운데 있는 것임으로 31 ~ 32번 줄에서 왼쪽 방향키, 오른쪽 방향키 모두 떼졌다고 명령을 보내요.

방향키 위, 아래도 마찬가지에요. 35 ~ 44번 줄은 y의 값을 기준으로 컴퓨터한테 위 방향키(KEY_UP_ARROW)가 눌렸는지 아래 방향키(KEY_DOWN_ARROW)가 눌렸는지 알려주는 부분이에요. 여기서는 값이 0 ~ 472 사이라면 아래 방향키, 574 ~ 1023 사이라면 위 방향키, 그 외 473 ~ 573 사이라면 아무 방향키도 안 눌렸다고 할거에요. 따라서 35번 줄에서 값이 473보다 작은지 확인한 다음에 맞다면 36 ~ 37번 줄에서 아래 방향키는 눌리고, 위 방향키는 떼졌다고 명령을 보내요. 그리고 38번 줄에서 값이 573보다 큰지 확인한 다음에 맞다면 39 ~ 40번 줄에서 위 방향키는 눌리고, 아래 방향키는 떼졌다고 명령을 보내요. 이 모든 조건이 아니라면 그냥 가운데 있는 것임으로 42 ~ 43번 줄에서 아래 방향키, 위 방향키 모두 떼졌다고 명령을 보내요.

업로드를 하고 정상적으로 동작하면 조이스틱을 움직이는 것에 따라 마리오가 움직이는 것을 볼 수 있어요. 만약 다른 컴퓨터 게임에 맞춰서 하고 싶다면 키만 바꾸면 돼요. 아두이노 LEONARDO와 조이스틱 쉴드를 이용해 나만의 조이스틱을 만들어보세요.

 Keyboard 라이브러리로 한 글자만 보낼 수 있다?! Keyboard 라이브러리도 Serial 라이브러리와 비슷한 명령어를 가지고 있어요. 바로 Keyboard.print, Keyboard.println 명령어에요. Serial 라이브러리에서 사용한 것처럼 여러 글자를 보낼 수 있어요. 컴퓨터에 자동으로 글자들을 입력하고 싶을 때 한번 사용해보세요.

쉬 어 가 는   페 이 지

아두이노 LEONARDO를 마우스로 설정하기

아두이노 LEONARDO와 Keyboard 라이브러리를 이용해 조이스틱을 만들어봤는데, 만약 마우스로 사용하고 싶다면 어떻게 해야 할까요? Keyboard 라이브러리와 비슷하게 Mouse 라이브러리를 사용하면 돼요. 아두이노 LEONARDO를 마우스로 사용하는 방법에 대해 알아봐요.

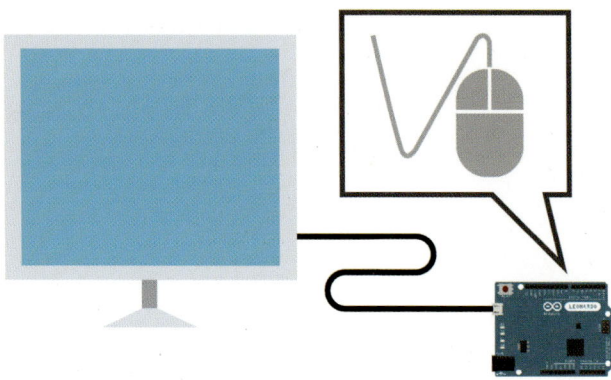

01 | Mouse 라이브러리 설정하기

Mouse 라이브러리를 사용하려면 [코드 4-3]과 같이 스케치 윗부분에 입력해줘야 해요. 또는 [스케치]-[라이브러리 포함하기]-[Mouse] 메뉴를 선택하면 [코드 4-3]의 코드가 자동으로 써져요.

코드 4-3 Mouse 라이브러리 선언하기

```
#include <Mouse.h>
```

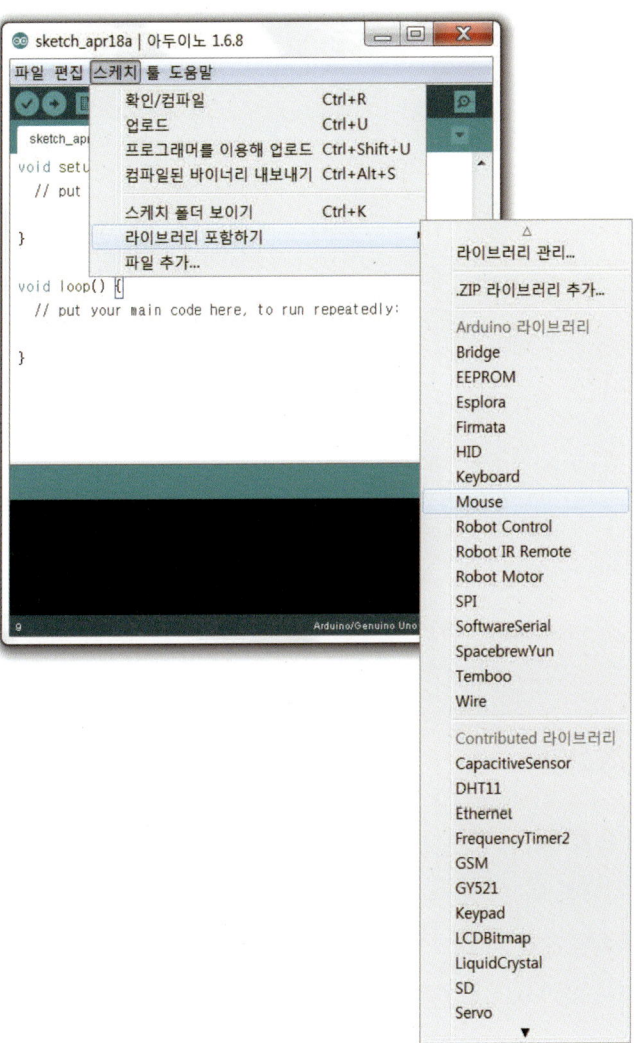

쉬 어 가 는 페 이 지

다음으로 setup 함수에서 Keyboard 라이브러리처럼 Mouse.begin 명령어를 실행해줘야 해요. 이 명령어를 실행해야 아두이노 LEONARDO에서 컴퓨터로 마우스 명령을 보낼 수 있어요.

함수설명

Mouse.begin()
컴퓨터에 키보드나 마우스로 인식할 수 있는 아두이노 LEONARDO, 아두이노 DUE, 아두이노 MICRO를 마우스로 인식하도록 설정하는 함수입니다. 이 함수를 실행해야 컴퓨터로 마우스 명령어를 보낼 수 있습니다.

구조
Mouse.begin()

매개변수
없음

반환 값
없음

사용 예
Mouse.begin();
// 컴퓨터에 연결된 아두이노를 마우스로 인식시킵니다.

02 | 마우스 움직이기

마우스의 위치를 움직이거나 스크롤을 움직이고 싶다면 Mouse.move 명령어를 사용하면 돼요. 이 명령어를 사용할 때 주의할 점은 아두이노 LEONARDO로 이 명령어를 사용하는 동안에는 컴퓨터에 연결된 진짜 마우스가 움직이지 않아요. 따라서 진짜 마우스가 움직이지 못해도 괜찮은지 확실히 확인하고 사용하는 것이 좋아요.

함수설명

Mouse.move()
마우스 커서를 움직입니다.

구조
Mouse.move(x축 이동량, y축 이동량, 휠 이동량)

매개변수
x축 이동량 : 마우스 커서의 x축을 이동하는 양입니다.
y축 이동량 : 마우스 커서의 y축을 이동하는 양입니다.
휠 이동량 : 마우스 커서의 휠을 이동하는 양입니다.

반환 값
없음

사용 예
Mouse.move(10, 0, 0);
// 마우스 커서를 오른쪽으로 10만큼 이동합니다.
Mouse.move(-10, 0, 0);
// 마우스 커서를 왼쪽으로 10만큼 이동합니다.

03 | 마우스 버튼 눌렀다 떼기

Mouse 라이브러리는 Keyboard 라이브러리와 거의 똑같해요. Keyboard 라이브러리처럼 Mouse.press, Mouse.release 명령어를 가지고 있고 사용법도 비슷해요. 대신 Keyboard 라이브러리처럼 누를 수 있는 키가 다양하진 않고, [표 4-3]과 같이 3개의 키만 사용할 수 있어요. 마우스 왼쪽 버튼(MOUSE_LEFT), 마우스 휠 버튼(MOUSE_MIDDLE), 마우스 오른쪽 버튼(MOUSE_RIGHT)을 사용할 수 있어요.

표 4-3 Mouse 라이브러리에서 사용할 수 있는 키들

MOUSE_LEFT	MOUSE_MIDDLE	MOUSE_RIGHT

쉬 어 가 는 페 이 지

그리고 이 키들을 가지고 Mouse.press, Mouse.release 명령어를 사용하면 되는데, 원한다면 명령어의 매개변수 없이 사용할 수도 있어요. 이 경우 기본으로 마우스 왼쪽 버튼을 사용했다고 인식해요.

함수설명

Mouse.press()
컴퓨터한테 마우스 버튼이 눌렸다고 알려줍니다.

구조
Mouse.press([마우스 버튼])

매개변수
마우스 버튼 : 컴퓨터한테 눌렸다고 알려줄 마우스 버튼입니다. 원한다면 매개변수를 비우고 명령어를 사용해도 되는데 이 경우 마우스 왼쪽 버튼(MOUSE_LEFT)을 눌렀다고 인식합니다.

반환 값
없음

사용 예
Mouse.press();
// 컴퓨터한테 마우스 왼쪽 버튼이 눌렸다고 알려줍니다.
Mouse.press(MOUSE_MIDDLE);
// 컴퓨터한테 마우스 가운데 버튼이 눌렸다고 알려줍니다.

함수설명

Mouse.release()
컴퓨터한테 마우스 버튼에서 손이 떼졌다고 알려줍니다.

구조
Mouse.release([마우스 버튼])

매개변수
마우스 버튼 : 컴퓨터한테 손이 떼졌다고 알려줄 마우스 버튼입니다. 원한다면 매개변수를 비우고 명령어를 사용해도 되는데 이 경우 마우스 왼쪽 버튼(MOUSE_LEFT)을 뗐다고 인식합니다.

반환 값
없음

사용 예
Mouse.release();
// 컴퓨터한테 마우스 왼쪽 버튼에서 손이 떼졌다고 알려줍니다.
Mouse.release(MOUSE_MIDDLE);
// 컴퓨터한테 마우스 가운데 버튼에서 손이 떼졌다고 알려줍니다.

04 | 마우스 버튼 클릭하기

키보드와 마우스와 다른 점은 마우스는 클릭 또는 더블 클릭이라는 명령을 사용해요. Mouse 라이브러리를 이용하면 이 클릭과 더블 클릭을 쉽게 구현할 수 있어요. 바로 Mouse.click이라는 명령어를 사용하면 돼요. 이 명령어를 사용하면 순간적으로 마우스를 클릭했다고 인식하게 돼요. 주의할 점은 Mouse.move와 같이 클릭 명령이 보내질 때 컴퓨터에 연결된 진짜 마우스가 움직이지 않아요. 따라서 주의해서 사용해야 해요. 그리고 Mouse.press, Mouse.release 명령들처럼 매개변수 없이 실행할 수 있는데, 이 경우에도 기본으로 마우스 왼쪽 버튼을 사용했다고 인식해요.

쉬 어 가 는 페 이 지

📖 함수설명

Mouse.click()
컴퓨터한테 마우스를 클릭했다고 알려줍니다.

구조
Mouse.click([마우스 버튼])

매개변수
마우스 버튼 : 컴퓨터한테 클릭했다고 알려줄 마우스 버튼입니다. 원한다면 매개변수를 비우고 명령어를 사용해도 되는데 이 경우 마우스 왼쪽 버튼(MOUSE_LEFT)을 클릭했다고 인식합니다.

반환 값
없음

사용 예
Mouse.click();
// 컴퓨터한테 마우스 왼쪽 버튼을 클릭했다고 알려줍니다.
Mouse.click(MOUSE_MIDDLE);
// 컴퓨터한테 마우스 가운데 버튼을 클릭했다고 알려줍니다.

PART

시리얼 통신 파헤치기

이번 장에서는 시리얼 통신을 보다 잘 활용할 수 있는 방법에 대해 배웁니다. switch문이라는 것을 이용해 컴퓨터에서 전달받은 글자에 따라 정해진 음이 피에조 스피커로 재생되도록 해봅니다. 그리고 시리얼 모니터에 RGB 값을 입력해 삼색 LED의 색을 바꿔봅니다.

switch문과 함께 시리얼 통신 사용하기

준비물

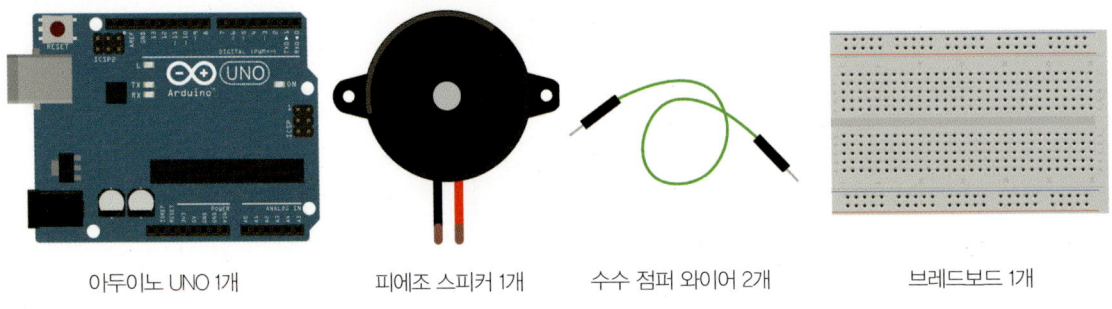

아두이노 UNO 1개　　피에조 스피커 1개　　수수 점퍼 와이어 2개　　브레드보드 1개

이번 시간에는 시리얼 통신과 switch문을 이용해 피에조 스피커를 연주해볼거에요. 시리얼 모니터에서 a ~ f 글자들을 입력하면 아두이노에서 글자에 해당되는 음이 재생되도록 할거에요.

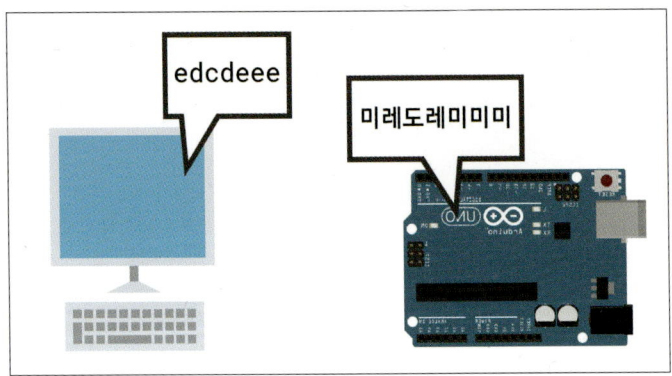

아두이노 보드에 연결은 [회로도 5-1]과 같이 해요. 그림을 보며 하나씩 따라 연결해주세요.

회로도 5-1 switch문과 함께 시리얼 통신 사용하기 (http://goo.gl/d81bHj)

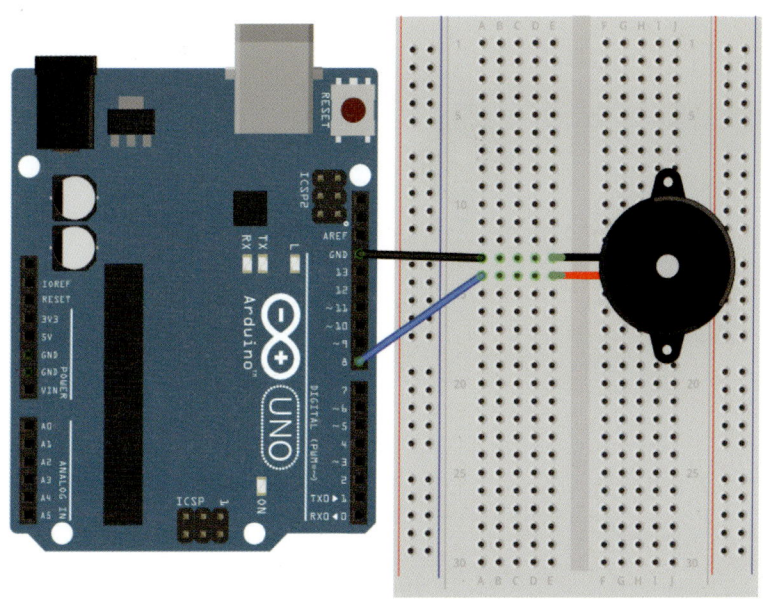

01 피에조 스피커의 윗부분을 보면 플러스(+) 기호가 표시된 것을 볼 수 있어요. 이 플러스 기호가 있는 쪽 다리가 플러스를 뜻해요. 만약 플러스 기호가 없다면 다리를 보았을 때 긴 쪽이 플러스, 짧은 쪽이 마이너스에요. 구분을 잘한 뒤에 피에조 스피커를 브레드보드에 꽂아주세요.

02 아두이노 보드의 그라운드 핀과 피에조 스피커의 마이너스가 꽂힌 줄을 점퍼 와이어로 연결해주세요.

03 아두이노 보드의 8번 핀과 피에조 스피커의 플러스가 꽂힌 줄을 점퍼 와이어로 연결해주세요.

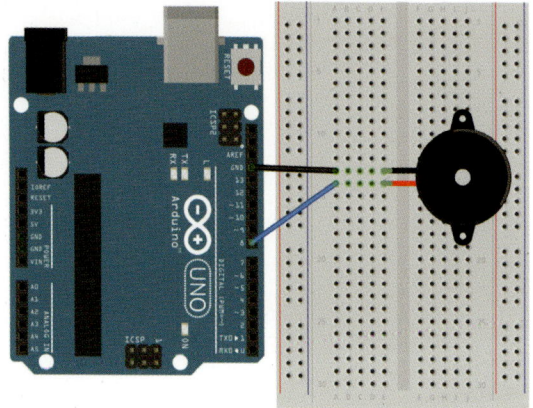

04 완성된 모습이에요!

스케치는 [코드 5-1], [코드 5-2]와 같이 작성해주세요.

코드 5-1 switch문과 함께 시리얼 통신 사용하기(https://goo.gl/jOEp6J) : part05_01.ino

```
1   #include "pitches.h"
2
3   void setup() {
4     Serial.begin(9600);
5   }
6
7   void loop() {
8     if (Serial.available()) {
9       char c = Serial.read();
10
11      switch (c) {
12        case 'a':
13          tone(8, NOTE_A4, 500);
14          delay(500);
15          break;
16        case 'b':
17          tone(8, NOTE_B4, 500);
18          delay(500);
19          break;
20        case 'c':
21          tone(8, NOTE_C4, 500);
22          delay(500);
23          break;
24        case 'd':
25          tone(8, NOTE_D4, 500);
26          delay(500);
27          break;
28        case 'e':
29          tone(8, NOTE_E4, 500);
30          delay(500);
31          break;
32        case 'f':
```

```
33              tone(8, NOTE_F4, 500);
34              delay(500);
35              break;
36          case 'g':
37              tone(8, NOTE_G4, 500);
38              delay(500);
39              break;
40      }
41  }
42 }
```

코드 5-2 switch문과 함께 시리얼 통신 사용하기(https://goo.gl/jOEp6J) : pitches.h

```
1  #define NOTE_C4  262
2  #define NOTE_D4  294
3  #define NOTE_E4  330
4  #define NOTE_F4  349
5  #define NOTE_G4  392
6  #define NOTE_A4  440
7  #define NOTE_B4  494
```

1번 줄을 보면 라이브러리를 사용할 때 많이 본 코드를 볼 수 있어요. 그런데 여기서는 라이브러리를 사용하지 않아요. 그럼 [코드 5-3]은 무슨 뜻일까요? [코드 5-3]은 pitches.h 파일을 내용에 추가한다는 뜻이에요. pitches.h 파일은 바로 [코드 5-2]에요. 탭을 추가하는 것을 통해 pitches.h 같은 파일을 추가할 수 있어요.

코드 5-3 pitches.h 포함하기

```
#include "pitches.h"
```

파일을 추가하는 방법은 다음과 같아요.

01 먼저 스케치를 저장해주세요. 시리얼 모니터 아이콘 밑에 아래쪽 화살표 버튼이 있어요. 이 버튼을 클릭해주세요.

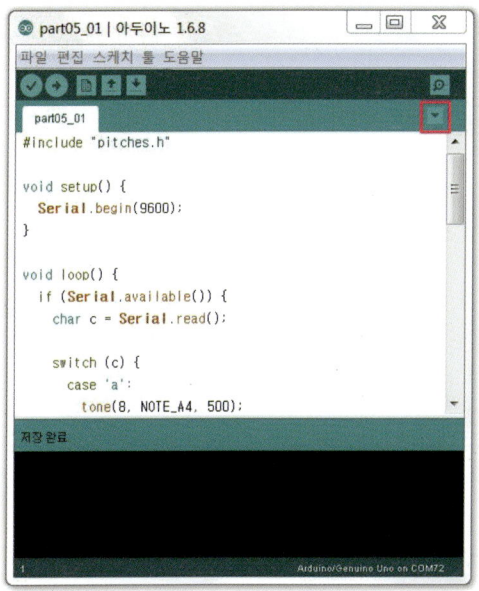

02 버튼을 클릭하면 [새 탭] 메뉴를 볼 수 있어요. [새 탭] 메뉴를 클릭해주세요.

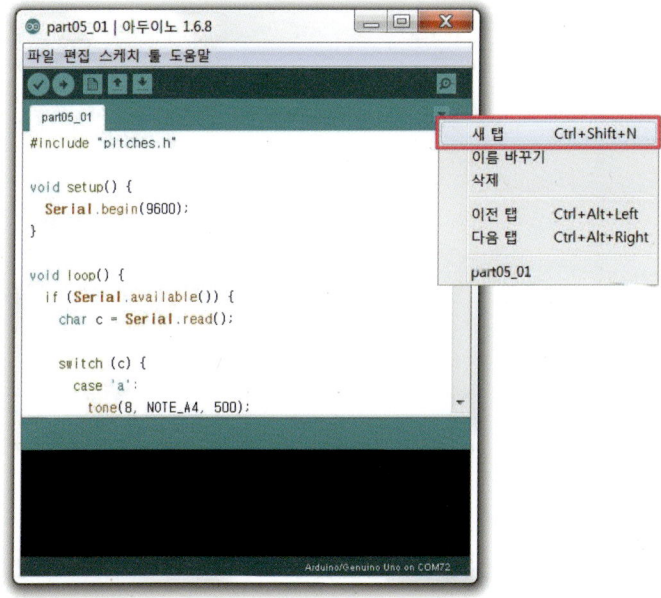

03 이름에 원하는 파일명을 입력해주세요. 여기서는 pitches.h라고 입력했어요. 입력을 다 했다면 확인을 눌러주세요.

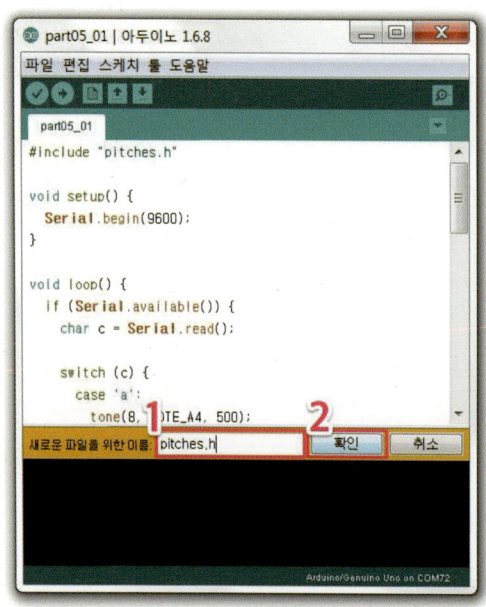

04 확인을 누르면 앞에서 정한 이름의 탭이 생긴 것을 볼 수 있어요.

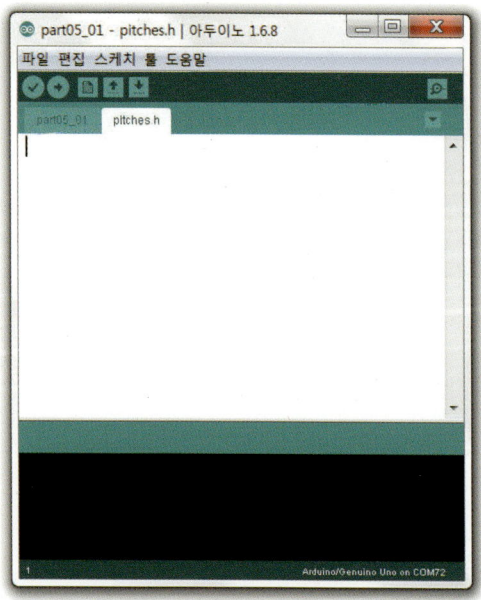

[코드 5-2]를 보면 특별한 내용은 없고 매크로 상수들이 선언되어 있는 것을 볼 수 있어요. 원래 h라는 확장자를 가진 파일은 매크로 상수뿐만 아니라 함수에 대한 정보를 입력하는 용도로 많이 사용하는데, 아두이노 프로젝트에서는 [코드 5-2]와 같이 매크로 상수만 따로 분리해서 정리할 때 많이 사용해요. [코드 5-2]는 4옥타브 계이름의 음 값을 매크로 상수로 선언해 놓은 거예요. 이 값을 이용해 [코드 5-1]에서 tone 함수로 음을 재생해요. 만약 여기 있는 7개의 음이 아닌 더 많은 음을 사용하고 싶다면 [파일]-[예제]-[02.Digital]-[toneMelody] 메뉴 안에 있는 pitches.h 파일을 보면 돼요. 피에조 스피커로 낼 수 있는 모든 음을 매크로 상수로 선언한 것을 볼 수 있어요. [코드 5-2]의 값들도 이 예제에 있는 pitches.h 파일을 참고했어요.

setup 함수를 보면 시리얼 통신을 사용하기 위해 Serial.begin 명령어를 실행해요. 곧바로 loop 함수를 보면 8번 줄에서 Serial.available 명령어를 호출해 시리얼 통신으로 들어온 데이터가 있는지 없는지 확인해요. 만약 들어온 데이터가 있어서 if문의 조건이 참이 되면 9번 줄이 실행돼요. 여기서 Serial.read 명령어를 이용해 한 바이트를 읽어 c라는 char형 변수에 넣어요.

11 ~ 40번 줄을 보면 switch문을 볼 수 있어요. switch문은 if문과 비슷하게 컴퓨터가 어떤 상황에서 어떻게 동작할지 정해놓은거에요. 다른 점은 if문이 조건이 참이냐 거짓이냐에 따라 어떻게 할지 결정한다면 switch문은 조건을 사용하지 않는다는 게 달라요. 대신 기준 값이라는 것을 사용해요. 일종의 번호 표라고 생각하면 쉬워요. 은행에 가면 순번 대기 표를 받은 다음에 그 번호와 똑같은 창구로 가듯이 switch문도 기준 값의 값과 같은 곳으로 가서 코드를 실행해요. 따라서 if문보다 여러 가지 경우의 수를 다룰 때 더 유리해요.

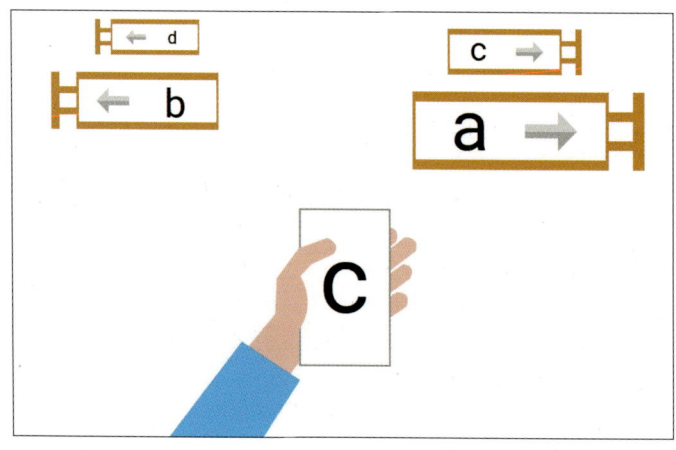

11번 줄을 보면 switch문의 작은 괄호 안에 변수 c가 들어있어요. 이 말은 변수 c를 기준 값으로 사용하겠다는 뜻이에요. 그리고 12 ~ 39번 줄 안에 보면 case라고 적힌 것을 볼 수 있어요. 여기서 case는 기준 값이 case 옆에 값과 같다면 그 쪽으로 이동해 코드를 실행하라는 뜻이에요. 일단 변수 c에 들어있는 값이 f라고 가정해볼게요. 이때는 32번 줄로 이동해요. 33번 줄에서 tone 함수를 이용해 4 옥타브의 파(NOTE_F4)를 소리 내요. 그리고 34번 줄에서 0.5초 멈춰요. 35번 줄에 break라고 적혀있는데, 이건 밖으로 나간다는 뜻이에요. 바로 switch문 밖으로 나간다는 뜻이에요. 만약 35번 줄에 break가 안 적혀있다면 36번 줄도 실행돼요. 한번 break를 지우고 실행해보세요. 따라서 switch문을 사용할 때 break 적는 것을 꼭 기억해야 해요. 그리고 break는 반복문에서도 많이 사용해요. for문이나 while문과 같은 반복문에서 반복을 그만하고 빠져나가고 싶을 때 break를 실행하면 돼요.

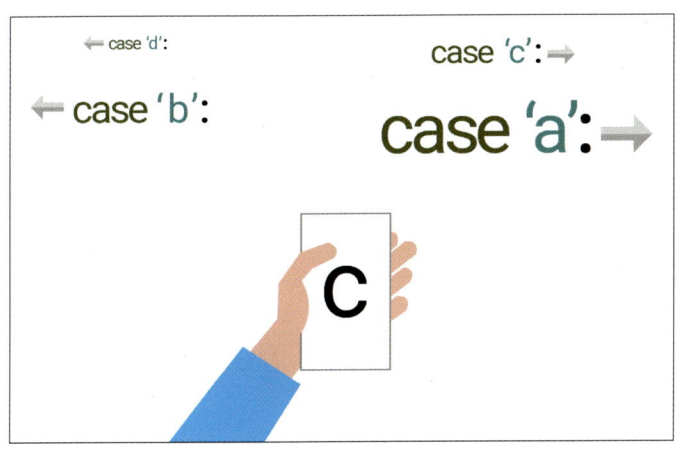

if문의 경우 조건이 맞지 않다면 else에 있는 코드가 실행돼요. switch문에도 else와 같은 것이 있어요. 바로 default예요. 만약 a ~ f 가 아닌 글자를 입력했다면 값이 똑같은 case를 찾을 수 없기 때문에 switch문을 빠져나가요. 그런데 [코드 5-4] 같은 경우에는 a ~ f가 아닌 글자를 입력하면 default라고 적힌 곳으로 이동해요. 이 default는 if문의 else와 같다고 생각하면 돼요.

코드 5-4   default를 사용한 switch문

```
switch (c) {
  case 'a':
    tone(8, NOTE_A4, 500);
    delay(500);
    break;
  case 'b':
    tone(8, NOTE_B4, 500);
    delay(500);
    break;
  case 'c':
    tone(8, NOTE_C4, 500);
    delay(500);
    break;
  case 'd':
    tone(8, NOTE_D4, 500);
    delay(500);
    break;
```

```
    case 'e':
      tone(8, NOTE_E4, 500);
      delay(500);
      break;
    case 'f':
      tone(8, NOTE_F4, 500);
      delay(500);
      break;
    case 'g':
      tone(8, NOTE_G4, 500);
      delay(500);
      break;
    default:
      Serial.println("default!!");
      break;
  }
```

f 글자 말고 다른 글자가 소리 나는 것도 똑같아요. a ~ f 사이에 있는 글자를 입력하면 해당되는 case 로 이동해 그 글자에 해당되는 소리가 나요. 업로드를 하고 정상적으로 동작하면 a ~ f 글자에 따라 소리가 나는 것을 들을 수 있어요. 그림과 같이 여러 글자를 입력해 원하는 노래를 연주해보세요.

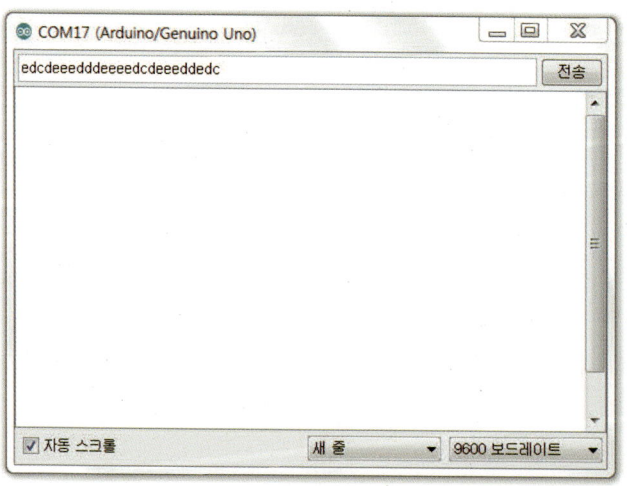

> **TIP** 프로토콜(protocol)이란 컴퓨터와 컴퓨터 간에 통신할 때 필요한 규칙을 약속한 것이에요. 우리가 컴퓨터에서 c라는 글자를 보내면 아두이노에서 도라는 소리를 내고, d를 보내면 레라는 소리를 내는 것도 프로토콜이라 할 수 있어요. 이처럼 switch문을 이용하면 간단한 프로토콜을 만들 수 있어요. 원한다면 a라는 글자를 보냈을 때 LED를 켜고, b라는 글자를 보냈을 때 LED를 끄도록 할 수도 있겠죠. 아두이노 프로젝트를 할 때 자신만의 프로토콜을 만들어보세요.

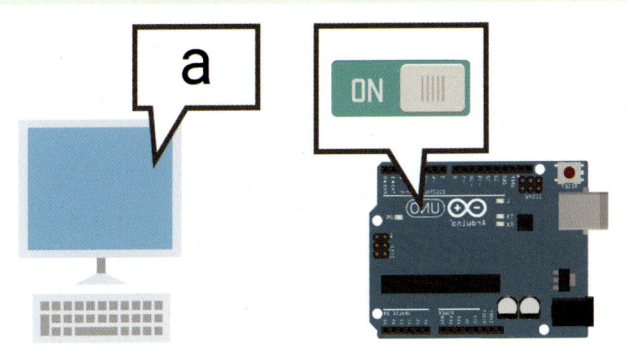

시리얼 통신으로 삼색 LED 제어하기

준비물

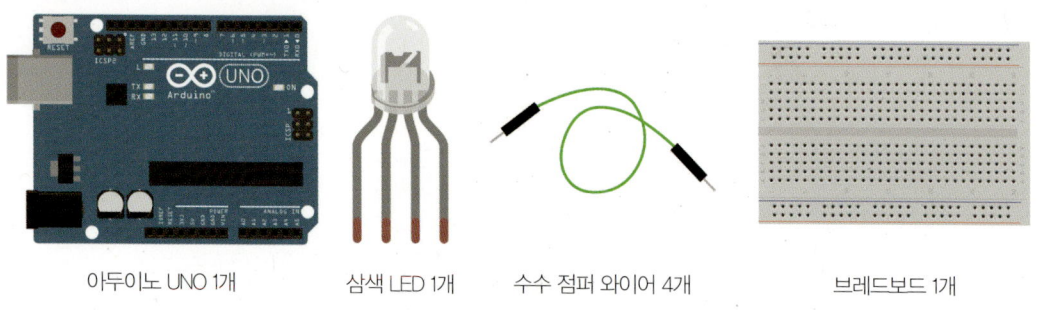

| 아두이노 UNO 1개 | 삼색 LED 1개 | 수수 점퍼 와이어 4개 | 브레드보드 1개 |

이번에는 시리얼 통신으로 값을 받아 삼색 LED의 색을 바꾸는 것을 해볼거에요. 시리얼 모니터에서 빨강, 초록, 파랑에 해당되는 숫자 값들을 적어 보내면 아두이노 쪽에서 숫자만 뽑아내 삼색 LED의 색으로 바꾸도록 할거에요.

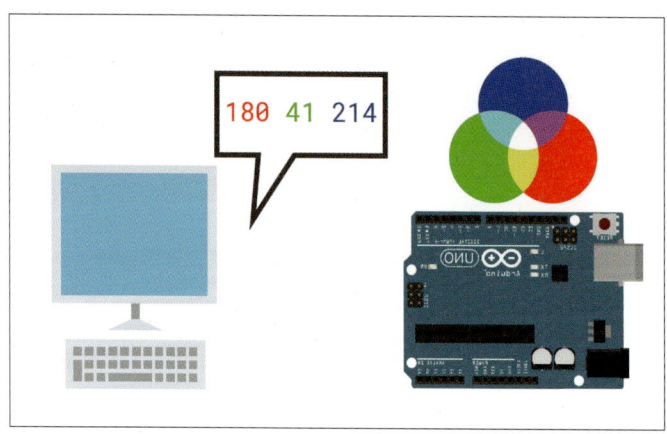

아두이노 보드에 연결은 [회로도 5-2]와 같이 해요. 그림을 보며 하나씩 따라 연결해주세요.

회로도 5-2 시리얼 통신으로 삼색 LED 제어하기(http://goo.gl/J3HaHx)

01 삼색 LED를 브레드보드에 꽂아주세요.

02 삼색 LED의 다리 쪽에 마이너스(−) 기호 또는 GND라고 표시된 부분을 아두이노 보드의 그라운드 핀과 연결해주세요.

03 삼색 LED의 다리 쪽에 있는 R, G, B를 순서대로 아두이노 보드 11, 10, 9번 핀에 연결해주세요.

04 완성된 모습이에요!

스케치는 [코드 5-5]와 같이 작성해주세요.

코드 5-5 시리얼 통신으로 삼색 LED 제어하기(https://goo.gl/zQyj7u)

```
1   #define RED 11
2   #define GREEN 10
3   #define BLUE 9
4
5   void setup() {
6     Serial.begin(9600);
7   }
8
9   void loop() {
10    if (Serial.available()) {
11      int r = Serial.parseInt();
12      int g = Serial.parseInt();
13      int b = Serial.parseInt();
14
15      if (Serial.read() == '\n') {
16        analogWrite(RED, r);
17        analogWrite(GREEN, g);
18        analogWrite(BLUE, b);
19      }
20    }
21  }
```

1 ~ 3번 줄에서 RED, GREEN, BLUE라는 매크로 상수를 선언했어요. 이 매크로 상수 값은 삼색 LED의 빨강, 초록, 파랑과 연결된 핀들을 뜻해요. 다음으로 setup 함수를 보면 시리얼 통신을 하기 위해 Serial.begin 명령어를 사용하고 loop 함수를 보면 10번 줄에서 Serial.available 명령어를 이용해 시리얼 통신으로 데이터가 들어왔는지 확인해요. 만약 데이터가 들어오면 11 ~ 13번 줄의 코드가 실행돼요.

11 ~ 13번 줄에 있는 Serial.parseInt는 시리얼 통신으로 들어온 데이터 중에 숫자를 뽑아주는 명령어에요. 예로 시리얼 모니터에서 아두이노로 "184 50 191"이라는 값을 보냈다고 가정해볼께요. 11번 줄에서 Serial.parseInt를 실행하면 앞에서부터 숫자가 있는지 확인해요. 한 글자씩 확인하다가 184 다음에 빈칸이 있는 것을 보고 "아! 184까지 숫자구나!"라고 생각하고 184를 변수 r에 넣어요. 12 ~ 13번 줄도

같아요. 50이라는 숫자를 찾은 다음 변수 g에, 191이라는 숫자를 찾은 다음 변수 b에 넣어요.

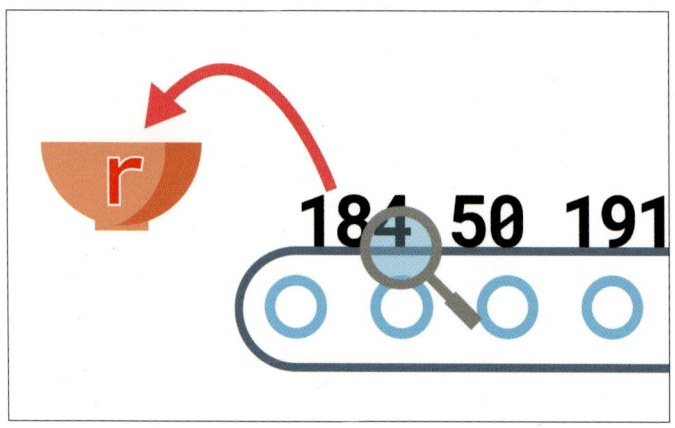

함수설명

Serial.parseInt()
시리얼 통신으로 받은 데이터 중에 숫자가 있는지 찾아서 반환해줍니다. 데이터를 확인하는데 숫자가 아닌 글자가 있다거나 1초 동안 찾지 못했다면 0을 반환합니다.

구조
Serial.parseInt()

매개변수
없음

반환 값
찾은 숫자 값 : 시리얼 통신으로 받은 데이터 중에 숫자가 있다면 반환합니다.

사용 예
int r = Serial.parseInt();
// 컴퓨터에서 시리얼 모니터로 255라는 숫자를 입력해 보냈다면 변수 r에 255가 들어갑니다

11 ~ 13번 줄에서 r, g, b 변수들에 값을 넣었다면 다음으로 15번 줄에 if문에서 Serial.read 명령어로 한 바이트의 글자를 읽은 뒤에 이 글자가 줄바꿈 문자(\n)와 같은지 확인해요. 시리얼 모니터에 보면 아래 보드레이트 설정 왼쪽에 설정하는 곳이 또 있는데, 이 부분을 "새 줄"로 설정하면 사용자가 입력한 값 뒤에 줄바꿈 문자를 붙여 아두이노로 보내요. 15번 줄은 바로 이렇게 온 줄바꿈 문자가 들어왔는지 확인하는거에요. 맞다면 16 ~ 18번 줄에서 r, g, b 변수들에 있는 값들을 이용해 삼색 LED의 색을

바꿔요. 업로드하고 정상적으로 동작한다면 여러분이 시리얼 모니터에 입력한 값에 따라 삼색 LED가 바뀌는 것을 볼 수 있어요. 원하는 색의 RGB 값을 확인한 뒤 시리얼 모니터로 한번 보내보세요.

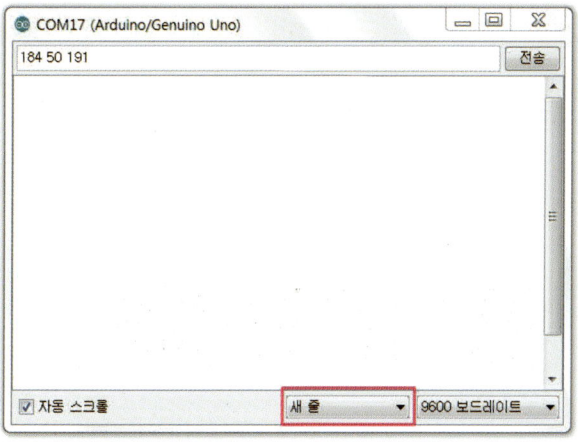

아두이노 IDE 1.6.6 버전부터 시리얼 플로터라는 재미있는 기능이 생겼어요. 어떤 기능인지 설명하기 전에 여러분들이 직접 사용해보는 게 좋아요. 일단 아두이노 UNO에 아무것도 연결하지 않은 상태에서 [코드 5-6]을 업로드해주세요. 업로드를 했다면 [툴]-[시리얼 플로터] 메뉴를 실행해주세요.

코드 5-6 시리얼 플로터 사용하기(https://goo.gl/LJt3k7)

```
1   void setup() {
2     Serial.begin(9600);
3   }
4
5   void loop() {
6     for (int i = 0; i < 256; i++) {
7       Serial.println(i);
8       delay(10);
9     }
10
11    for (int i = 255; i > -1; i--) {
12      Serial.println(i);
13      delay(10);
14    }
15  }
```

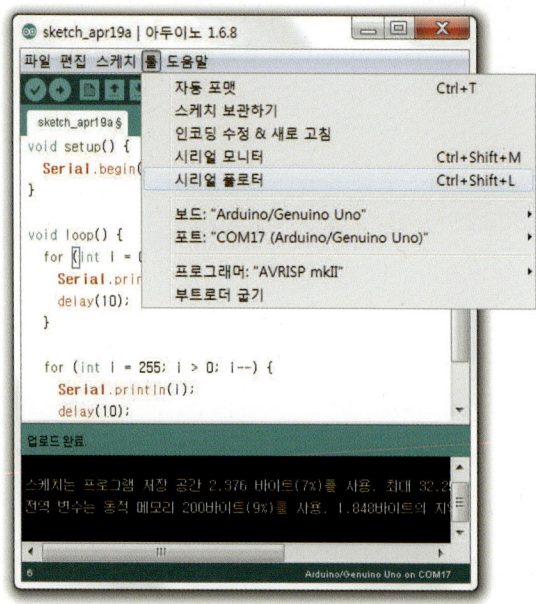

실행하고 기다리면 그림과 같이 그래프가 그려지는 것을 볼 수 있어요. 시리얼 플로터는 바로 아두이노에서 Serial.println 명령어로 보낸 숫자 값을 그래프로 보여주는 기능이에요. 다양한 센서 값의 변화를 눈으로 확인하고 싶을 때 사용해보세요.

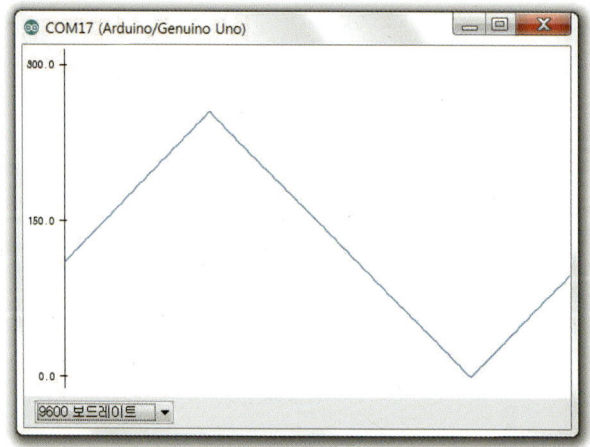

쉬 어 가 는 페 이 지

스크래치X : 쉽고 재미있는 아두이노 프로그래밍

예전에 입문편에서 스크래치(http://scratch.mit.edu)에 대해 간단히 소개한 적이 있어요. 이번 시간 소개할 스크래치X(http://scratchx.org)는 기존 스크래치에 하드웨어를 연결할 수 있도록 한거에요. 스크래치의 재미있고 다양한 기능을 그대로 사용하면서 아두이노, 레고 마인드스톰 등을 스크래치를 통해 제어할 수 있어요.

스크래치X로 아두이노를 제어할 때 스크래치로 만든 프로그램을 아두이노에 업로드 하지 않아요. 스크래치X가 아두이노를 제어할 수 있는 건 바로 이번 시간 배운 시리얼 통신을 사용하기 때문이에요. 예로 스크래치X에서 시리얼 통신으로 아두이노에게 명령을 보내면 아두이노가 명령을 받아 움직여요. 이에 대한 프로토콜이 정리가 되어있고 이 프로토콜대로 움직이게 해주는 스케치를 아두이노에 업로드해줘야해요. 그 스케치가 Firmata에요.

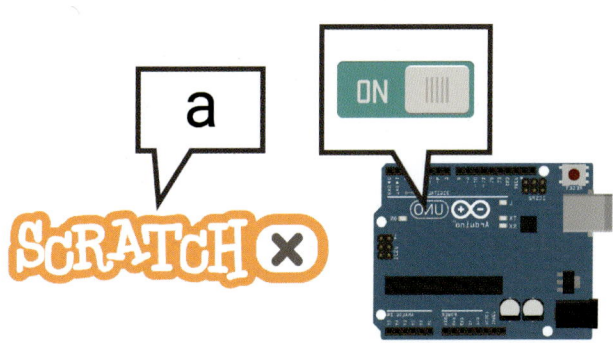

쉬 어 가 는 페 이 지

[파일]-[예제]-[Firmata]-[StandardFirmat] 메뉴가 스크래치X와 통신하기 위해 필요한 스케치에요. 이 Firmata는 스크래치X 뿐만 아니라 아두이노가 다른 컴퓨터와 통신을 통해 움직이는 프로젝트를 할 때도 많이 사용해요. Firmata를 깔면 아두이노는 스크래치X가 시리얼 통신으로 보내온 명령을 해석하고 그에 따라 움직여요.

유튜브에 제가 찍은 스크래치X 강의(https://goo.gl/JzsD5E)를 올려놓았어요. 스크래치X의 쉽고 재미있는 블록을 이용해 아두이노를 제어해보세요.

PART

06

아두이노의 어머니, 프로세싱

이번 장에서는 아두이노의 어머니라 할 수 있는 프로세싱에 대해 살펴보고, 프로세싱 IDE를 설치하는 방법을 배웁니다. 또한 프로세싱을 이용해 화면에 그림 그리는 것을 해봅니다.

프로세싱 소개하기

마시모 반지가 아두이노를 만들기로 결심했을 때 큰 영향을 준 것이 있는데 바로 프로세싱이에요. 프로세싱은 MIT 미디어랩의 케이시 리아스와 벤자민 프라이가 개발한 프로그래밍 언어에요. 프로세싱은 프로그래밍을 잘 모르는 일반인이나 디자이너들을 위해 만들어진 언어에요. 마치 종이에 스케치하듯이 프로그래밍을 통해 컴퓨터에 원하는 것을 쉽고 편리하게 그릴 수 있도록 되어있어요.

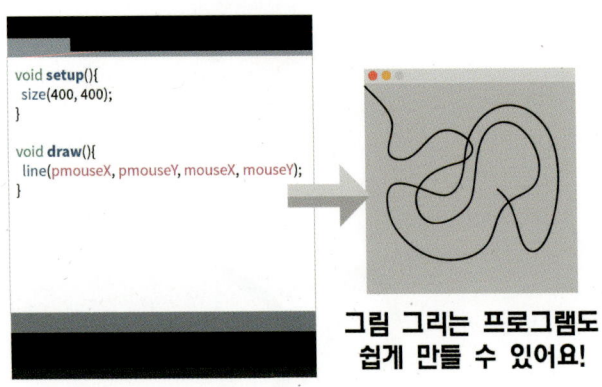

그림 그리는 프로그램도
쉽게 만들 수 있어요!

이렇게 프로세싱이 쉬운 이유는 프로세싱 IDE가 잘 만들어졌기 때문이에요. IDE(Integrated development environment)는 우리나라 말로 통합개발환경이라고도 하는데, 프로그래밍에 필요한 도구들을 하나로 모아 정리해 놓은 거라 생각하면 돼요. 바로 이 프로세싱 IDE가 쉽고 편리하게 되어있기 때문에 프로그래밍을 잘 모르는 일반인이나 예술가도 간단히 프로그램을 만들 수가 있어요. 어떻게 보면 아두이노가 쉬운 것도 프로세싱에서 많은 부분을 빌려왔기 때문이라 할 수 있어요.

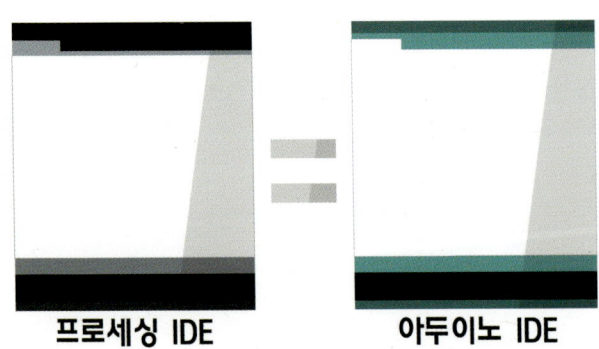

프로세싱 IDE = 아두이노 IDE

프로세싱 준비하기

프로세싱 다운로드 페이지(https://goo.gl/ESUOP)에 이동하면 프로세싱 IDE를 다운로드할 수 있어요. 자신의 운영체제에 맞는 설치 파일을 다운로드해주세요.

- **윈도우**

윈도우의 설치 파일은 압축 파일로 되어있어요. 압축을 풀고 프로세싱을 실행해 사용하면 돼요. 설치 시 주의할 점은 프로세싱의 폴더 경로가 한글이 포함되지 않도록 해야 한다는 거에요. 프로세싱이 실행되지만 나중에 프로그램이 돌아갈 때 에러가 날 수 있어요. 마찬가지로 경로가 너무 길지 않도록 주의해주세요.

- **맥**

맥도 압축 파일로 되어있어요. 압축을 풀면 "Processing"이라고 적힌 아이콘을 볼 수 있어요. 이 아이콘을 응용 프로그램에 드래그하거나 또는 원하는 곳에 옮겨 사용하면 돼요.

- **리눅스**

리눅스는 자신의 컴퓨터에 맞는 설치 파일을 다운로드하면 돼요. 설치 파일은 압축 파일(tgz)로 되어 있어요.

코드 6-1 리눅스에서 설치 파일 압축 풀기

```
tar zxvf [설치파일 이름]
```

압축 파일을 풀어주기 위해 터미널을 실행한 뒤 [코드 6-1]과 같이 입력해주세요. 그럼 압축이 풀리고 프로세싱 폴더가 생긴 것을 볼 수 있어요. 이 폴더로 이동해 "processing"이라는 파일을 실행하면 돼요.

설치하고 프로세싱을 실행했을 때 다음과 같이 창이 뜨면 정상적으로 설치가 완료된거에요.

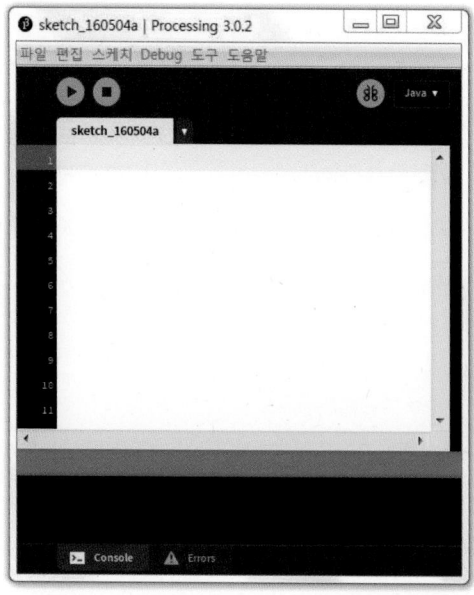

프로세싱 살펴보기

프로세싱 IDE의 기본 구조는 [코드 6-2]와 같아요. 프로세싱 IDE도 아두이노 IDE처럼 문서 단위를 스케치라고 불러요. 사실 아두이노 IDE가 프로세싱 IDE를 따라한거에요. 따라서 기본 이름으로 저장할 때 앞에 "sketch_"가 붙는 것을 볼 수 있어요.

코드 6-2 프로세싱 IDE의 기본 구조

```
void setup() {

}

void draw() {

}
```

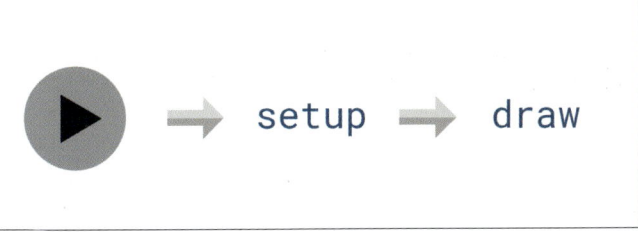

[코드 6-2]를 자세히 보면 setup과 draw 함수 2개가 있는 것을 볼 수 있어요. 이 두 함수는 프로세싱 프로그램의 핵심 구조에요. 프로세싱 프로그램을 실행하면 먼저 setup이란 함수가 한번 실행돼요. sctup이란 우리 말로 설치하다 설정하다로 통하는데, 함수 이름의 뜻처럼 주로 초기 설정과 관련된 코드를 setup 함수 안에 넣어요. 다음으로 setup 함수가 한번 실행되고 난 뒤 draw 함수가 계속 실행돼요. draw란 우리 말로 그리다는 뜻을 가지고 있어요. 프로세싱 프로그램이 실행되면 화면에 창이 하나 뜨는데, 이때 창에 무언가를 표시해주는 것이 draw 함수가 하는 역할이에요. 예로 마우스가 움직일 때 마다 선이 그려진다거나 배경색이 바뀌는 것을 draw 함수로 설정할 수 있어요.

프로세싱 IDE는 다음과 같이 생겼어요. 프로세싱 IDE 위쪽에 버튼을 눌러 기능을 실행할 수 있는 툴바가 있어요.

> **TIP** 프로세싱 IDE 툴바
>
> 툴바의 각 버튼의 기능들은 다음과 같아요.
>
>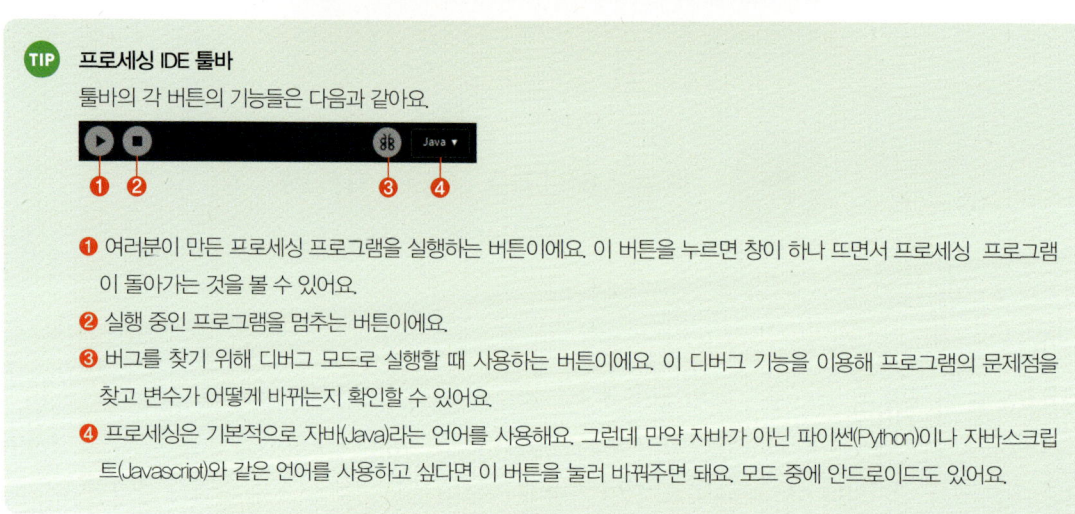
>
> ❶ 여러분이 만든 프로세싱 프로그램을 실행하는 버튼이에요. 이 버튼을 누르면 창이 하나 뜨면서 프로세싱 프로그램이 돌아가는 것을 볼 수 있어요.
>
> ❷ 실행 중인 프로그램을 멈추는 버튼이에요.
>
> ❸ 버그를 찾기 위해 디버그 모드로 실행할 때 사용하는 버튼이에요. 이 디버그 기능을 이용해 프로그램의 문제점을 찾고 변수가 어떻게 바뀌는지 확인할 수 있어요.
>
> ❹ 프로세싱은 기본적으로 자바(Java)라는 언어를 사용해요. 그런데 만약 자바가 아닌 파이썬(Python)이나 자바스크립트(Javascript)와 같은 언어를 사용하고 싶다면 이 버튼을 눌러 바꿔주면 돼요. 모드 중에 안드로이드도 있어요.

툴바 밑에 있는 것은 탭목록이에요. 처음에는 탭이 하나만 있지만 원한다면 탭을 늘려 여러 파일을 이용해 코드를 작성할 수 있어요. 다음 흰색의 가장 넓은 부분은 텍스트 편집기에요. 이 부분이 코드를 작성하는 곳이에요.

텍스트 편집기 바로 아래 있는 긴 줄은 메시지 영역이에요. 메시지 영역은 코드를 작성하거나 실행할 때 간단한 정보를 표시하는 곳이에요. 만약 에러가 나면 다음과 같이 무슨 에러가 났는지 표시해줘요.

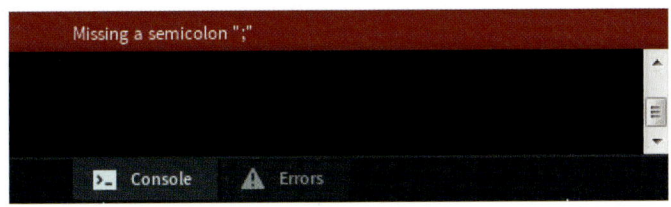

메시지 영역 밑에 있는 것은 콘솔과 에러 영역이에요. 아두이노 IDE에서 시리얼 모니터를 통해 아두이노가 보낸 값을 표시했듯이 콘솔은 프로그램에서 찍은 값을 표시해주는 곳이에요. 아두이노와 비슷하게 print, println 명령어를 사용해 콘솔에 글자나 값을 표시할 수 있어요.

에러 영역은 에러가 발생했을 때 에러에 대한 자세한 정보를 표시하는 부분이에요. 만약 에러가 발생하면 다음과 같이 에러에 대한 정보가 표시된 것을 볼 수 있어요.

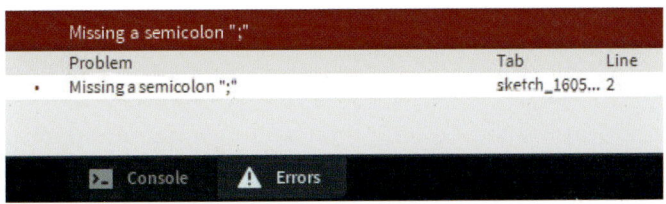

프로세싱 시작하기

이제 본격적으로 프로세싱을 이용해 화면에 그림을 그릴거에요. 먼저 프로세싱을 켜고 실행 버튼을 눌러주세요. 버튼을 누르면 다음과 같이 창이 뜨는 것을 볼 수 있어요. 이 창이 여러분이 만든 프로세싱 프로그램이 돌아가는 창이에요. 그림을 그리는 코드를 작성하면 이 창에 그림이 그려져요.

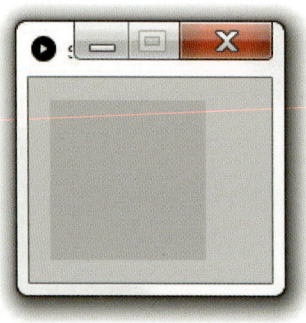

01 | 창 크기 조절하기

코드 6-3 창 크기 조절하기(https://goo.gl/H4oOaZ)

```
1  void setup() {
2    size(400, 400);
3  }
```

처음 아무 코드도 작성하지 않고 실행하면 넓이 100px, 높이 100px인 창이 떠요. 그림을 그리기 편하게 하기 위해 창 크기를 키워볼께요. [코드 6-3]의 2번 줄과 같이 size 명령어를 사용해 창 크기를 바꿀 수 있어요. 2번 줄은 창 크기를 넓이 400px, 높이 400px로 설정한다는 뜻이에요.

함수설명

size()
프로세싱 창의 크기를 설정하는 함수입니다. 오직 setup 함수 안에서만 사용할 수 있습니다. 이 함수를 사용할때는 매개변수 부분에 변수를 사용하면 안 되고 꼭 값을 곧바로 입력해줘야 합니다.

구조
size(넓이, 높이)

매개변수
넓이 : 설정하고 싶은 창의 넓이입니다.
높이 : 설정하고 싶은 창의 높이입니다.

반환 값
없음

사용 예
size(600, 400);
// 창 크기를 넓이 600px, 높이 400px로 설정합니다.

> **TIP** 아두이노에서는 setup과 loop 함수를 사용하지 않더라도 꼭 적어줘야 하는데, 프로세싱에서는 꼭 적어줄 필요가 없어요. [코드 6-3]처럼 draw 함수를 사용하지 않는다면 안 적어도 돼요.

[코드 6-3]을 실행하면 다음과 같이 넓이 400px, 높이 400px의 창이 뜨는 것을 볼 수 있어요.

02 | 배경색 바꾸기

코드 6-4 배경색 바꾸기 : 흑백(https://goo.gl/JLyjsY)

```
1    void setup() {
2      size(400, 400);
3      background(0);
4    }
```

이번에는 창의 배경색을 바꿔볼께요. [코드 6-4]의 3번 줄과 같이 background 명령어를 사용해 창의 배경색을 바꿀 수 있어요. 3번 줄은 배경색을 완전 검정으로 바꾼다는 뜻이에요.

 함수설명

background()
프로세싱 창의 배경색을 설정하는 함수입니다.

구조
background(흑백)

매개변수
흑백 : 0~255, 0에 가까울수록 검정색, 255에 가까울수록 흰색이 됩니다.

반환 값
없음

사용 예
background(125);
// 창의 배경색을 회색으로 설정합니다.

[코드 6-4]를 실행하면 다음과 같이 배경색이 검정인 창이 뜨는 것을 볼 수 있어요.

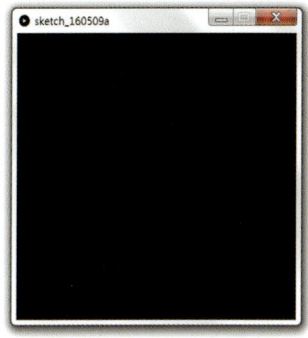

코드 6-5 배경색 바꾸기 : 컬러(https://goo.gl/y8SHT5)

```
1   void setup() {
2     size(400, 400);
3     background(255, 0, 246);
4   }
```

이번에는 창의 배경색을 흑백이 아닌 컬러로 바꿔볼께요. 배경색을 컬러로 바꾸는 것도 background 명령어를 사용해요. 대신 매개변수를 입력하는 방법이 달라요. [코드 6-5]의 3번 줄과 같이 빨강, 초록, 파랑에 해당되는 매개변수 값 3개를 입력하면 창의 배경색이 컬러로 바껴요.

함수설명

background()
프로세싱 창의 배경색을 설정하는 함수입니다.

구조
background(빨강, 초록, 파랑)

매개변수
빨강 : 0~255, 255에 가까울수록 빨간색이 강해집니다.
초록 : 0~255, 255에 가까울수록 초록색이 강해집니다.
파랑 : 0~255, 255에 가까울수록 파란색이 강해집니다.

반환 값
없음

사용 예

background(255, 0, 0);
// 창의 배경색을 빨간색으로 설정합니다.

[코드 6-5]를 실행하면 다음과 같이 배경색이 컬러로 바뀌는 것을 볼 수 있어요.

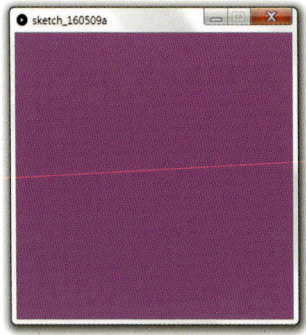

03 | 점 찍기

코드 6-6 점 찍기(https://goo.gl/6lSKuv)

```
1  void setup() {
2    size(400, 400);
3    background(255);
4    point(200, 200);
5  }
```

다음으로 화면에 점을 찍어볼께요. [코드 6-6]의 3번 줄을 보면 점을 찍기 전에 창의 배경색을 흰색으로 설정했어요. 그런 다음 4번 줄에서 point 명령어를 사용해 점을 찍어요. 4번 줄은 x좌표 200, y좌표 200에 점을 찍으라는 뜻이에요.

함수설명

point()
점을 찍는 함수입니다.

구조
point(x, y)

매개변수
x : 점이 찍히는 x좌표를 뜻합니다.
y : 점이 찍히는 y좌표를 뜻합니다.

반환 값
없음

사용 예
point(50, 100);
// x좌표 50, y좌표 100에 점을 찍습니다.

프로세싱에서 좌표의 기준점은 실행 창의 가장 왼쪽 위에요. 가장 왼쪽에 있을 때 x값이 0이고 오른쪽으로 갈 수록 x값이 커져요. 그리고 가장 위에 있을 때 y값이 0이고 아래쪽으로 내려갈 수록 y값이 커져요.

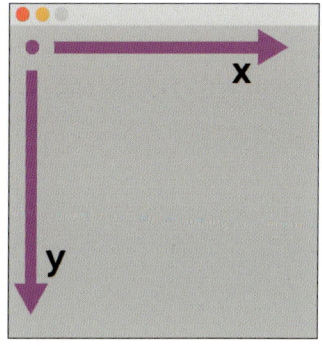

[코드 6-6]을 실행하면 다음과 같이 화면 가운데에 점이 찍힌 것을 볼 수 있어요.

04 | 점과 선의 두께 조절하기

코드 6-7 점과 선의 두께 조절하기(https://goo.gl/sAo9Yo)

```
1  void setup() {
2    size(400, 400);
3    background(255);
4    strokeWeight(30);
5    point(200, 200);
6  }
```

[코드 6-6]을 실행하면 점이 찍히지만 점의 크기가 워낙 작아 잘 안 보여요. 이번에는 잘 보이도록 점의 크기를 키워볼게요. [코드 6-7] 4번 줄의 strokeWeight 명령어가 점의 크기를 조절하는 명령어에요. 이 명령어를 사용하면 점의 크기뿐만 아니라 도형을 그릴 때 선의 굵기도 달라져요. 4번 줄은 점과 선의 두께를 30px로 설정한다는 뜻이에요.

함수설명

strokeWeight()
점과 선의 두께를 설정하는 함수입니다.

구조
strokeWeight(두께)

매개변수
두께 : 설정하고자 하는 점과 선의 두께를 뜻합니다.

반환 값
없음

사용 예
strokeWeight(50);
// 점과 선의 두께를 50px로 설정합니다.

[코드 6-7]을 실행하면 다음과 같이 점의 두께가 커진 것을 볼 수 있어요.

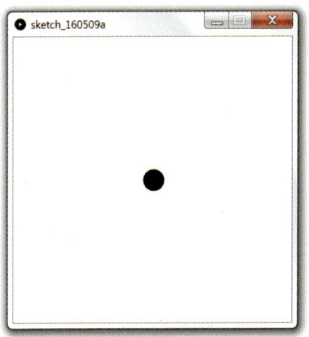

05 | 점과 선의 색 바꾸기

코드 6-8 점과 선의 색 바꾸기 : 흑백(https://goo.gl/dE6gQe)

```
1  void setup() {
2    size(400, 400);
3    background(255);
4    strokeWeight(30);
5    stroke(125);
6    point(200, 200);
7  }
```

이번에는 점과 선의 색을 바꿔볼께요. [코드 6-8]의 5번 줄의 stroke 명령어가 점과 선의 색을 바꾸는 명령어에요. 사용법은 background 명령어와 비슷해요. 5번 줄은 점과 선의 색을 회색으로 설정한다는 뜻이에요.

함수설명

stroke()
점과 선의 색을 설정하는 함수입니다.

구조
stroke(흑백, [투명도])

매개변수
흑백 : 0~255, 0에 가까울수록 검정색, 2555에 가까울수록 흰색이 됩니다.
[투명도] : 0~255, 0에 가까울수록 투명, 2555에 가까울수록 불투명해집니다. 투명도를 설정하고 싶지 않다면 입력하지 않아도 됩니다.

반환 값
없음

사용 예
stroke(0);
// 점과 선의 색을 검정색으로 설정합니다.
stroke(255, 125);
// 점과 선의 색을 흰색으로 설정하고, 투명도를 50% 정도로 설정합니다.

[코드 6-8]을 실행하면 다음과 같이 점의 색이 회색으로 바뀐 것을 볼 수 있어요. 만약 점과 선의 색을 바꾸면서 투명도도 적용하고 싶다면 두 번째 매개변수에 값을 하나 더 넣어주면 돼요.

코드 6-9 점과 선의 색 바꾸기 : 컬러(https://goo.gl/BmgkVH)

```
1   void setup() {
2     size(400, 400);
3     background(255);
4     strokeWeight(30);
5     stroke(0, 186, 255);
6     point(200, 200);
7   }
```

이번에는 점과 선의 색을 흑백이 아닌 컬러로 바꿔볼게요. 배경색을 컬러로 바꾸는 것도 stroke 명령어를 사용하는데 대신 매개변수를 입력하는 방법이 달라요. [코드 6-9]의 5번 줄과 같이 빨강, 초록, 파랑에 해당되는 매개변수 값 3개를 입력하면 점과 선의 색이 컬러로 바뀌어요. 여기서도 투명도를 바꾸고 싶다면 빨강, 초록, 파랑 다음에 투명도에 해당되는 매개변수를 입력해주면 돼요.

함수설명

stroke()
점과 선의 색을 설정하는 함수입니다.

구조
stroke(빨강, 초록, 파랑, [투명도])

매개변수
빨강 : 0~255, 255에 가까울수록 빨간색이 강해집니다.
초록 : 0~255, 255에 가까울수록 초록색이 강해집니다.
파랑 : 0~255, 255에 가까울수록 파란색이 강해집니다.
[투명도] : 0~255, 0에 가까울수록 투명, 255에 가까울수록 불투명해집니다. 투명도를 설정하고 싶지 않다면 입력하지 않아도 됩니다.

반환 값
없음

사용 예
stroke(0, 0, 255);
// 점과 선의 색을 파란색으로 설정합니다.
stroke(0, 255, 0, 125);
// 점과 선의 색을 초록색으로 설정하고, 투명도를 50% 정도로 설정합니다.

[코드 6-9]를 실행하면 다음과 같이 점과 선의 색이 컬러로 바뀌는 것을 볼 수 있어요.

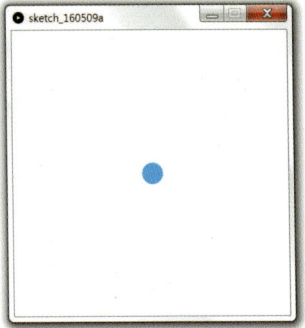

06 | 선 그리기

코드 6-10 선 그리기(https://goo.gl/J9LxZ3)

```
1   void setup() {
2     size(400, 400);
3     background(255);
4     line(50, 100, 350, 300);
5   }
```

이번에는 선을 그려볼게요. 선을 그릴 때는 [코드 6-10]의 4번 줄과 같이 line 명령어를 사용해요. 4번 줄의 뜻은 x값 50, y값 100인 점과 x값 350, y값 300인 점을 이어 선을 그린다는 뜻이에요.

함수설명

line()
선을 그리는 함수입니다.

구조
line(x1, y1, x2, y2)

매개변수
x1 : 선을 그릴 때 기준이 되는 첫 번째 점의 x좌표입니다.
y1 : 선을 그릴 때 기준이 되는 첫 번째 점의 y좌표입니다.
x2 : 선을 그릴 때 기준이 되는 두 번째 점의 x좌표입니다.
y2 : 선을 그릴 때 기준이 되는 두 번째 점의 y좌표입니다.

반환 값
없음

사용 예
stroke(0, 0, 255);
line(30, 150, 90, 250);
// x값 30, y값 150인 점과 x값 90, y값 250인 점을 이어 선을 그립니다.

[코드 6-10]을 실행하면 다음과 같이 선이 그려지는 것을 볼 수 있어요.

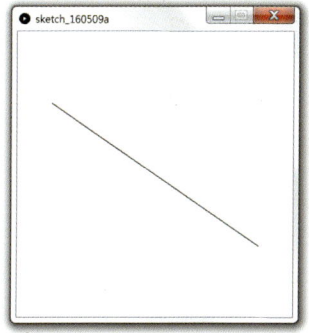

07 | 원 그리기

코드 6-11 원 그리기(https://goo.gl/cjJKkB)

```
1   void setup() {
2     size(400, 400);
3     background(255);
4     ellipse(00, 300, 220, 100);
5   }
```

이번에는 원을 그려볼께요. 원을 그릴 때는 [코드 6-11]의 4번 줄과 같이 ellipse 명령어를 사용해요. 4번 줄의 뜻은 x값 200, y값 300에 넓이 220, 높이 100인 원을 그린다는 뜻이에요.

함수설명

ellipse()
원을 그리는 함수입니다.

구조
ellipse(x, y, 넓이, 높이)

매개변수
x : 그리고자 하는 원의 중심이 x좌표입니다.
y : 그리고자 하는 원의 중심이 y좌표입니다.
넓이 : 그리고자 하는 원의 넓이입니다.
높이 : 그리고자 하는 원의 높이입니다.

반환 값
없음

사용 예
ellipse(30, 150, 90, 250);
// x값 30, y값 150에 높이 90, 넓이 250인 원을 그린다는 뜻이에요.

[코드 6-11]을 실행하면 다음과 같이 원이 그려지는 것을 볼 수 있어요.

08 | 사각형 그리기

코드 6-12 사각형 그리기(https://goo.gl/B0Ro6U)

```
1   void setup() {
2     size(400, 400);
3     background(255);
4     rect(200, 200, 50, 100);
5   }
```

이번에는 사각형을 그려볼께요. 사각형을 그릴 때는 [코드 6-12]의 4번 줄과 같이 rect 명령어를 사용해요. 사용 방법은 원을 그릴 때 사용하는 ellipse 명령어와 비슷해요. 4번 줄의 뜻은 x값 200, y값 200에 넓이 50, 높이 100인 사각형을 그린다는 뜻이에요. 단, ellipse 명령어와 다른 점은 ellipse 명령어의 x값, y값은 그리고자 하는 원의 중심 좌표였다면 rect 명령어의 x값, y값은 그리고자 하는 사각형 왼쪽 윗점의 좌표를 뜻해요.

함수설명

rect()
사각형을 그리는 함수입니다.

구조
rect(x, y, 넓이, 높이)

매개변수
x : 그리고자 하는 사각형의 위쪽 윗점의 x좌표입니다.
y : 그리고자 하는 사각형의 왼쪽 윗점의 y좌표입니다.
넓이 : 그리고자 하는 사각형의 넓이입니다.
높이 : 그리고자 하는 사각형의 높이입니다.

반환 값
없음

사용 예
rect(30, 150, 90, 250);
// x값 30, y값 150에 높이 90, 넓이 250인 사각형을 그린다는 뜻이에요.

[코드 6-12]를 실행하면 다음과 같이 사각형이 그려지는 것을 볼 수 있어요.

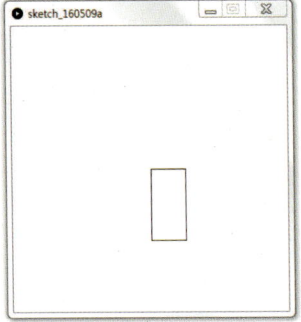

09 | 도형의 면 색 바꾸기

코드 6-13 도형의 면 색 바꾸기 : 흑백(https://goo.gl/hD6ajW)

```
1    void setup() {
2      size(400, 400);
3      background(255);
4      fill(0);
5      ellipse(200, 200, 250, 250);
6    }
```

이번에는 도형의 면 색을 바꿔볼게요. [코드 6-13]의 4번 줄의 fill 명령어가 도형의 면 색을 바꾸는 명령어에요. fill 명령어도 사용법은 stroke 명령어와 비슷해요. 4번 줄은 도형의 면 색을 검정색으로 설정한다는 뜻이에요.

🔖 **함수설명**

fill()
도형의 면 색을 설정하는 함수입니다.

구조
fill(흑백, [투명도])

매개변수
흑백 : 0~255, 0에 가까울수록 검정색, 255에 가까울수록 흰색이 됩니다.
[투명도] : 0~255, 0에 가까울수록 투명, 255에 가까울수록 불투명해집니다. 투명도를 설정하고 싶지 않다면 입력하지 않아도 됩니다.

반환 값
없음

사용 예
fill(0);
// 도형의 면 색을 검정색으로 설정합니다.
fill(255, 125);
// 도형의 면 색을 흰색으로 설정하고, 투명도를 50% 정도로 설정합니다.

[코드 6-13]을 실행하면 다음과 같이 도형의 면 색이 검정색으로 바뀐 것을 볼 수 있어요. 만약 도형의 면 색을 바꾸면서 투명도도 적용하고 싶다면 두 번째 매개변수에 값을 하나 더 넣어주면 돼요.

코드 6-14 도형의 면 색 바꾸기 : 컬러(https://goo.gl/PbaAyY)

```
1  void setup() {
2    size(400, 400);
3    background(255);
4    fill(255, 180, 0);
5    ellipse(200, 200, 250, 250);
6  }
```

이번에는 도형의 면 색을 흑백이 아닌 컬러로 바꿔볼께요. 면색을 컬러로 바꾸는 것도 fill 명령어를 사용하는데, 대신 매개변수를 입력하는 방법이 달라요. [코드 6-14]의 4번 줄과 같이 빨강, 초록, 파랑에 해당되는 매개변수 값 3개를 입력하면 도형의 면 색이 컬러로 바뀌어요. 여기서도 투명도를 바꾸고 싶다면 빨강, 초록, 파랑 다음에 투명도에 해당되는 매개변수를 입력해주면 돼요.

함수설명

fill()
도형의 면 색을 설정하는 함수입니다.

구조
fill(빨강, 초록, 파랑, [투명도]))

매개변수
빨강 : 0~255, 255에 가까울수록 빨간색이 강해집니다.
초록 : 0~255, 255에 가까울수록 초록색이 강해집니다.
파랑 : 0~255, 255에 가까울수록 파란색이 강해집니다.
[투명도] : 0~255, 0에 가까울수록 투명, 255에 가까울수록 불투명해집니다. 투명도를 설정하고 싶지 않다면 입력하지 않아도 됩니다.

반환 값
없음

사용 예
fill(0, 0, 255);
// 도형의 면 색을 파란색으로 설정합니다.
fill(0, 255, 0, 125);
// 도형의 면 색을 초록색으로 설정하고, 투명도를 50% 정도로 설정합니다.

[코드 6-14]를 실행하면 다음과 같이 도형의 면 색이 컬러로 바뀌는 것을 볼 수 있어요.

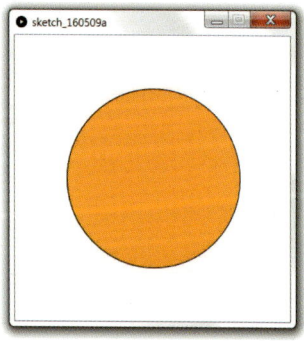

10 | 도형의 면과 선 없애기

코드 6-15 도형의 면과 선 없애기(https://goo.gl/rUiQ9m)

```
1   void setup() {
2       size(400, 400);
3       background(0, 0, 255);
4       strokeWeight(10);
5       stroke(0, 255, 0);
6       fill(255, 255, 0);
7       ellipse(0, 0, 300, 300);
8
9       noFill();
10      ellipse(400, 0, 300, 300);
11
12      fill(125);
13      noStroke();
14      ellipse(400, 400, 300, 300);
15  }
```

이제 마지막으로 면과 선을 없애는 것을 해볼께요. 먼저 면을 없애는 것을 보면 [코드 6-15]의 9번 줄과 같이 noFill이라는 명령어를 사용해요. 그리고 선을 없애는 것은 13번 줄과 같이 noStroke라는 명령어를 사용해요.

함수설명

noFill()
도형의 면 색을 없애는 함수입니다. 따라서 도형의 면 뒤에 있던 색이 바로 보이게 됩니다.

구조
noFill()

매개변수
없음

반환 값
없음

사용 예
noFill();
// 도형의 면 색을 없앱니다.

 함수설명

noStroke()
점과 선의 색을 없애는 함수입니다. 따라서 점과 선의 뒤에 있던 색이 바로 보이게 됩니다.

구조
noStroke()

매개변수
없음

반환 값
없음

사용 예
noStroke();
// 점과 선의 색을 없앱니다.

[코드 6-15]를 실행하면 다음과 같이 면 또는 선이 없어진 것을 볼 수 있어요. 한번 [코드 6-15]를 자세히 살펴볼께요. 2번 줄에서 창의 배경색을 파란색으로 설정해요. 그리고 선을 잘 구별하기 위해 4번 줄에서 선의 굵기를 10px로 설정하고 5번 줄에서 선의 색을 초록색으로 설정해요. 면 색도 구별하기 위해 6번 줄에서 노란색으로 설정해요. 이렇게 설정하고 7번 줄에서 첫 번째 원을 그려요. x값 0, y값 0에 넓이 300px, 높이 300px인 원을 그려요. 바로 왼 쪽 위에 원이에요. 이때는 면과 선의 색이 그대로 그려진 것을 볼 수 있어요. 다음으로 면의 색을 없애기 위해 9번 줄에서 noFill 명령어를 사용해요. 그리고 x값 400, y값 0에 넓이 300px, 높이 300px인 두 번째 원을 그려요. 바로 오른쪽 위에 원이에요. 이때는 면의 색이 없기 때문에 창의 배경색인 파란색이 그대로 보이는 것을 볼 수 있어요.

마지막으로 선을 없애는 것을 보기 위해 12번 줄에서 면의 색을 회색으로 설정하고 noStroke 명령어를 사용해 선의 색을 없애요. 그리고 x값 400, y값 400에 넓이 300px, 높이 300px인 세 번째 원을 그려요. 바로 오른쪽 아래 원이에요. 선의 색이 없기 때문에 회색인 면만 그려진 것을 볼 수 있어요.

> **TIP** 이 책이 프로세싱 책이 아니라 아두이노 책이기 때문에 프로세싱에 대해서는 아주 필요한 것만 설명했어요. 만약 프로세싱에 관심이 많은 분들은 프로세싱을 만든 케이시 리아스와 벤 프라이가 직접 쓴 Getting Started With Processing이나 다니엘 쉬프만(Daniel Shiffman)의 Nature of Code를 추천해요.

쉬어가는 페이지

프로세싱으로 만든 아름다운 작품들

프로세싱이란 앞에서 소개했듯이 일반인이나 예술가들을 위해 만들어진 프로그래밍 도구에요. 프로세싱 홈페이지(https://processing.org/exhibition)에 들어가면 프로세싱으로 만든 다양한 예술작품들을 볼 수 있어요. 국내에도 프로세싱을 이용해 예술 작품을 만드는 분이 계세요. 바로 숙명여대 시각영상디자인학과 이지선 교수님이에요. 이지선 교수님 홈페이지(http://jisunlee.net)에 들어가면 프로세싱으로 만든 작품들을 볼 수 있어요.

01 | 사군자(四君子)

사군자(http://goo.gl/02nBWc)는 사군자로 대표되는 매화, 난초, 국화, 대나무와 함께 사계절의 변화를 프로세싱으로 표현한 작품이에요. 사진에 있는 책에 센서가 있어 책을 넘길 때마다 화면의 계절이 바뀌는 것을 볼 수 있어요.

쉬 어 가 는 **페 이 지**

02 | 다도(茶道)

다도(http://goo.gl/hwGSh4)는 차를 마시는 행위를 통해 자연과 인간이 연결되는 것을 프로세싱으로 표현한 작품이에요. 찻잔에 센서가 있어 차를 따르면 계절이 바뀌는 것을 볼 수 있어요.

PART

07

초음파 레이더 만들기

이번 장에서는 초음파센서와 서보모터를 이용해 초음파 레이더를 만들어봅니다. 먼저 아두이노에 초음파센서와 서보모터를 연결해 좌우로 돌며 거리 값을 읽도록 만듭니다. 그리고 프로세싱과 연결해 화면에 레이더 그림을 그려봅니다.

초음파 레이더 조립하기

준비물

아두이노 UNO 1개

초음파 레이더 눈과 서보모터
지지대(3D 프린터로 출력)

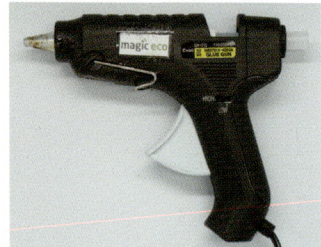
글루건 1개

9g 서보모터 1개

초음파센서 1개

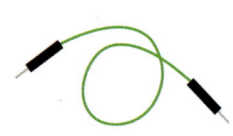
수수 점퍼 와이어 5개

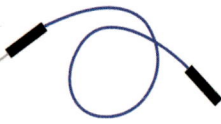
암수 점퍼 와이어 4개

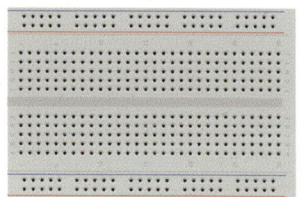
브레드보드 1개

이번에는 아두이노와 프로세싱을 결합해 초음파 레이더를 만들어 볼거에요. 아두이노에 초음파센서와 서보모터를 연결한 뒤 좌우로 움직이며 주위 거리 값을 읽도록 만들거에요. 그리고 이렇게 읽은 거리 값을 프로세싱에서 받아 다음과 같이 초음파 레이더를 그려볼거에요.

초음파 레이더를 만들려면 몸통을 3D 프린터로 뽑아줘야해요. 씽이버스 링크(http://goo.gl/eK2urw)로 이동하면 초음파 레이더의 3D 모델 파일이 올려져 있어요. 여기서 STL 파일을 다운로드하고 3D 프린터로 뽑아주세요.

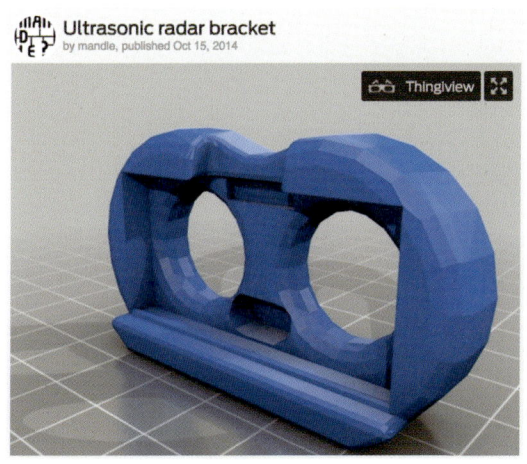

몸통을 뽑았다면 조립을 해볼께요. 그림을 보며 하나씩 따라 연결해주세요.

회로도 7-1 초음파 레이더 만들기(http://goo.gl/W9DEIO)

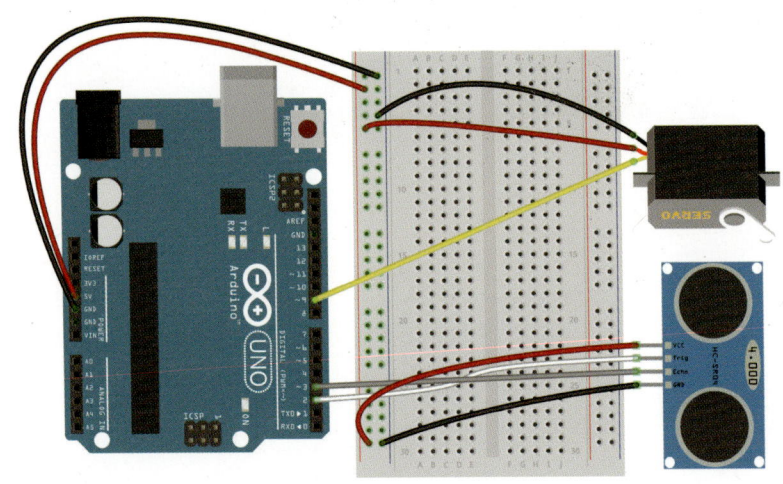

01 3D 프린터로 뽑은 서보모터 지지대에 서보모터를 끼워주세요.

02 지지대를 보면 나사를 끼울 수 있는 구멍이 있어요. 이 구멍에 서보모터 축과 함께 들어있는 나사를 끼워 조여주세요.

 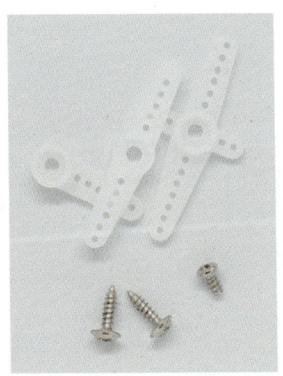

03 초음파 레이더 눈을 보면 서보모터 축을 끼울 수 있는 홈이 있어요. 이 홈에 글루건을 살짝 바르고 서보모터 축을 끼워주세요.

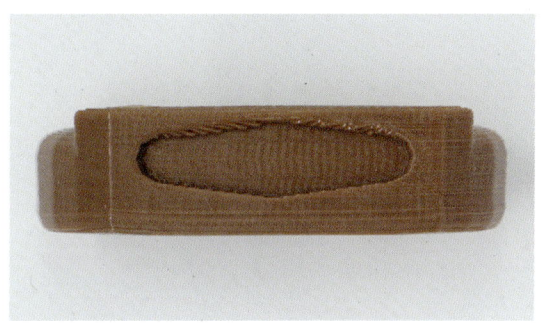 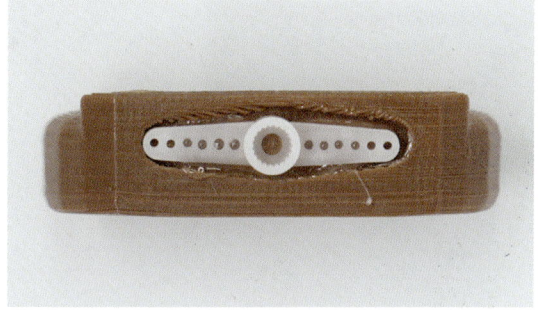

04 초음파 레이더 눈을 보면 초음파센서를 끼울 수 있는 홈이 있어요. 초음파센서에 튀어나온 부분과 홈을 잘 맞춰 끼워주세요.

05 초음파 레이더 눈을 서보모터에 끼워주세요.

06 아두이노 보드 그라운드 핀을 브레드보드 긴 파란색 세로줄에, 전원 핀을 긴 빨간색 세로줄에 연결해주세요.

07 서보모터의 검은 선 또는 갈색 선을 그라운드 핀이 꽂힌 세로줄과 연결해주세요. 빨간 선을 전원 핀이 꽂힌 세로줄에 연결해주세요. 마지막으로 노란 선 또는 주황 선을 아두이노 보드의 9번 핀에 연결해주세요.

08 초음파센서의 VCC를 아두이노 보드의 전원 핀에, Trig를 2번 핀에, Echo를 3번 핀에 연결해주세요. 초음파센서의 GND는 그라운드 핀과 연결된 세로줄에 연결해주세요.

09 완성된 모습이에요!

아두이노 스케치 작성하기

코드 7-1 초음파 레이더 만들기 – 아두이노(https://goo.gl/CkIfTm)

```cpp
#include <Servo.h>

Servo servo;
int servoDirection = 1, degree = 0;

void setup() {
  Serial.begin(9600);
  pinMode(2, OUTPUT);
  pinMode(3, INPUT);
  servo.attach(9);
}

void loop() {
  digitalWrite(2, HIGH);
  delayMicroseconds(5);
  digitalWrite(2, LOW);

  long distance = pulseIn(3, HIGH, 5800) / 58;

  Serial.print("r");
  Serial.print(degree);
  Serial.print("d");
  Serial.println(distance);

  degree += servoDirection;
  if (degree > 180) {
    degree = 179;
    servoDirection = -1;
  } else if (degree < 0) {
    degree = 1;
    servoDirection = 1;
  }
}
```

```
33        servo.write(degree);
34        delay(15);
35      }
```

스케치는 [코드 7-1]과 같이 작성해주세요. 3~4번 줄에서 Servo 라이브러리 변수를 선언하고, 서보모터가 움직이는 방향을 저장할 servoDirection, 서보모터의 각도를 저장할 degree 변수를 선언해요. setup 함수 안에 보면 7번 줄에서 시리얼 통신을 하기 위한 설정을 하고, 8~9번 줄에서 초음파센서를 사용하기 위해 초음파센서의 TRIG에 연결된 2번 핀을 출력, ECHO에 연결된 3번 핀을 입력으로 설정해요. 그리고 10번 줄에서 서보모터에 연결된 9번 핀을 서보모터 제어하는 핀으로 설정해요.

다음으로 loop 함수를 볼께요. 14~18번 줄은 초음파센서로 거리를 재는 부분이에요. 14번 줄에서 초음파센서의 TRIG를 HIGH로 설정해 켜고, 15번 줄에서 5 마이크로초 기다렸다가, 16번 줄에서 TRIG를 LOW로 설정해 다시 꺼줘요. 그런 다음 18번 줄에서 pulseIn을 사용해 거리를 재요. 그런데 18번 줄의 pulseIn의 매개변수 개수가 이전에 배운 사용법과 다른 것을 볼 수 있어요.

함수설명

pulseIn()
해당 디지털 입력핀의 전압이 LOW 또는 HIGH가 될때까지 걸린 시간을 재는 함수입니다. pulseIn함수를 사용하려는 핀은 꼭 pinMode함수를 이용해 입력 모드로 설정해놓아야 합니다.

구조
pulseIn(핀 번호, 전압, [대기시간])

매개변수
핀 번호 : 전압이 바뀌는 시간을 재고자 하는 핀 번호입니다.
전압 : 바뀌는 전압으로 만약 HIGH가 될 때까지 걸린 시간을 재려면 전압 부분에 HIGH를 입력합니다.
[대기시간] : 전압이 바뀔 때까지 기다리는 시간입니다. 만약 대기시간을 설정하지 않았다면 기본값은 1초(1,000,000 마이크로초)입니다. 단위는 마이크로초를 사용합니다.

반환 값
바뀌는데 걸린 시간 : 전압이 바뀌는 데 걸린 시간을 마이크로초 기준으로 반환합니다. 만약 대기시간 동안 전압이 바뀌지 않으면 0을 반환합니다.

사용 예
long duration = pulseIn(3, HIGH, 1000);
// 3번 핀의 전압이 HIGH가 될 때까지 걸린 시간을 재 duration변수에 넣습니다.
// 만약 1,000 마이크로초 동안 전압이 바뀌지 않는다면 0을 반환합니다.

pulseIn의 세 번째 매개변수는 대기시간을 뜻해요. 원래는 세 번째 매개변수를 입력하지 않고 사용해도 되는데, 그러면 대기시간은 기본 값인 1초가 돼요. 그런데 1초란 초음파센서에서 거리를 잴 때 사용하는 단위인 마이크로초로 환산하면 엄청 큰 값이에요. 바로 1,000,000 마이크로초와 같죠. 우리가 사용하는 초음파센서의 경우 초음파가 돌아오는 데 걸린 마이크로초를 약 58로 나누면 cm 거리가 나와요. 1,000,000 마이크로초를 58로 나누면 약 17,241cm가 돼요. 미터로 바꾸면 약 172m이고 결국 172m 거리를 잴 수 있는 시간이란 뜻이에요. 하지만 여기서는 그렇게 먼 거리를 잴 필요도 없고 가지고 있는 초음파센서로 최대 잴 수 있는 거리가 4m까지 밖에 안돼요. 따라서 그냥 1m 거리 안에 사물이 있는지 없는지 초음파 레이더로 표시할거에요. 1m는 100cm이고 이걸 마이크로초로 바꾸기 위해 58로 곱하면 5,800 마이크로초가 나와요. 바로 이 5,800 마이크로초를 pulseIn의 세 번째 매개변수인 대기시간으로 설정해요. 여기서는 5,800 마이크로초보다 오래 걸리는 거리는 필요 없기 때문이에요.

원래 입문편에서는 pulseIn 함수가 값을 반환하면 0인지 확인했어요. 0을 반환하면 전압이 바뀌는 것을 확인하는데 실패했단 뜻이기 때문이에요. 하지만 18번 줄에서는 0을 확인하지 않고 곧바로 pulseIn 함수의 반환 값을 58로 나누어 cm 거리를 계산해요. 어차피 0이 나와도 나중에 프로세싱한테 값을 보내기 때문에 그냥 0을 확인하지 않은거에요. 이렇게 계산된 cm 거리 값이 distance 변수에 들어가요.

20~23번 줄에서 현재 서보모터의 각도 값과 앞서 계산한 cm 거리 값을 글자와 합쳐 시리얼 통신으로 보내요. 먼저 20번 줄에서 글자 r을 찍고, 21번 줄에서 그 뒤에 서보모터의 각도 값이 찍히도록 해요. 그리고 22번 줄에서 글자 d를 찍고, 23번 줄에서 마지막으로 cm 거리 값이 찍히도록 하는 동시에 줄이 바뀌도록 해요. 이렇게 하면 만약 각도가 20, 거리가 30 cm라고 가정했을 때 시리얼 통신으로 "r20d30"이란 글자가 전송돼요. 나중에 프로세싱에서 이 값을 가지고 초음파 레이더를 그리는 거에요.

코드 7-2 대입 연산자

```
degree = degree + servoDirection;
```

필요한 값을 시리얼 통신으로 전송했으니 이제 서보모터를 움직여줘야 해요. 25번 줄에 보면 서보모터의 각도 값을 저장하는 degree라는 변수에 서보모터의 방향을 저장한 servoDirection의 값을 더해줘요. 여기서 "+="와 같이 적은 것을 대입 연산자라고 부르는데, 쉽게 생각하면 [코드 7-2]의 코드를 25번 줄과 같이 줄여썼다고 생각하면 돼요. 더하기뿐만 아니라 빼기(-=), 곱하기(*=), 나누기(/=)도 이런 식으로 바꿔 적을 수 있어요. 처음 servoDirection에 들어있는 값은 1이에요. 만약 각도가 180도가 되면 servoDirection에 값이 -1이 되게 할거에요. 따라서 servoDirection의 값이 1이면 degree의 값이 1씩 늘어나고, servoDirection의 값이 -1이면 degree의 값이 1씩 줄어들어요.

26~32번 줄을 보면 변수 degree에 저장된 각도 값이 몇 도인지 확인해서 degree와 servoDirection의 값을 바꿔줘요. 26번 줄에서 degree가 180보다 큰지 확인해요. 만약 맞다면 27번 줄에서 degree의 값을 179로 바꾸고 28번 줄에서 servoDirection의 값을 -1로 바꿔줘요. 그리고 29번 줄에서 반대로 degree가 0보다 작다면 30번 줄에서 degree의 값을 1로 바꾸고 31번 줄에서 servoDirection의 값을 1로 바꿔줘요. 33번 줄에서 이렇게 바꾼 degree 값을 기준으로 서보모터의 각도를 바꿔요. 그리고 34번 줄에서 서보모터가 움직이는 것을 기다리기 위해 15 밀리초 멈춰줘요.

스케치를 업로드하고 시리얼 모니터를 열면 다음과 같이 값이 찍히는 것을 볼 수 있어요. 서보모터의 각도가 바뀌면서 r 뒤에 있는 숫자가 바뀌고, 초음파센서 앞에 있는 물체에 따라 d 뒤에 있는 숫자도 바뀌는 것을 볼 수 있어요.

프로세싱 코드 작성하기

코드 7-3 초음파 레이더 만들기 – 프로세싱 (https://goo.gl/JhZvua) : part07_01.pde

```processing
import processing.serial.*;

Serial myPort;
int degree = 0, radius = 200;
float cx, cy;
ArrayList<Ball> balls = new ArrayList<Ball>();

void setup()
{
  size(400, 200);
  cx = width/2;
  cy = height;
  noFill();
  stroke(0, 255, 36);
  myPort = new Serial(this, "Your Arduino Port", 9600);
}

void draw() {
  background(0);
  ellipse(cx, cy, 2 * radius, 2 * radius);
  float rad = TWO_PI-map(degree, 0, 360, 0, TWO_PI);
  line(cx, cy, cx + cos(rad)* radius, cy + sin(rad)* radius);
  updateBalls();
  displayBalls();
}

void updateBalls() {
  for (int i = balls.size()-1; i > -1; i--) {
    balls.get(i).update();
    if (balls.get(i).isDead())
      balls.remove(i);
```

```
32        }
33      }
34
35      void displayBalls() {
36        for (int i = 0; i < balls.size() - 1; i++) {
37          balls.get(i).display();
38        }
39      }
40
41      void serialEvent(Serial p) {
42        String inString = p.readStringUntil('\n');
43        if (inString != null) {
44          if (inString.startsWith("r")) {
45            String[] strings = inString.trim().replace("r", "").split("d");
46            if (strings.length > 1) {
47              degree = Integer.parseInt(strings[0]);
48              int distance = Integer.parseInt(strings[1]);
49              if (distance != 0) {
50                balls.add(new Ball(cx, cy, degree, distance));
51              }
52            }
53          }
54        }
55      }
```

코드 7-4 초음파 레이더 만들기 – 프로세싱 (https://goo.gl/JhZvua) : Ball.pde

```
1    class Ball {
2      int life = 50;
3      float x, y;
4
5      Ball(float cx, float cy, int degree, int distance) {
6        float d = map(distance, 0, 100, 0, radius);
7        float rad = TWO_PI-map(degree, 0, 360, 0, TWO_PI);
8        x = cx + cos(rad)*d;
9        y = cy + sin(rad)*d;
```

```
10      }
11
12      void display() {
13        ellipse(x, y, life, life);
14      }
15
16      void update() {
17        --life;
18        if (life < 0 )
19          life = 0;
20      }
21
22      boolean isDead() {
23        return life == 0;
24      }
25    }
```

이제 마지막으로 프로세싱 코드를 짤거에요. 프로세싱은 기본적으로 자바(Java)라는 프로그래밍 언어를 사용하는데, 이 책은 아두이노 책이기 때문에 자바에 대해선 자세히 설명하지 않을거에요. 만약 프로세싱 코드 설명을 보지 않고 곧바로 초음파 레이더만 실행하고 싶다면 다음과 같이 따라해주세요.

01 먼저 프로세싱을 열고 [코드 7-3]을 입력한 뒤 저장해주세요. 그리고 탭 목록에 아래쪽 화살표 버튼을 눌러주세요.

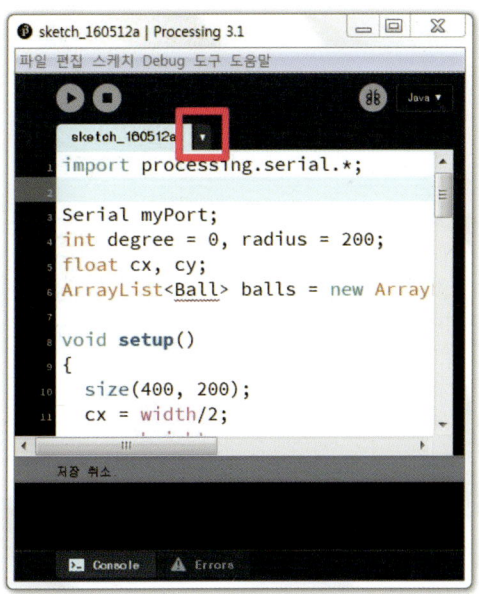

02 버튼을 클릭하면 [새 탭] 메뉴를 볼 수 있어요. [새 탭] 메뉴를 클릭해주세요.

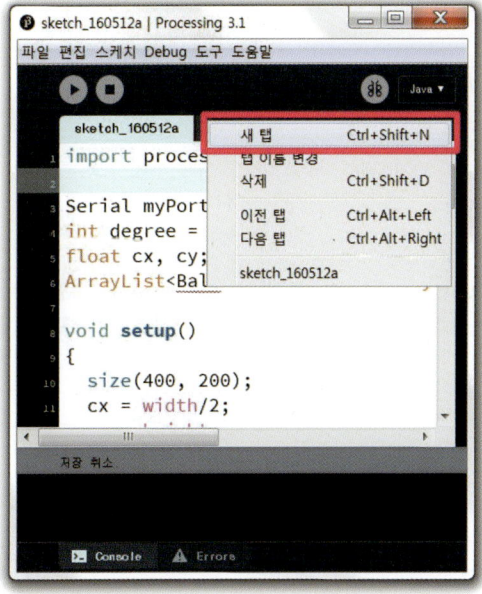

03 파일의 새 탭 이름을 "Ball"이라고 입력해주세요.

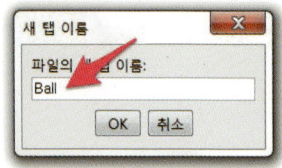

04 "Ball"이란 탭이 만들어지면 "Ball" 탭에 [코드 7-4]를 입력해주세요.

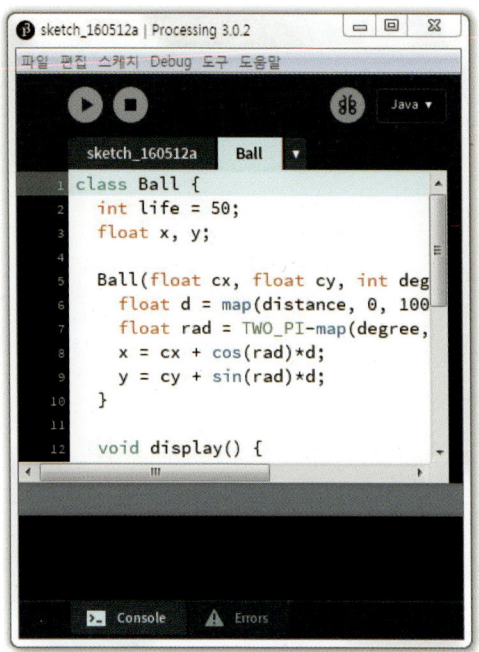

05 아두이노 IDE에 보면 [툴]-[포트] 메뉴에 PC와 연결한 아두이노의 시리얼 포트를 볼 수 있어요. 저 같은 경우 윈도우에서는 "COM17"이라고 뜨고, 맥에서는 "/dev/cu.usbmodem1411"이라고 떠요. 이 시리얼 포트는 사람마다 달라요.

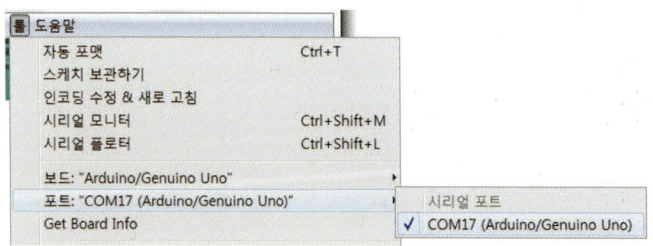

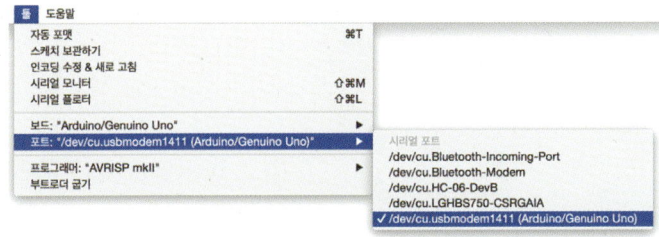

06 [코드 7-3]의 15번 줄을 보면 "Your Arduino Port"라고 적힌 부분이 있어요. 이 부분에 [코드 7-5]와 같이 앞에서 본 아두이노 시리얼 포트를 적어주세요. 저같은 경우 앞에서 아두이노 시리얼 포트가 "COM17"이라는 것을 확인하고 [코드 7-5]와 같이 적었어요. 사람마다 시리얼 포트가 다르니 확인하고 입력해주세요.

코드 7-5 아두이노 시리얼 포트 입력

```
myPort = new Serial(this, "COM17", 9600);
```

07 프로세싱을 실행한 모습이에요. 초음파 레이더가 좌우로 움직이다가 물체를 인식하면 작은 원으로 표시하는 것을 볼 수 있어요.

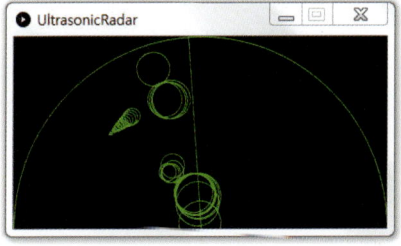

이제 프로세싱 코드를 자세히 살펴볼께요. 먼저 [코드 7-4]를 볼께요. [코드 7-4]는 Ball이라는 클래스를 만들어 놓은 거에요. 여기서 클래스란 여러 변수와 함수들을 하나로 묶어 놓은 종합 선물 세트라고 생각하면 돼요.

Ball 클래스를 만든 이유는 초음파 레이더에서 사물을 인식했을때 작은 원을 그려주기 위해 만든거에요. 따라서 Ball 클래스에는 원이 그려질 위치와 크기에 대한 정보를 담을 변수가 있고, 원을 화면에 그리는 함수, 원의 크기를 바꾸는 함수, 원을 더 이상 그릴 필요가 있는지 없는지 확인하는 함수가 있어요. Ball 클래스 안에 이와 같은 변수들과 함수들이 갖춰졌기 때문에 setup이나 draw 함수 같은 곳에서 편하게 원을 그릴 수 있어요. [코드 7-4]의 2~3번 줄을 보면 Ball 클래스의 변수들이 선언되어있어요. 2번 줄에서 원의 크기에 대한 정보를 담을 life라는 변수를 선언하고, 3번 줄에서 원의 위치에 대한 정보를 담을 x, y 변수들을 선언해요.

다음으로 5번 줄에 클래스 이름과 똑같은 함수가 있는데, 이렇게 이름이 클래스 이름과 같은 함수를 생성자 함수라고 불러요. 생성자 함수란 그 클래스를 초기화 해주는 함수를 뜻해요. 아두이노에서 Servo 라이브러리를 사용할 때 Servo 라이브러리 변수를 초기화해 사용했는데, 실은 이 Servo도 바로 클래스에요. Ball의 생성자 함수의 경우 4개의 값을 받는데 [코드 7-6]처럼 초기화해요. 그리고 이렇게 순서대로 넣은 값이 cx, cy, degree, distance라는 매개변수에 들어가요.

코드 7-6 Ball 클래스 초기화

```
Ball ball = new Ball(20, 40, 45, 50);
```

6번 줄을 보면 아두이노에서 봤던 map 함수를 사용해 distance의 값을 기존 0 ~ 100 범위에서 0 ~ radius 범위 기준으로 바꿔줘요. radius는 [코드 7-3]의 4번 줄에 선언된 변수에요. 4번 줄에서 선언하면서 동시에 200이란 값을 넣어놓았어요. 따라서 distance의 값을 0 ~ 200 범위로 바꾸는 것이라 할 수 있어요. 나중에 보면 알겠지만 distance 매개변수에 들어가는 값은 초음파센서로 읽은 거리 값이에요. 이 거리 값을 보고 초음파 레이더 안에 원을 그려주기 위해 기존 cm 기준으로 0 ~ 100 범위에 있던 거리 값을 초음파 레이더 반원의 반지름 길이인 200에 맞춰 0 ~ 200 범위 기준으로 바꾼거에요. 이렇게 바꾼 값이 변수 d에 들어가요.

> **TIP** 아두이노가 프로세싱의 기능들을 따라 만들었기 때문에 비슷한 게 상당히 많아요. map 함수도 마찬가지죠. 그런데 아두이노에서 map 함수의 반환 값이 정수형인 반면 프로세싱에서는 map 함수의 반환 값이 실수형이에요. 바로 소수점이 있는 형태죠. 따라서 [코드 7-4]의 6번 줄에서 실수형인 float 변수에 반환 값을 넣은 거에요.

다음으로 7번 줄은 서보모터의 각도 값이 들어가는 매개변수 degree를 초음파 레이더에서 원을 그릴 수 있는 각도로 바꿔주는 코드에요. 7번 줄을 보면 TWO_PI라고 적혀있는데, 프로세싱에서 미리 정해놓은 상수에요. 우리가 수학시간에 배우는 파이(약 3.14)값을 2번 곱한 값을 뜻해요. 0 ~ 360 범위 안에 있는 서보모터의 각도 값을 0 ~ TWO_PI 범위 기준으로 바꾼 뒤 그렇게 계산한 값을 다시 TWO_PI에서 빼줘요. 결국 각도 값을 범위로 바꾼 뒤 거꾸로 해준 것과 같은데 이렇게 한 이유는 서보모터 각도 값이 바뀌는 방향과 프로세싱에서 그림을 그릴 때 각도 값이 바뀌는 방향이 반대이기 때문이에요. 이렇게 계산한 값을 rad라는 변수에 넣어요.

매개변수 중 cx, cy는 초음파 레이더 반원의 중심점 좌표인 x값과 y값이 들어오는 매개변수에요. 이 중심점 좌표와 앞에서 계산한 rad 변수에 넣은 값을 이용해 레이더에 그려줄 원의 좌표 값을 계산할 수 있어요. 8번 줄에서 수학의 코사인 값을 계산하는 cos 명령어를 이용해 원의 x값을 구하고 9번 줄에서 수학의 사인 값을 계산하는 sin 명령어를 이용해 원의 y값을 구해요. 이렇게 구한 좌표 값들을 3번 줄에서 선언했던 변수 x, y들에 각각 넣어요. Ball 클래스를 초기화하면 이와 같은 계산이 안에서 이루어지는 거에요.

이제 Ball 클래스의 함수들을 살펴볼께요. 12번 줄에 display 함수는 원을 그리는 일을 해요. 13번 줄에서 볼 수 있듯이 생성자 함수에서 구했던 x, y 변수의 값들을 원의 좌표로 설정하고 life 변수에 있는 값을 원의 넓이와 높이로 사용해요. 다음으로 16번 줄에 update 함수는 life의 값을 0이 될 때까지 1씩 줄이는 일을 해요. 그래야 초음파 레이더에서 원을 그릴 때 원이 생겼다가 점차 작아지게 표시할 수 있기 때문이에요. 17번 줄을 보면 life의 값에서 1을 줄여요. 그리고 18번 줄에서 life의 값이 0보다 작은지 확인하고 작다면 0으로 설정해요. 22번 줄에 isDead 함수는 원을 그려줄 필요가 있는지 없는지 확인하는 일을 해요. 23번 줄에서 life 변수의 값이 0과 같은지 아닌지에 대한 참, 거짓 값을 반환해요. 만약 0이라면 이 함수의 반환 값은 참이 되고, 아니라면 거짓이 돼요.

초음파 레이더에서 작은 원을 그릴 때 필요한 Ball 클래스를 살펴봤어요. 이번에는 실제 프로세싱 프로그램을 동작시키는 [코드 7-3]을 살펴볼께요. 아두이노에서 라이브러리를 추가하기 위해 코드 맨 위에 라이브러리 코드를 적어줬듯이 프로세싱에서도 라이브러리를 추가할 때 [코드 7-3]의 1번 줄과 같이 적어요. 1번 줄은 프로세싱에서 시리얼 통신을 하기 위해 Serial 라이브러리를 추가한다는 뜻이에요. 1번 줄처럼 똑같이 써주거나 [스케치]-[내부 라이브러리]-[Serial] 메뉴를 선택해주세요.

3번 줄에서 Serial 클래스 변수를 선언해요. 그리고 4번 줄에서 서보모터의 각도 값을 저장할 degree, 초음파 레이더 반원의 반지름 값을 저장할 radius 변수들을 선언해요. 다음으로 5번 줄에서 초음파 레이더 반원의 중심점 좌표 값을 저장할 cx, cy 변수들을 선언해요.

6번 줄을 보면 ArrayList라는 새로운 클래스를 볼 수 있어요. ArrayList는 배열이라 할 수 있는데 기존 배열에 비해 사용하기가 편해요. 배열에 값을 추가하거나 삭제하거나 또는 배열의 크기를 확인하는 것이 함수를 통해 쉽게 할 수 있어요. [코드 7-7]은 Ball 클래스를 담을 ArrayList 클래스 변수를 선언한다는 뜻이에요. 여기서는 ArrayList가 이런 클래스이고 이렇게 사용하는구나 정도만 이해하면 돼요.

코드 7-7 Ball 클래스 변수들을 담을 배열 변수

```
ArrayList<Ball> balls = new ArrayList<Ball>();
```

이번에는 setup 함수를 살펴볼께요. 10번 줄에서 창의 크기를 넓이 400px, 높이 200px로 설정해요. 11 ~ 12번 줄에서 초음파 레이더 반원의 중심점 좌표 값을 변수 cx, cy에 넣어요. 도형의 면은 안 그릴 예정이기 때문에 13번 줄에서 noFill 명령어를 사용해요. 14번 줄에서 선의 색을 초록색으로 설정해요. 15번 줄에서 Serial 클래스의 생성자 함수를 호출해 myPort 변수를 초기화해요. Serial 클래스의 생성자 함수는 3개의 값을 매개변수로 사용해요. 프로세싱의 실행창인 창 클래스(PApplet), 시리얼 통신을 할 시리얼 포트, 시리얼 통신 속도에요. 창 클래스 부분은 프로세싱 프로그램 자체가 창 클래스이기 때문에 그냥 this라고 입력하면 돼요. 그리고 시리얼 통신을 할 시리얼 포트는 [코드 7-5]처럼 아두이노가 연결된 시리얼 포트를 입력해요. 아두이노에서 시리얼 통신을 할 때 9,600이라고 쓴 것처럼 세 번째 값도 9,600이라고 입력해요. 이렇게 하면 아두이노와 시리얼 통신을 할 준비가 되고, 시리얼 통신을 확인하는 serialEvent 함수가 반복적으로 실행돼요. serialEvent 함수는 뒤에서 설명할거에요.

다음으로 draw 함수를 볼께요. 19번 줄에서 배경을 검정색으로 칠해요. 20번 줄에서 cx, cy, radius 변수들을 이용해 초음파 레이더의 반원을 그려요. 21번 줄에서 [코드 7-4]의 7번 줄에서 계산했던 것처럼 서보모터의 각도 값을 초음파 레이더에서 사용할 수 있는 각도 값으로 바꿔줘요. 그리고 22번 줄에서 [코드 7-4]의 8 ~ 9번 줄에서 계산했던 것처럼 초음파 레이더의 움직이는 선 끝의 좌표 값을 계산해요. 바로 line 명령어의 세 번째, 네 번째 매개변수 값들이 움직이는 선 끝의 x, y좌표 값을 뜻해요. 이 두 값과 cx, cy 변수들을 이용해 초음파 레이더의 움직이는 선을 그려요. 다음 23 ~ 24번 줄에서 updateBalls, displayBalls 함수들을 차례대로 호출해요.

updateBalls 함수는 balls 변수의 값들을 하나씩 불러 Ball 클래스의 update 함수를 실행해요. 28번 줄을 보면 [코드 7-8]처럼 쓴 것을 볼 수 있어요. [코드 7-8]은 ArrayList 변수가 가지고 있는 값의 크기를 확인하는 함수에요. [코드 7-4]의 28번 줄은 balls 변수의 마지막 값부터 처음 값까지 거꾸로 반복하겠다는 뜻이에요.

코드 7-8 ArrayList의 크기 확인하기

```
balls.size()
```

29번 줄은 카운터변수인 i를 이용해 balls 변수에서 값을 가져와 update 함수를 실행한다는 뜻이에요. [코드 7-9]가 ArrayList에서 첫 번째 값을 갖고 온다는 뜻이에요. 이렇게 갖고 온 값은 Ball 클래스이기 때문에 [코드 7-4]의 29번 줄처럼 Ball 클래스의 update 함수를 곧바로 실행할 수 있어요. 다음으로 30

번 줄에서 isDead 함수를 실행해 더 이상 작은 원을 그릴 필요가 없는지 확인해요. 만약 더 이상 그릴 필요가 없다면 31번 줄의 코드가 실행돼요.

> **코드 7-9** ArrayList의 첫 번째 값 가지고 오기

```
balls.get(0)
```

[코드 7-10]은 ArrayList의 첫 번째 값을 지운다는 뜻이에요. 따라서 31번 줄의 코드는 카운터 변수 i 순서에 있는 값을 지운다는 뜻이에요. ArrayList에서 값을 지우면 그 뒤에 값이 앞으로 땡겨져요. 바로 만약 [코드 7-10]처럼 첫 번째 값을 지우면 그 뒤에 있던 두 번째 값이 앞으로 땡겨져서 첫 값이 돼요. 이런 이유로 28번 줄에서 반복문을 거꾸로 돈 거에요. 이렇게 update 함수를 실행하면 작은 원들의 크기는 점차 작아지고, 그릴 필요가 없어진 원들은 balls 변수 안에서 지워져요.

> **코드 7-10** ArrayList의 의 첫 번째 값 지우기

```
balls.remove(0)
```

다음으로 displayBalls 함수는 balls 변수의 값들을 읽어 초음파 레이더 위에 원을 그리는 일을 해요. 36번 줄에서 처음부터 순서대로 반복문을 돌면서 37번 줄에서 balls 변수에 있는 값들을 하나씩 불러와 Ball 클래스의 display 함수를 호출해 초음파 레이더 위에 작은 원을 그려요.

이제 마지막으로 볼 것이 serialEvent 함수에요. 이 함수는 Serial 클래스를 초기화하면 시리얼 통신을 확인하기 위해 매번 실행되는 함수에요. serialEvent 함수는 Serial 클래스를 매개변수로 받아요. 3번 줄에 선언한 Serial 클래스 변수와 같다고 생각하면 돼요. Serial 클래스에는 [코드 7-11]과 같이 시리얼 통신으로 받은 값에서 특정 글자가 있는 부분까지 갖고 오는 함수가 들어있어요. [코드 7-3]의 42번 줄은 이 readStringUntil 함수를 이용해 시리얼 통신으로 받은 데이터에서 줄바꿈 기호가 있는 부분까지 갖고 온 뒤 inString이라는 변수에 넣는다는 뜻이에요. 만약 갖고 오는데 실패하면 null이 되기 때문에 43번 줄에서 갖고 온 값이 null인지 확인해요.

> **코드 7-11** 시리얼 통신으로 받은 값 중에 특정 글자(a)가 있는 부분까지 갖고 오기

```
myPort.readStringUntil('a');
```

44번 줄은 inString의 첫 번째 글자가 r인지 확인한다는 뜻이에요. String 클래스는 [코드 7-12]와 같이 startsWith 함수를 이용해 첫 번째 글자가 특정 글자로 시작하는지 확인할 수 있어요. 아두이노에서 시리얼 통신으로 값을 보낼 때 r20d30과 같은 형태로 값을 보내기 때문에 첫 번째 글자가 r인지 확인한 거에요. 45번 줄은 한 줄의 코드로 되어있는데, 실제로는 [코드 7-13]과 같이 여러 줄의 코드를 실행하는 것과 같아요. [코드 7-13]의 1번 줄에 있는 String 클래스의 trim 함수는 값의 처음과 끝에 있는 띄어쓰기나 줄바꿈 기호 등을 없애줘요. 이렇게 띄어쓰기와 줄바꿈을 없앤 뒤 inString 변수에 다시 넣어요. 그리고 2번 줄에 있는 String 클래스의 replace 함수는 특정 글자를 다른 글자로 바꿔줘요. 여기서는 r을 아예 지워버려요. 그리고 다시 이렇게 바꾼 값을 inString에 넣어요. 3번 줄에 있는 String 클래스의 split 함수는 특정 글자를 구분자로 사용해 글자들을 쪼갠 뒤 String 배열로 만들어줘요. 3번 줄은 글자 d를 구분자로 이용해 값을 String 배열로 나누어 strings 라는 변수에 넣는다는 뜻이에요. 1번 줄에서 trim 함수를 썼기 때문에 시리얼 통신으로 들어온 값 중에 끝에 있던 줄바꿈 기호가 지워지고, 2번 줄에서 r을 지웠기 때문에 결국 값은 20d30과 같은 형태로 바뀌어요. 그리고 이 값이 split 함수를 이용해 쪼개져서 [코드 7-14]와 같은 String 배열로 바뀌어요. 결국 [코드 7-3]의 45번 줄은 [코드 7-13]을 이렇게 한 줄로 표현한거에요.

코드 7-12 String의 첫 번째 글자가 특정 글자(a)가 맞는지 확인하기

```
inString.startsWith("a")
```

코드 7-13 시리얼 통신으로 받은 값을 필요한 형태로 쪼개기

```
1  inString = inString.trim();
2  inString = inString.replace("r", "");
3  String[] strings = inString.split("d");
```

코드 7-14 split 함수를 이용해 나눈 값들

```
String[] strings = {"20","30"};
```

46번 줄에서 이렇게 만든 String 배열의 크기가 1보다 큰지 확인해요. 47 ~ 48번 줄은 strings 안에 있는 첫 번째, 두 번째 값들을 int형 값으로 바꿔 각각 degree, distance 변수들에 넣는다는 뜻이에요. strings

에 있는 값들은 String 클래스이기 때문에 값이 숫자가 적혀있지만 진짜 숫자와 같이 계산하려고 하면 에러가 나요. 따라서 int와 같은 완전한 숫자형 값으로 바꿔줘야 하는데, 이때 사용하는 것이 [코드 7-15] 와 같은 Integer 클래스의 parseInt 함수에요. parseInt 함수는 글자 형태의 값을 int 형 값으로 바꿔줘요.

코드 7-15 String 값을 int 형 값으로 바꾸기

```java
int distance = Integer.parseInt("20");
```

49번 줄에서 distance의 값이 0이 아닌지 확인해요. 0이 아니라면 50번 줄에서 cx, cy, degree, distance 변수들을 이용해 Ball 클래스 값을 balls 변수에 추가해요. [코드 7-16]과 같이 ArrayList의 add 함수가 값을 추가하는 일을 해요. 이렇게 serialEvent 함수에서 balls 변수에 값을 넣어주면 draw 함수에서 초음파 레이더에 작은 원을 그려주는 거에요.

코드 7-16 ArrayList의 값 추가하기

```java
balls.add(new Ball(20, 40, 45, 50));
```

쉬 어 가 는   페 이 지

초음파 레이더에 효과음 추가하기

영화 속에 초음파 레이더가 나오는 것을 보면 꼭 띵~ 띵~ 하는 소리와 함께 움직이는 것을 볼 수 있어요. 우리가 만든 초음파 레이더에도 이와 같이 효과음을 넣을 수 있어요.

❶ freesound(https://goo.gl/rZbjOJ)에 들어가면 다음과 같이 초음파 레이더 효과음을 찾을 수 있어요. 회원가입을 하고 다운로드해주세요. 그리고 다운로드한 파일의 이름을 sonar.wav라고 바꿔주세요.

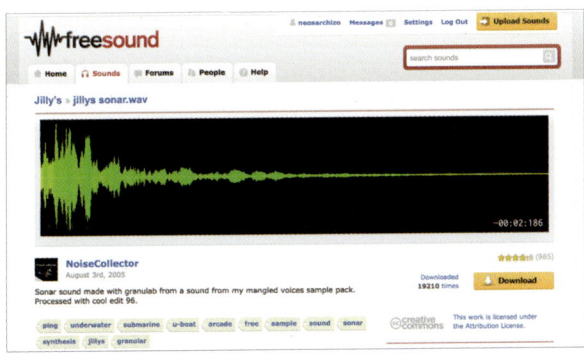

❷ 초음파 레이더 스케치가 저장된 폴더에 data라는 이름을 가진 폴더를 만들어주세요.

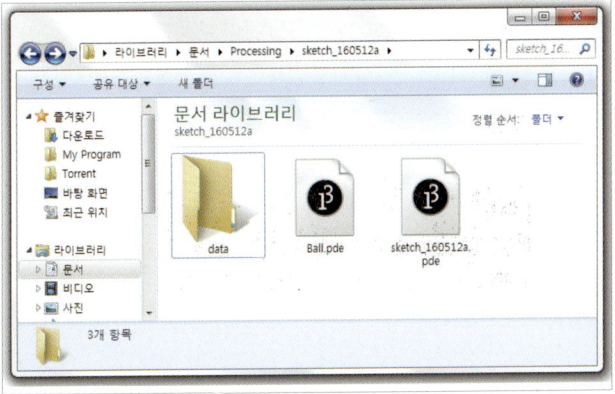

쉬 어 가 는 페 이 지

❸ 방금 만든 data 폴더에 다운로드한 sonar.wav 파일을 복사해주세요.

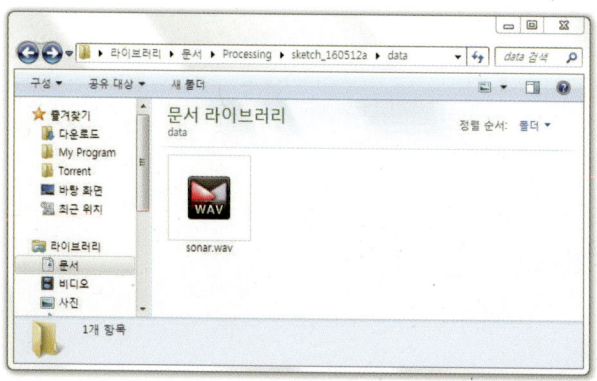

❹ 효과음을 내기 위해선 Minim 라이브러리를 사용해야해요. 만약 Minim 라이브러리를 써 본 적이 없다면 설치되지 않았을거에요. [스케치]-[내부 라이브러리]-[라이브러리 추가 하기] 메뉴를 선택해주세요.

❺ Minim을 검색하면 다음과 같이 Minim 라이브러리가 표시되는 것을 볼 수 있어요. Minim 라이브러리를 선택하고 [install] 버튼을 눌러주세요.

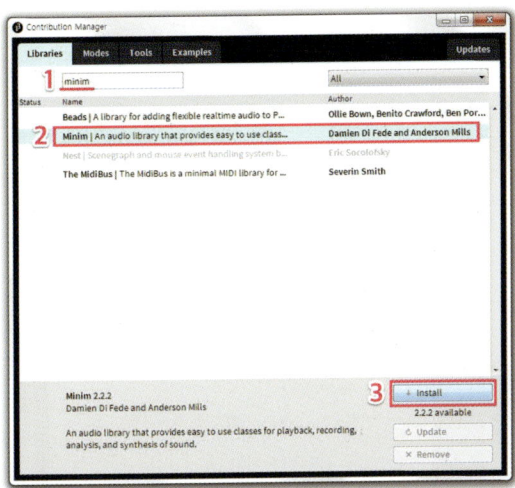

❻ 설치가 다 됐다면 [스케치]-[내부 라이브러리]-[Minim] 메뉴를 선택해주세요.

쉬 어 가 는 페 이 지

❼ 선택하면 다음과 같이 스케치에 Minim 라이브러리와 관련된 코드가 추가된 것을 볼 수 있어요.

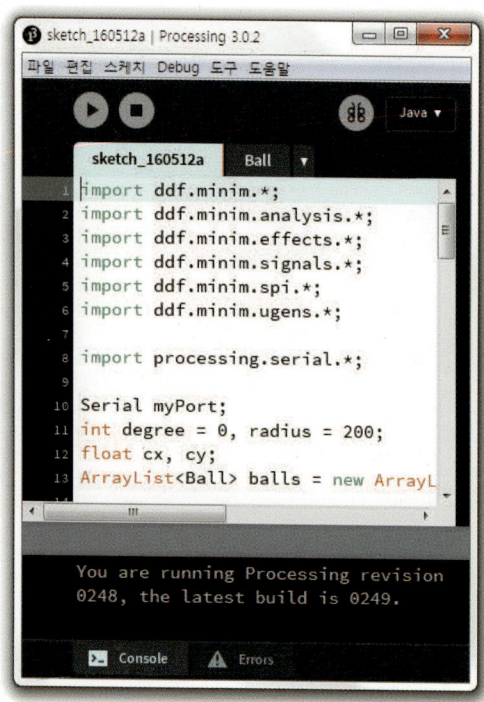

❽ Minim 라이브러리를 이용해 효과음을 재생하려면 Minim과 AudioPlayer 클래스 변수가 필요해요. [코드 7-3]의 setup 함수 윗부분에 [코드 7-17]과 같이 Minim, AudioPlayer 클래스 변수를 선언해주세요.

코드 7-17 Minim 클래스 변수 선언하기

```
ArrayList<Ball> balls = new ArrayList<Ball>();

Minim minim;
AudioPlayer player;

void setup()
```

❾ 다음으로 [코드 7-18]과 같이 Minim, AudioPlayer 클래스 변수를 초기화해주세요. 여기서 AudioPlayer 클래스를 초기화할때 Minim 클래스의 loadFile 함수를 사용하는데, loadFile 의 매개변수로 재생할 음악 파일의 파일명을 사용해요. 여기서는 sonar.wav라고 적어줘요.

코드 7-18 Minim, AudioPlayer 클래스 초기화하기

```
void setup()
{
  size(400, 200);

  minim = new Minim(this);
  player = minim.loadFile("sonar.wav");

  cx = width/2;
  cy = height;
  noFill();
  stroke(0, 255, 36);
  myPort = new Serial(this, "Your Arduino Port", 9600);
```

쉬 어 가 는 페 이 지

❿ 마지막으로 serialEvent 함수에서 balls 변수에 값이 추가되는 바로 다음에 player 변수를 이용해 효과음을 재생하는 코드를 추가해요. AudioPlayer 클래스의 isPlaying 함수는 지금 효과음이 재생 중인지 확인하는 일을 해요. 이 함수를 이용해 지금 효과음이 재생 안되고 있는지 확인하고 맞다면 rewind 함수로 재생할 위치를 다시 맨 처음으로 이동하고, play 함수를 실행해 효과음을 재생해요. 여기까지 추가하고 다시 프로세싱을 실행하면 작은 원이 추가될 때마다 띵~ 띵~ 하는 효과음을 들을 수 있어요.

코드 7-19 효과음 재생하기

```
void serialEvent(Serial p) {
  String inString = p.readStringUntil('\n');
  if (inString != null) {
    if (inString.startsWith("r")) {
      String[] strings = inString.trim().replace("r", "").split("d");
      if (strings.length > 1) {
        degree = Integer.parseInt(strings[0]);
        int distance = Integer.parseInt(strings[1]);
        if (distance != 0) {
          balls.add(new Ball(cx, cy, degree, distance));
          if(!player.isPlaying()){
            player.rewind();
            player.play();
          }
        }
      }
    }
  }
}
```

PART

08

레이저 장난감 만들기

이번 장에서는 서보모터와 레이저 포인터 모듈을 이용해 레이저 장난감을 만들어봅니다. 먼저 아두이노에 서보모터와 레이저 포인터 모듈을 연결해 상하좌우로 움직일 수 있도록 만듭니다. 그리고 프로세싱과 연결해 마우스로 레이저 장난감을 조종해봅니다.

레이저 장난감 조립하기

준비물

아두이노 UNO 1개

서보모터 지지대 2개와 레이저 포인터 모듈 지지대(3D 프린터로 출력)

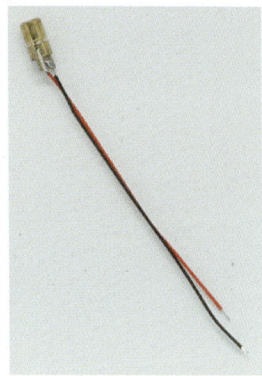
레이저 포인터 모듈 1개

글루건 1개

9g 서보모터 2개

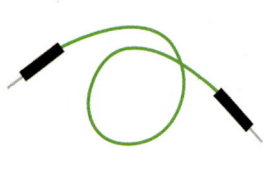
수수 점퍼 와이어 10개

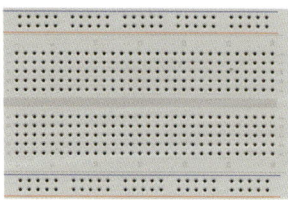
브레드보드 1개

이번에는 아두이노와 프로세싱을 결합해 레이저 장난감을 만들어 볼거에요. 아두이노에 서보모터와 레이저 포인터 모듈을 연결한 뒤 상하좌우로 움직일 수 있도록 만들거에요. 그리고 프로세싱에서 마우스를 움직여 레이저 장난감을 조종해볼거에요.

레이저 장난감을 만들려면 몸통을 3D 프린터로 뽑아줘야 해요. 씽이버스 링크(http://goo.gl/RAB5Gh)로 이동하면 레이저 장난감의 3D 모델 파일이 올려져 있어요. 여기서 STL 파일을 다운로드하고 3D 프린터로 뽑아주세요.

몸통을 뽑았다면 조립을 해볼께요. 그림을 보며 하나씩 따라 연결해주세요.

| 회로도 8-1 | 레이저 장난감 만들기(http://goo.gl/5F3mir)

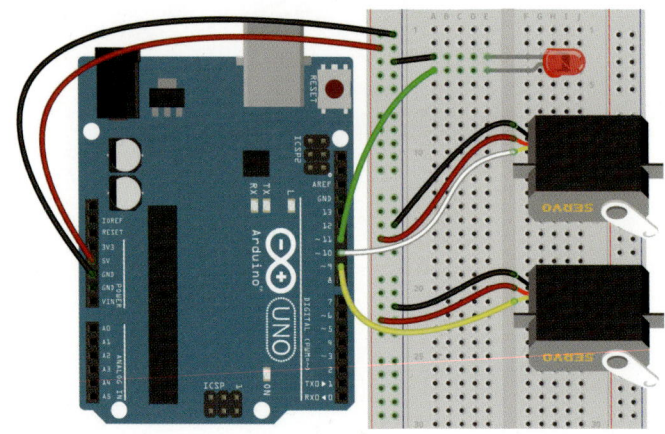

01 3D 프린터로 뽑은 출력물은 다음 사진과 같이 3가지로 되어있어요. 왼쪽부터 순서대로 살펴볼께요. 먼저 레이저 장난감을 좌우로 움직이는 밑부분 서보모터를 지지하는 지지대에요. 그리고 레이저 장난감을 상하로 움직이는 윗부분 서보모터를 지지하는 지지대에요. 마지막으로 레이저 포인터 모듈을 지지하는 지지대에요.

02 밑부분 서보모터 지지대에 서보모터를 끼워주세요.

03 밑부분 지지대를 보면 나사를 끼울 수 있는 구멍이 있어요. 이 구멍에 서보모터 축과 함께 들어있는 나사를 끼워 조여주세요.

04 윗부분 서보모터 지지대에 서보모터를 끼워주세요.

05 윗부분 서보모터 지지대를 보면 나사를 끼울 수 있는 구멍이 있어요. 이 구멍에 서보모터 축과 함께 들어있는 나사를 끼워 조여주세요.

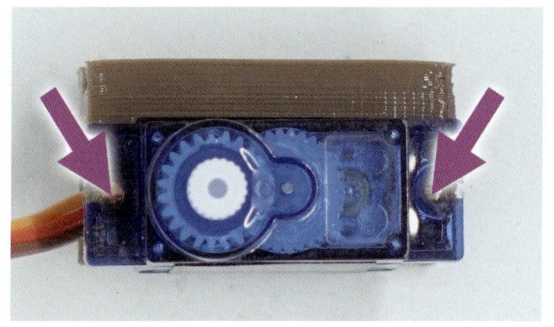 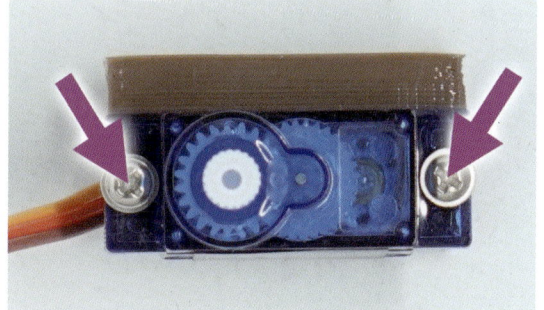

06 윗부분 서보모터 지지대의 옆을 보면 서보모터 축을 끼울 수 있는 홈이 있어요. 이 홈에 글루건을 살짝 바르고 서보모터 축을 끼워주세요.

07 레이저 포인터 모듈 끝 부분을 수수 점퍼선을 이용해 납땜해주세요.

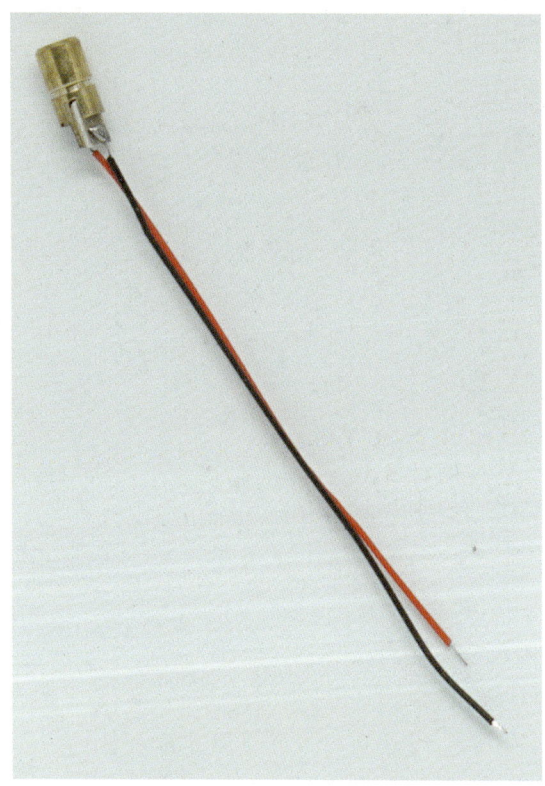 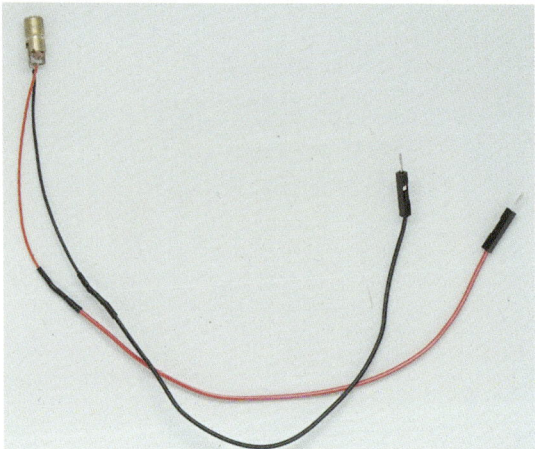

08 레이저 포인터 모듈 지지대에 구멍이 있어요. 이 구멍에 레이저 포인터 모듈의 선을 넣어주세요.

09 레이저 포인터 모듈 지지대의 튀어나온 부분에 글루건을 살짝 바르고 레이저 포인터 모듈을 고정시켜주세요.

 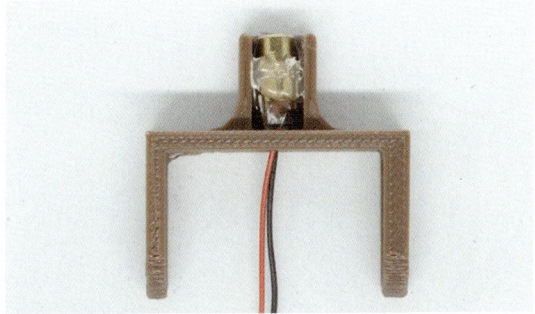

10 레이저 포인터 모듈 지지대의 안쪽을 보면 서보모터 축을 끼울 수 있는 홈이 있어요. 이 홈에 글루건을 살짝 바르고 서보모터 축을 끼워주세요.

11 아두이노 보드 그라운드 핀을 브레드보드 긴 파란색 세로줄에, 전원 핀을 긴 빨간색 세로 줄에 연결해주세요.

12 밑부분 서보모터의 검은 선 또는 갈색 선을 그라운드 핀이 꽂힌 세로줄과 연결해주세요. 빨간 선을 전원 핀이 꽂힌 세로줄에 연결하고 노란 선 또는 주황 선을 아두이노 보드의 9번 핀에 연결해주세요.

13 윗부분 서보모터의 검은 선 또는 갈색 선을 그라운드 핀이 꽂힌 세로줄과 연결해주세요. 빨간 선을 전원 핀이 꽂힌 세로줄에 연결해주세요. 마지막으로 노란 선 또는 주황 선을 아두이노 보드의 9번 핀에 연결해주세요.

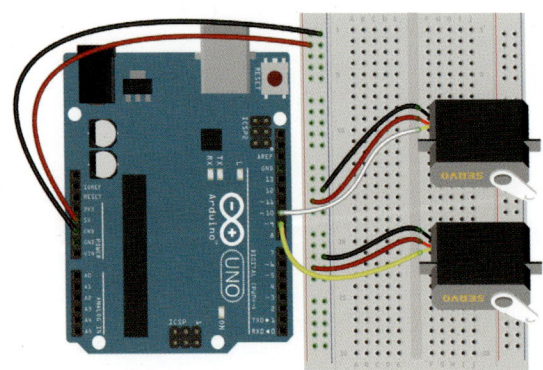

14 레이저 포인터 모듈의 빨간 선을 전원 핀이 꽂힌 세로줄에 연결해주세요. 그리고 레이저 포인터 모듈의 검은 선을 그라운드 핀이 꽂힌 세로줄과 연결해주세요.

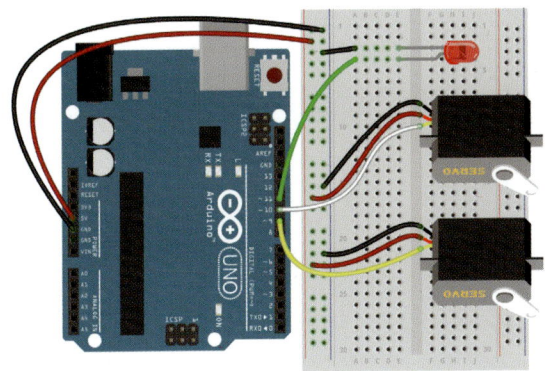

15 아두이노와 연결한 모습이에요. 완전히 다 끼우지 않았는데 끼우는 것은 스케치를 먼저 작성하고 할거에요.

아두이노 스케치 작성하기

코드 8-1 레이저 장난감 만들기 – 아두이노(https://goo.gl/SrVcCj)

```
1   #include <Servo.h>
2
3   Servo xServo, yServo;
4
5   void setup() {
6     xServo.attach(9);
7     yServo.attach(10);
8     pinMode(11, OUTPUT);
9     Serial.begin(9600);
10  }
11
12  void loop() {
13    if(Serial.available()){
14      int x = Serial.parseInt();
15      int y = Serial.parseInt();
16      int laser = Serial.parseInt();
17
18      if(Serial.read() == '\n'){
19        xServo.write(x);
20        delay(1);
21        yServo.write(y);
22        delay(1);
23        digitalWrite(11, laser);
24      }
25    }
26  }
```

스케치는 [코드 8-1]과 같이 작성해주세요. 3번 줄에서 밑부분 서보모터를 뜻하는 xServo, 윗부분 서보모터를 뜻하는 yServo라는 이름의 Servo 라이브러리 변수들을 선언했어요. 그리고 setup 함수 안을 보면 6번 줄에서 9번 핀을 밑부분 서보모터를 제어하는 핀으로 설정하고, 10번 핀을 윗부분 서보모터를 제어하는 핀으로 설정했어요. 8번 줄에서 레이저 포인터 모듈이 연결된 11번 핀의 모드를 출력으로 설정하고, 9번 줄에서 시리얼 통신을 하기 위한 설정을 해요.

다음으로 loop 함수를 볼께요. 이전에 시리얼 통신 부분을 할 때 했던 [코드 5-5]와 상당히 유사해요. 여기서는 컴퓨터가 밑부분 서보모터의 각도 값, 윗부분 서보모터의 각도 값, 레이저 포인터 모듈을 껐는지 켰는지 여부를 아두이노에게 시리얼 통신으로 보내도록 할거에요. 예로 밑부분 서보모터의 각도 값이 0, 윗부분 서보모터의 각도 값이 70, 레이저 포인터 모듈을 켠다면, "0 70 1"과 같이 값을 보낼거에요. 여기서 만약 레이저 포인터 모듈의 값을 끄는 것으로만 한다면 "0 70 0"과 같이 값을 보내요. 이렇게 아두이노로 들어오는 값을 Serial.parseInt 명령어를 이용해 순서대로, x, y, laser 변수들에 값들을 집어 넣어요.

그리고 18번 줄에서 줄바꿈 문자가 들어왔는지 확인해요. 만약 들어왔다면 아까 값을 담았던 x, y, laser 변수들을 이용해 서보모터와 레이저 포인터 모듈을 설정해요. 19번 줄에서 x 변수를 이용해 밑부분 서보모터의 각도를 설정하고, 20번 줄에서 0.01초 쉰 뒤, 21번 줄에서 y 변수를 이용해 윗부분 서보모터의 각도를 설정하고, 21번 줄에서 0.01초 또 쉬어줘요. 마지막으로 23번 줄에서 laser 변수를 이용해 레이저 포인터 모듈을 끄거나 켜줘요. 스케치를 업로드했다면 마저 다 조립하기 위해 다음과 같이 따라해주세요.

01 아두이노를 열고 시리얼 모니터를 실행해주세요. 밑에 설정을 "새 줄"로 바꾼 뒤 입력 창에 "0 0 1"을 입력하고 전송을 눌러주세요. 제대로 작동한다면 서보모터들의 각도가 모두 0도로 바뀌고 레이저 포인터 모듈이 켜질거에요.

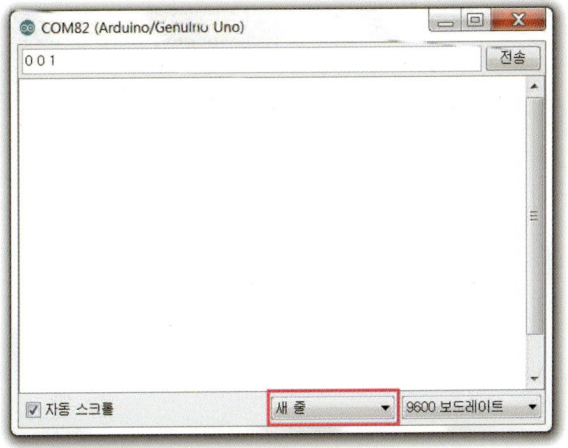

02 이번에는 입력 창에 "60 60 0"을 입력하고 전송을 눌러주세요. 서보모터들의 각도가 모두 60도로 바뀌고 레이저 포인터 모듈이 다시 꺼질거에요. 여기서 서보모터들의 각도를 모두 60도로 설정한 이유는 각 서보모터의 중심 각도를 60도로 설정할 것이기 때문이에요. 바로 서보모터들의 각도가 모두 60도라면 레이저 포인터 모듈이 정중앙을 바라보게 돼요.

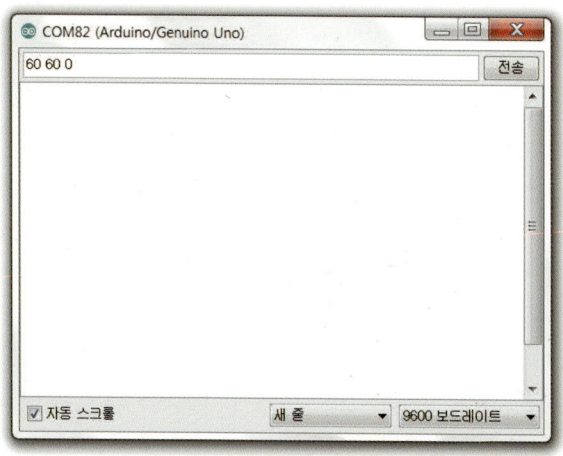

03 윗부분 서보모터 지지대를 밑부분 서보모터 지지대 위에 끼워주세요.

04 레이저 포인터 모듈 지지대를 윗부분 서보모터 지지대 옆 쪽에 끼워주세요.

05 완성된 모습이에요!

프로세싱 코드 작성하기

코드 8-2 레이저 장난감 만들기 – 프로세싱(https://goo.gl/SrVcCj)

```processing
1   import processing.serial.*;
2
3   Serial myPort;
4
5   void setup() {
6     size(400, 400);
7     myPort = new Serial(this, "Your Arduino Port", 9600);
8   }
9
10  void draw() {
11  }
12
13  void setServo(int laser) {
14    int x = int(map(mouseX, 0, width, 120, 0));
15    int y = int(map(mouseY, 0, height, 120, 0));
16
17    myPort.write(x + " " + y + " " + laser + "\n");
18  }
19
20  void mouseMoved() {
21    setServo(0);
22  }
23
24  void mouseDragged() {
25    setServo(1);
26  }
```

프로세싱 코드는 [코드 8-2]와 같이 작성해주세요. 여기서도 프로세싱 코드는 이 부분이 무엇을 위한건가 정도로만 설명할거에요. 3번 줄에서 Serial 클래스 변수를 선언해요. 곧바로 setup 함수를 살펴볼께요. 6번 줄에서 창의 크기를 넓이 400px, 높이 400px로 설정해요. 그리고 7번 줄에 시리얼 포트를 설정하는 부분이 나오는데, 여기서 "Your Arduino Port"라고 적힌 부분을 아두이노 IDE에 표시된 아두이노의 시리얼 포트로 바꿔적어주세요. 그리고 여기서는 화면에 그림을 그리지 않기 때문에 draw 함수를 사용하지 않아요. 아두이노에서는 loop 함수를 사용하지 않아도 꼭 적어줘야 하지만, 프로세싱에서는 이와 같이 draw 함수를 사용하지 않다면 아예 안 적어줘도 돼요.

13 ~ 18번 줄을 보면 setServo라는 함수가 나와요. 앞에서 아두이노를 움직일 때 시리얼 모니터에서 값을 보내 서보모터들과 레이저 포인터 모듈을 제어한 것처럼 프로세싱에서 아두이노를 움직이기 위해 시리얼 통신으로 값을 보내는 함수에요. 14번 줄에서 마우스의 x좌표 값을 확인한 뒤 이것을 밑부분 서보모터를 움직일 각도 값으로 바꿔서 x 변수에 넣어줘요. 14번 줄의 mouseX와 width는 프로세싱에서 사용하는 변수에요. mouseX는 현재 마우스의 x좌표 값이 들어있고, width는 현재 창의 넓이 값이 들어있어요.

14번 줄을 자세히 보면 먼저 map 함수를 사용해 마우스의 x좌표 값을 기존 0 ~ 창의 넓이 범위에서 120 ~ 0 범위 기준으로 바꿔줘요. 범위 기준 방향을 0 ~ 120이 아니라 120 ~ 0으로 바꾼 건 마우스의 x좌표 값이 증가하는 방향과 서보모터의 각도 값이 바뀌는 방향이 서로 반대이기 때문이에요. 그리고 120이라고 적은 이유는 중심이 60이 되게 하기 위해서에요.

프로세싱의 map 함수는 아두이노에서와는 달리 소수점이 있는 실수를 반환하기 때문에 int 함수를 사용해 정수로 바꿔줘요. 그리고 이렇게 바꾼 값을 x 변수에 넣어줘요. 마찬가지로 15번 줄도 14번 줄과 같아요. mouseY와 height는 프로세싱에서 사용하는 변수고, 각각 현재 마우스의 y 좌표 값, 현재 창의 높이 값이 들어있어요. 마우스의 y좌표 값을 확인한 뒤 이것을 윗부분 서보모터를 움직일 각도 값으로 바꿔서 y 변수에 넣어줘요. 17번 줄은 앞에서 계산한 x, y 변수들과 함수의 매개변수로 받은 laser 변수를 글자로 묶어 아두이노로 보내는 부분이에요.

함수설명

int()
컴소수점이 있는 실수를 정수로 바꿔주는 함수입니다.

구조
int(val)

매개변수
val : 소수점이 있는 실수를 뜻합니다.

반환 값
정수로 바뀐 값 : 소수점이 있는 실수를 소수점이 없는 정수로 바꾸어 반환합니다.

사용 예
int a = int(2.3);
// 2.3을 정수인 2로 바꾸어 a 변수에 넣습니다.

20번 줄과 24번 줄을 보면 mouseMoved와 mouseDragged 함수가 있어요. mouseMoved는 마우스를 움직일 때 실행되는 함수이고, mouseDragged는 마우스를 드래깅할 때 실행되는 함수에요. 21번 줄을 보면 매개변수를 0으로 설정하고 setServo 함수를 실행해요. 이렇게 실행하면 17번 줄에서 laser 변수의 값을 0으로 설정해서 보내기 때문에 레이저 포인터 모듈이 꺼진 상태로 서보모터가 움직여요. 마지막으로 25번 줄을 보면 매개변수를 1로 설정하고 setServo 함수를 실행해요. 이렇게 실행하면 17번 줄에서 laser 변수의 값을 1로 설정해서 보내기 때문에 레이저 포인터 모듈이 켜진 상태로 서보모터가 움직여요. 코드를 실행하면 마우스가 상하좌우로 움직이는 것에 따라 레이저 포인터 모듈이 따라 움직이는 것을 볼 수 있어요. 그리고 마우스를 드래깅하면 레이저 포인터 모듈이 켜진 상태로 움직여요.

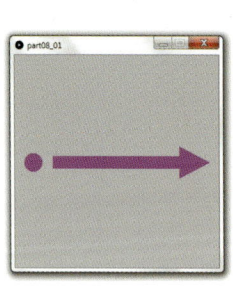

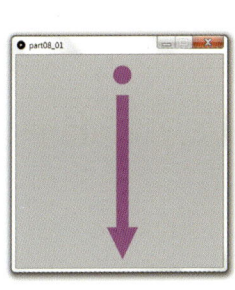

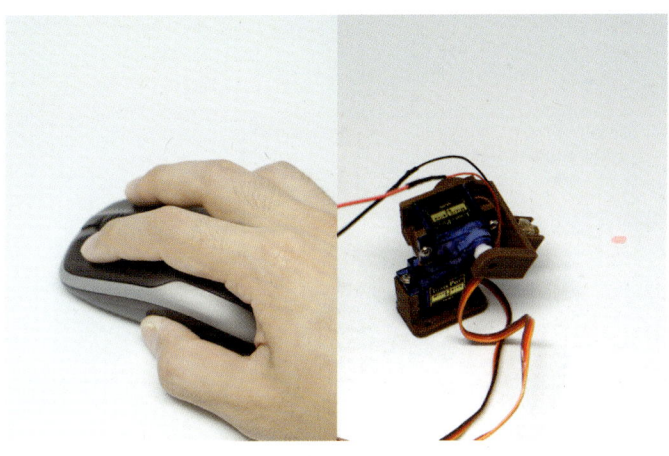

쉬어가는 페이지

스크래치X로 레이저 장난감 조종하기

앞에서 잠깐 소개했던 스크래치X를 이용해 레이저 장난감을 제어할 수 있어요. 다음 순서대로 따라해주세요.

❶ 아두이노 IDE의 [파일]-[예제]-[Firmata]-[StandardFirmata] 메뉴를 열어 업로드해주세요. 이 예제는 시리얼 통신을 통해 아두이노를 움직일 수 있게 해주는 코드에요.

❷ 현재 스크래치X는 파이어폭스에서만 실행돼요. 파이어폭스 다운로드 페이지(https://goo.gl/02lrzx)로 이동해 파이어폭스를 설치해주세요.

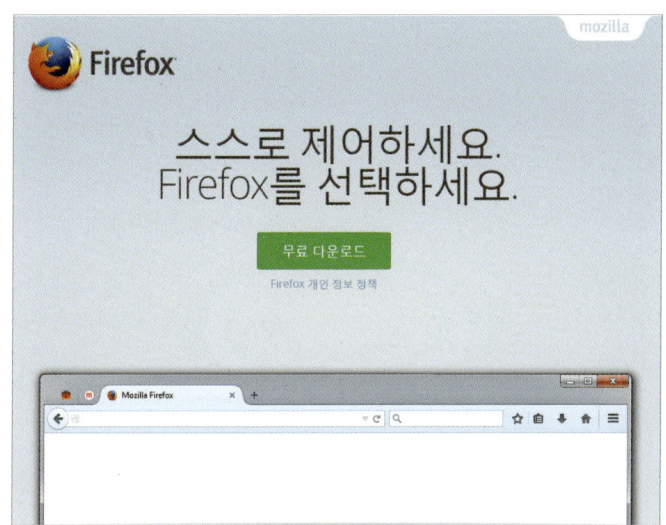

❸ 설치한 파이어폭스를 열고 Adobe Flash Player 페이지(https://goo.gl/3pWUNX)로 이동해 Adobe Flash Player를 설치해주세요. 꼭, 다른 브라우저가 아닌 파이어폭스에서 Adobe Flash Player 페이지로 이동해야 해요.

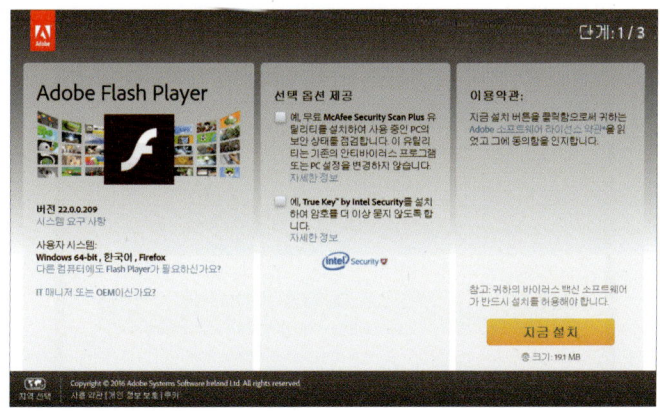

쉬 어 가 는 페 이 지

❹ 스크래치X로 아두이노를 제어하려면 Scratch Device Plugin을 설치해야 해요. 운영체제에 맞는 설치파일을 다운로드해 설치해주세요. 설치 프로그램의 경우 화면에 잠깐 떴다 갑자기 꺼질 수 있는데, 정상적으로 설치된 것이니 신경쓰지 마세요.

- 윈도우 : http://goo.gl/EMZFxy
- 맥 : http://goo.gl/Z4jn1o

❺ 레이저 장난감을 제어하는 스크래치X 파일(http://goo.gl/h9H12Y)을 다운로드해주세요. 스크래치X 홈페이지로 이동하면 "Open Extension File"이라고 적힌 부분을 볼 수 있어요. 바로 스크래치X 파일을 여는 버튼이에요. 이 부분을 클릭하고 앞에서 받은 스크래치X 파일을 선택해 열어주세요.

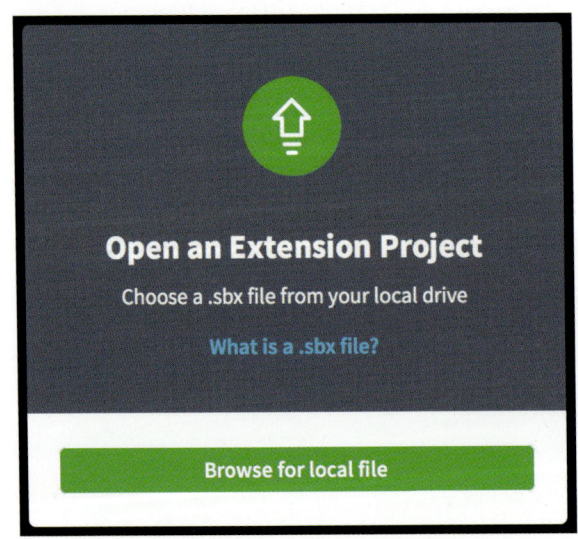

❻ 파일이 열리면 브라우저 주소창 좌측에 레고 블록 모양의 아이콘을 볼 수 있어요. 그 아이콘을 클릭하면 다음 그림처럼 표시되는데, 이때 설정을 그림에 표시된 것과 같이 동일하게 해주세요. Adobe Flash, Scratch Device를 모두 "허가하고 기억"으로 설정해야해요.

❼ 스크래치X 좌측 상단에 지구본 모양의 아이콘을 볼 수 있어요. 아마 처음 실행한 사용자라면 모든 글자가 영어로 표시될 거에요. 이때 지구본 모양의 아이콘을 누르면 원하는 언어로 실징할 수 있어요. "한국어"로 설정해주세요.

쉬어가는 페이지

❽ 화면 중앙에 다음 그림과 같이 생긴 상태 창이 있어요. 아두이노가 연결되어 있지 않다면 또는 연결된 아두이노에 StandardFirmata를 설치하지 않았다면 우측 동그라미의 색깔이 노랑색이에요. 반대로 StandardFirmata가 정상적으로 업로드되어 있고 스크래치X와 연결에 성공했다면 초록색으로 변해요. 초록색으로 바뀌었다면 초록 깃발을 눌러 실행해주세요. 실행하면 마우스가 움직이는 것에 따라 레이저 장난감이 움직이는 것을 볼 수 있어요.

동영상을 통해 자세한 설명을 들을 수 있어요. ODIY 동영상 강의(https://youtu.be/sr58s6ToaIQ)를 참고해주세요.

PART

09

블루투스 : 안드로이드와 대화하기

이번 장에서는 무선 통신을 할 수 있게 해주는 블루투스 모듈에 대해 알아봅니다. 먼저 아두이노에 블루투스를 연결하는 법을 배웁니다. 그리고 안드로이드와 연결해 통신해봅니다.

블루투스 모듈 소개하기

블루투스란 스웨덴의 통신 장비 제조사인 에릭슨이 최초로 개발한 근거리 무선 통신에 대한 표준을 뜻해요. 최근에는 주위에서 블루투스 기기를 쉽게 찾아볼 수 있어요. 모바일에 연결하는 헤드셋이나 무선 키보드 등이 대표적인 블루투스 기기라 할 수 있죠. 블루투스를 사용하면 가까운 거리에서 무선으로 원하는 기기와 데이터를 주고 받을 수 있어요. 아두이노에도 블루투스 모듈만 연결해주면 블루투스 통신을 사용할 수 있어요. 주로 HC-06이라는 블루투스 모듈을 사용해요.

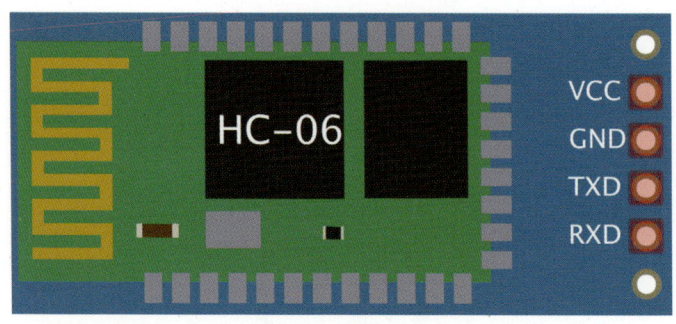

> **TIP** 블루투스(Bluetooth)는 영어 뜻으로 파란 이라는 뜻이 아니라, 덴마크의 국왕 헤럴드 블라트란트를 영어식 표현으로 바꾼거에요. 이름을 짓던 사람이 헤럴드 블라트란트에 관한 역사 소설을 읽고 이렇게 지었다고 해요. 그리고 헤럴드 블라트란트가 스칸디나비아를 통일한 것처럼 무선통신도 블루투스로 통일하자는 의미를 가지고 있대요.

블루투스를 사용하기 전에 시리얼 통신에 대해 다시 확인하고 넘어가는 것이 좋아요. 아두이노에서 Serial 라이브러리를 이용해 PC와 시리얼 통신하는 법을 배웠어요. PC에서 데이터를 보내 아두이노에서 처리한다거나, 아두이노에서 센서 값을 확인해 PC로 보내는 것을 했어요. 그럼 시리얼 통신은 어떤 원리로 데이터를 주고 받는 걸까요? 여기서 데이터를 사람에 비유하면 쉬워요. 바로 방 밖으로 나가는 사람이 있고, 방 안으로 들어오는 사람이 있는데, 나가는 문과 들어오는 문이 나뉘어져 있는 거에요. 그리고 나가는 문과 들어오는 문 모두 한번에 한 사람만 사용할 수 있어요.

시리얼 통신은 이와 같이 데이터가 나가는 곳과 들어오는 곳이 정해져 있고, 한번에 1개의 데이터만 보내거나 받을 수 있어요. 그리고 여기서 나가는 문을 TX(Transmit), 들어오는 문을 RX(Receive)라고 불러요. 아두이노 보드에서 TX와 RX를 찾을 수 있어요. 0, 1번 핀 옆을 보면 TXD, RXD라고 적혀있어요. TXD는 TX, RXD는 RX와 같아요. 전에 가급적 초보자들은 0, 1번 핀을 사용하지 말라고 했는데, 그 이유가 바로 이 0, 1번 핀이 시리얼 통신하는 부분과 연결되어있기 때문이에요. 그리고 적혀있다시피 0번이 데이터를 받는 곳, 1번이 데이터를 보내는 곳과 연결되어 있어요. 스케치를 업로드하는 것도 시리얼 통신을 이용하기 때문에 만약 이 0, 1번 핀에 전자부품을 연결하고 스케치를 업로드할때 에러가 나는 것을 볼 수 있어요. 기본 LED 옆을 보면 TX, RX과 적힌 LED들이 있어요. TX라 적힌 LED는 아두이노에서 데이터를 보낼 때, RX라 적힌 LED는 아두이노에서 데이터를 받을 때 깜빡여요. 시리얼 통신을 할 때 이 부분을 살펴보세요.

시리얼 통신을 하려면 이제 통신을 하고 싶은 기기들의 TX, RX를 서로 연결해줘야 해요. 한쪽 기기의 데이터가 나가는 부분과 다른 쪽 기기의 데이터가 들어오는 부분을 서로 연결해주는 거에요. 만약 아두이노와 PC가 시리얼 통신을 하고 싶다면 아두이노의 RX와 PC의 TX 를 연결하고, 아두이노의 TX

와 PC의 RX를 연결해요. 그리고 이때 전기적인 신호를 이용해 데이터를 주고 받기 때문에 전기가 흐를 수 있도록 서로 간의 그라운드를 연결해줘요. 이렇게 하면 시리얼 통신을 할 준비가 끝난거에요.

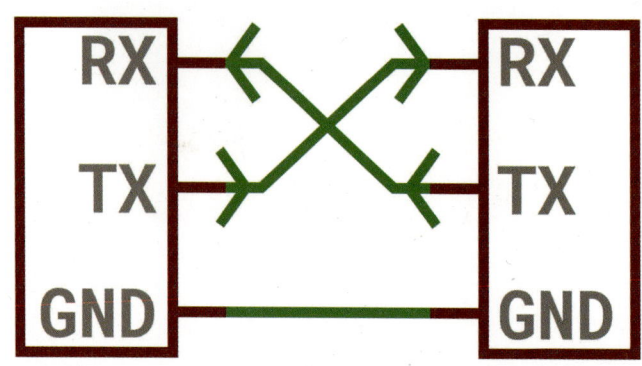

다시 블루투스로 돌아와 블루투스 모듈을 살펴볼께요. 블루투스 모듈에도 TX와 RX가 있어요. HC-06을 보면 TXD, RXD라고 적힌 것을 볼 수 있어요. 만약 아두이노에 블루투스 모듈을 연결해 블루투스로 통신을 하고 싶다면 블루투스 모듈의 TXD를 아두이노의 RX에, 블루투스 모듈의 RXD를 아두이노 TX에 연결하면 돼요. RX인 0번 핀, TX인 1번 핀에 연결한 뒤 Serial 라이브러리를 이용해 통신을 할 수도 있어요. 하지만 초보자들한테는 헷갈릴 수 있기 때문에 0, 1번 핀이 아닌 다른 핀을 이용해 블루투스 모듈을 사용할거에요.

> **TIP** 시리얼 통신을 할 때 보드레이트를 설정하는 이유는 데이터를 보내고 받는 것의 속도를 서로 맞추기 위해서에요. 한쪽은 데이터를 빨리 보내고 빨리 받는데, 다른 쪽은 데이터를 천천히 보내고 천천히 받으면 이상하겠죠. 따라서 통신하는 기기들의 보드레이트를 서로 맞춰주는 거에요.

블루투스 연결하기

준비물

아두이노 UNO 1개

HC-06 1개

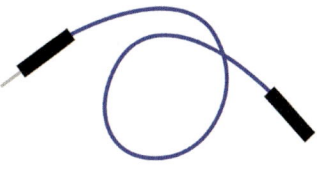
암수 점퍼 와이어 4개

이번에는 아두이노에 HC-06을 연결할거에요. 그리고 블루투스 통신을 하기 위한 스케치도 업로드 할거에요.

회로도 9-1 블루투스 : 안드로이드와 대화하기(http://goo.gl/DSQ5iZ)

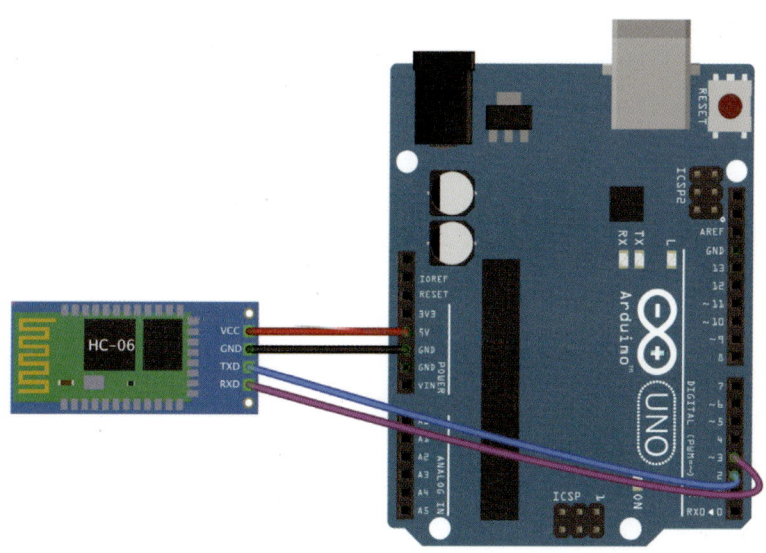

01 블루투스 모듈의 그라운드 핀을 아두이노 보드 그라운드 핀에, 블루투스 모듈의 전원 핀을 아두이노 보드 전원 핀에 연결해주세요.

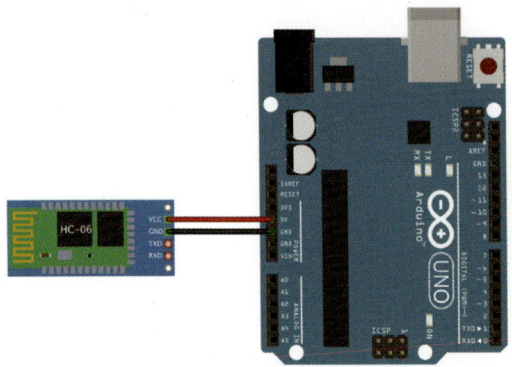

02 블루투스 모듈의 TXD를 아두이노 보드 2번 핀에 연결해주세요. 이 2번 핀을 RX로 사용할거에요.

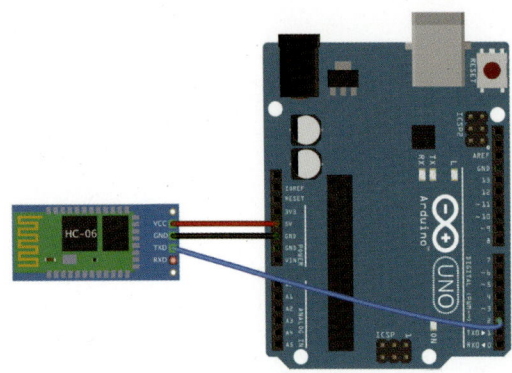

03 블루투스 모듈의 RXD를 아두이노 보드 3번 핀에 연결해주세요. 이 3번 핀을 TX로 사용할거에요.

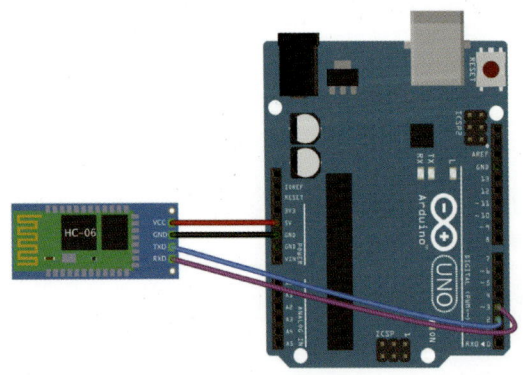

04 완성된 모습이에요!

스케치는 [코드 9-1]과 같이 작성해주세요.

코드 9-1 블루투스 : 안드로이드와 대화하기(https://goo.gl/r0OII2)

```
1  #include <SoftwareSerial.h>
2
3  SoftwareSerial btSerial(2, 3);
4
5  void setup() {
6    Serial.begin(9600);
7    btSerial.begin(9600);
8  }
9
10 void loop() {
11   if (btSerial.available())
12     Serial.write(btSerial.read());
13
14   if (Serial.available())
15     btSerial.write(Serial.read());
16 }
```

[코드 9-1]의 1빈 줄을 보면 [코드 9-2]와 같이 적혀있는 것을 볼 수 있어요. 이건 SoftwareSerial이라는 시리얼 통신 라이브러리를 사용하겠다는 뜻이에요.

코드 9-2 SoftwareSerial 라이브러리 선언하기

```
#include <SoftwareSerial.h>
```

스케치 윗부분에 [코드 9-2]처럼 똑같이 써주거나 [스케치]-[라이브러리 포함하기]-[SoftwareSerial] 메뉴를 선택하면 [코드 9-2]의 코드가 자동으로 써져요.

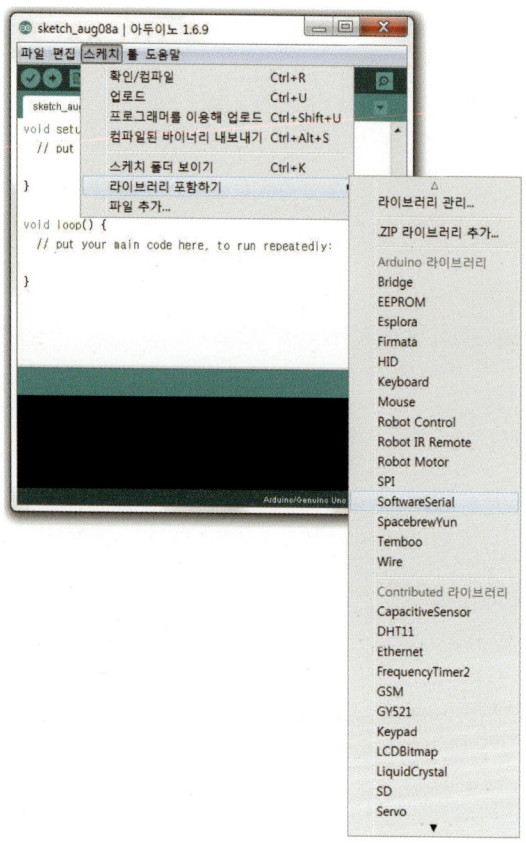

블루투스 모듈을 사용하려면 시리얼 통신을 해야 해요. 그리고 아두이노에 시리얼 통신을 할 수 있는 부분인 RX, TX의 경우 0, 1번 핀들인데, 아두이노 스케치를 업로드하거나 시리얼 모니터에서 이 핀들을 이용해 시리얼 통신을 하기 때문에 여기서는 0, 1번 핀들을 사용하지 않는다고 했어요. 따라서 0, 1번 핀들이 아닌 다른 디지털 핀을 이용해 시리얼 통신을 할거에요. 이때 디지털 핀을 사용해 시리얼 통신을 할 수 있게 해주는 것이 바로 SoftwareSerial 라이브러리에요. 3번 줄에서 라이브러리 변수를 선언해요. SoftwareSerial 라이브러리를 초기화할 때는 2개의 매개변수가 필요해요. RX, TX로 쓸 디지털 핀 번호를 순서대로 넣어주면 돼요.

📘 함수설명

SoftwareSerial()
SoftwareSerial 라이브러리를 초기화하는 함수입니다.

구조
SoftwareSerial(RX, TX)

매개변수
RX : RX로 사용할 아두이노 보드의 핀 번호
TX : TX로 사용할 아두이노 보드의 핀 번호

반환 값
없음

사용 예
SoftwareSerial btSerial(2, 3);
// 2번 핀을 RX로, 3번 핀을 TX로 설정합니다.

SoftwareSerial 라이브러리는 초기화하는 부분만 좀 다르고, 나머지는 기존 Serial 라이브러리와 거의 똑같아요. 6번 줄에서 Serial.begin 명령어를 이용해 시리얼 통신을 하기위한 설정을 하듯이 7번 줄에서도 SoftwareSerial.begin 명령어를 이용해 시리얼 통신을 하기 위한 설정을 해요.

그리고 loop 함수를 보면 11번 줄에서 SoftwareSerial.available 명령어를 이용해 시리얼 통신으로 데이터가 들어왔는지 확인해요. 바로 블루투스 모듈로 데이터가 들어왔는지 확인하는거에요. 만약 데이터가 들어왔다면 12번 줄에서 SoftwareSerial.read 명령어를 이용해 블루투스 모듈로부터 1 바이트 데이터를 읽은 뒤에 곧바로 Serial.write 명령어를 이용해 PC로 보내요. 정리하면 블루투스 모듈로 받은 데이터가 있으면 곧바로 PC한테 전달한단 뜻이에요.

📘 함수설명

Serial.write()
시리얼 통신으로 1 바이트 데이터를 보냅니다.

구조
Serial.write(데이터)

매개변수

데이터 : 1 바이트 데이터

반환 값

없음

사용 예

byte val = btSerial.read();
Serial.write(val);
// SoftwareSerial.read 명령어로 1 바이트 데이터를 읽은 뒤 val 변수에 넣고,
// val 변수에 있는 값을 다시 PC로 보냅니다.

14 ~ 15번 줄도 11 ~ 12번 줄과 같아요. 14번 줄에서 Serial.available 명령어를 이용해 시리얼 통신으로 데이터가 들어왔는지 확인해요. 바로 PC로 데이터가 들어왔는지 확인하는거에요. 만약 데이터가 들어왔다면 15번 줄에서 Serial.read 명령어를 이용해 PC로부터 1 바이트 데이터를 읽은 뒤에 곧바로 SoftwareSerial.write 명령어를 이용해 블루투스 모듈로 보내요. 정리하면 PC로 받은 데이터가 있으면 곧바로 블루투스 모듈한테 전달한단 뜻이에요. 다 작성했다면 스케치를 업로드해주세요.

> **TIP** 블루투스를 사용하다보면 마스터(Master)와 슬레이브(Slave)라는 말을 듣게 될거에요. 이 둘의 차이는 마스터는 스스로 다른 블루투스 기기와 연결해 통신할 수 있는 블루투스 기기를 뜻하고, 슬레이브는 다른 블루투스 기기가 연결해줘야만 통신할 수 있는 블루투스 기기를 뜻해요. 여기서 사용하는 HC-06은 다른 블루투스 기기가 연결을 해줘야만 통신할 수 있는 슬레이브에요.

안드로이드와 연결하기

이제 블루투스를 이용해 안드로이드와 아두이노로 통신하는 것을 할거에요. 블루투스 기능을 가지고 있는 안드로이드 기기를 이용해 다음 순서대로 따라해주세요.

01 스케치를 업로드한 아두이노를 PC에 연결한 뒤, 안드로이드 기기의 블루투스 설정으로 들어가 블루투스 기기를 검색해주세요. 검색하면 연결 가능한 디바이스에 HC-06이라고 표시된 것을 볼 수 있어요.

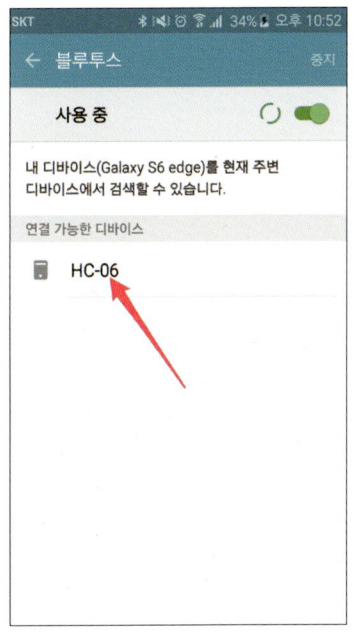

> **TIP** TV나 인터넷에서 블루투스 4.0이나 블루투스 LE라는 말을 들어봤을 거에요. 이건 블루투스 SMART를 가리키는 용어에요. 블루투스 SMART는 기존 블루투스보다 전기를 적게 먹고 생산 단가가 보다 저렴하다는 장점이 있어요. 따라서 헬스케어, 피트니스, 보안, 사물인터넷 등 다양한 분야에서 많이 활용되고 있어요. 우리가 사용한 HC-06은 블루투스 SMART가 아니에요. 기존 블루투스인데 블루투스 SMART와 구분하기 위해 기존 블루투스를 블루투스 클래식이라고 불러요. 너무 자세한 건 꼭 알 필요 없고 단지 블루투스 SMART와 블루투스 클래식이 서로 다르다는 것만 알면 돼요.

02 블루투스 기기들끼리 통신을 하려면 페어링(Pairing)이라는 것을 해야 해요. 페어링이란 보안을 위해 연결할 기기를 확인하는 과정이에요. 화면에서 HC-06을 눌러주세요. 누르면 비밀번호를 입력하라고 하는데 HC-06의 경우 0000 또는 1234가 기본 비밀번호로 되어있어요. 비밀번호를 입력해주세요. 페어링에 성공하면 등록된 디바이스에 HC-06이 표시된 것을 볼 수 있어요.

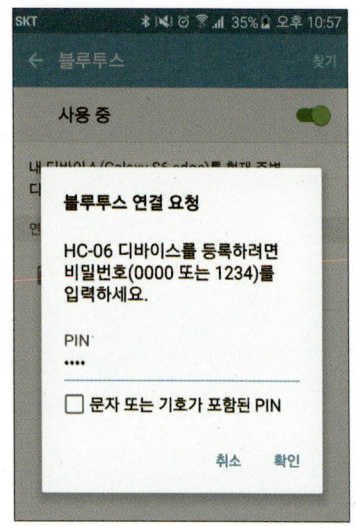 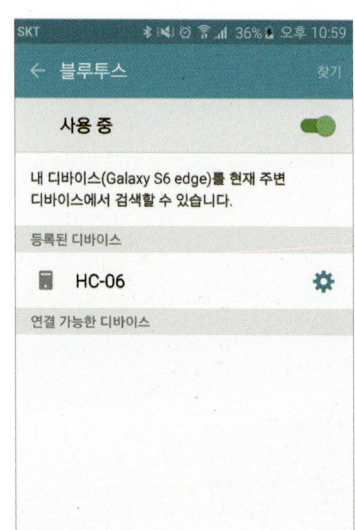

03 구글 플레이에서 Bluetooth spp tools pro(https://goo.gl/IiVavr)를 검색한 뒤 설치해주세요. 이 앱은 아두이노 IDE의 시리얼 모니터처럼 안드로이드 기기로 블루투스 통신을 할 때 글자나 데이터를 입력하거나 확인할 수 있게 해주는 앱이에요. 설치한 Bluetooth spp tools pro를 실행해주세요. 실행하면 주위에 연결 가능한 블루투스 기기가 검색돼요. 이 중 페어링했던 HC-06도 볼 수 있어요. 페어링한 HC-06을 선택해주세요.

 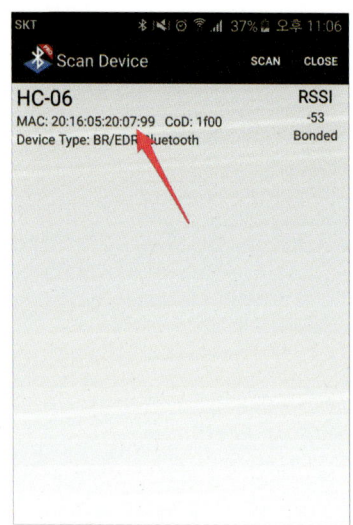

04 선택하면 다음과 같은 화면이 나타나요. [Connect] 버튼을 눌러주세요. 이 기기와 연결한다는 뜻이에요. 연결하면 깜빡이던 HC-06의 LED가 멈춘 것을 볼 수 있어요.

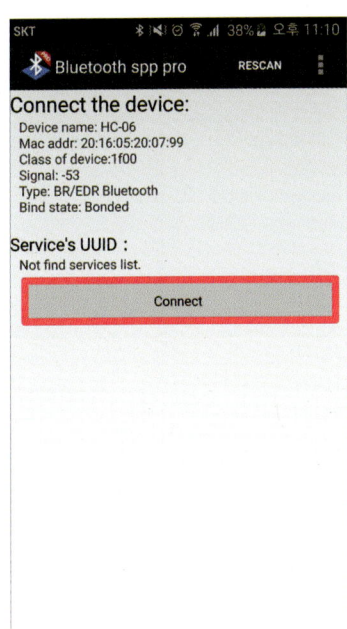 

05 성공적으로 연결되면 다음과 같은 화면이 나타나요. 여기서 "Byte stream mode"를 선택해주세요.

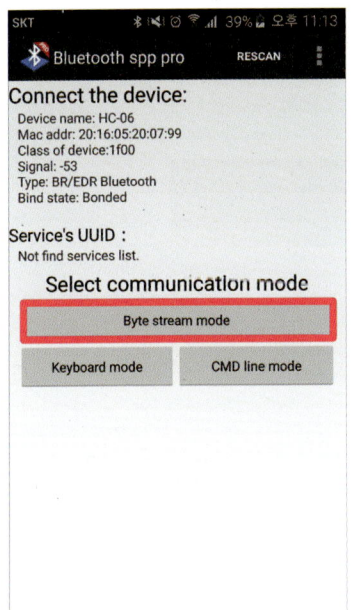

06 이제 통신할 준비가 다 됐어요. 먼저 안드로이드에서 아두이노로 글자를 보내볼께요. 아두이노 IDE의 시리얼 모니터를 띄운 상태에서 안드로이드 앱의 입력 창에 "Hello Arduino!"를 입력하고 전송을 눌러보세요. 그러면 시리얼 모니터에 똑같은 글자가 찍히는 것을 볼 수 있어요.

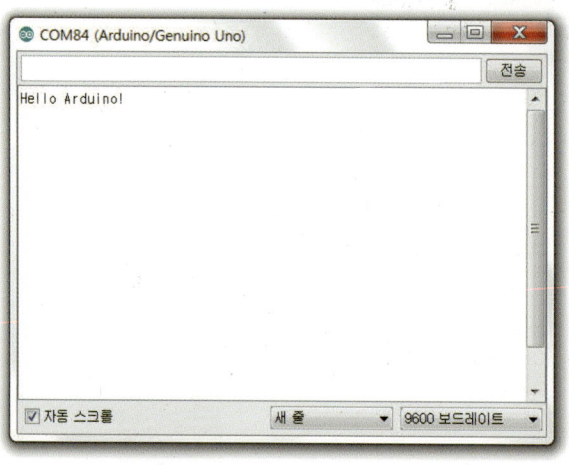

07 이번에는 반대로 아두이노에서 안드로이드로 글자를 보내볼께요. 아두이노 IDE의 시리얼 모니터에서 "Hello Android!"라고 입력한 뒤 전송을 눌러보세요. 그러면 안드로이드 앱에 똑같은 글자가 찍히는 것을 볼 수 있어요. 이와 같이 HC-06을 이용해 아두이노와 안드로이드로 통신을 할 수 있어요.

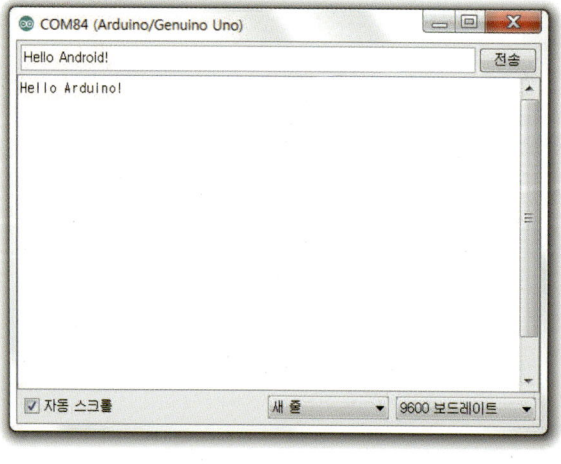

쉬어가는 페이지

HC-06 설정하기

블루투스 모듈을 사용하는 경우 HC-06을 많이 사용한다고 했어요. 그런데 만약 주위에 여러개의 HC-06이 있다면 그 중에 내가 쓰고 싶은 것을 어떻게 찾을까요? 이름이 다 HC-06이라면 찾기 힘들겠죠. 그리고 이름이 다르더라도 비밀번호가 항상 기본 비밀번호라면 누군가가 마음대로 내 HC-06과 페어링해 통신할 수도 있겠죠. 이런 것을 방지하기 위해 AT 명령어라는 것을 통해 HC-06의 이름과 비밀번호를 설정할 수 있어요. [회로도 9-1]처럼 연결하고 [코드 9-1]을 업로드한 뒤 시리얼 모니터에서 밑에 설정을 "line ending 없음"으로 바꿔주세요. 보드레이트도 9600으로 설정해주세요. 설정할 때는 꼭 다른 블루투스 기기와 연결되어 있으면 안돼요!

01 | HC-06 이름 바꾸기

시리얼 모니터에서 AT를 입력해보세요. 그럼 화면에 "OK"가 뜨는 것을 볼 수 있어요. 바로 HC-06을 설정할 준비가 됐다는 뜻이에요.

쉬 어 가 는 　페 이 지

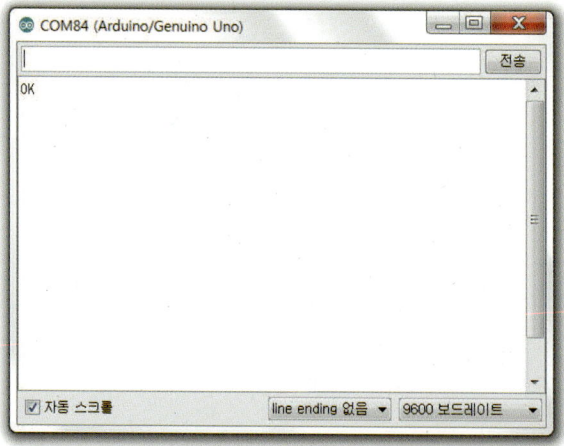

기본 이름이 HC-06인데 "Junhyuk Bluetooth"라고 바꿔볼께요. 시리얼 모니터 입력 창에 "AT+NAMEJunhyuk Bluetooth"라고 입력하고 전송을 눌러주세요. "OKsetname"이라고 뜨면 이름이 제대로 바뀐거에요. 이름을 바꾸고 싶을 때는 이와 같이 앞에 "AT+NAME"라고 적은 뒤에 띄지 말고 원하는 이름을 입력하면 돼요.

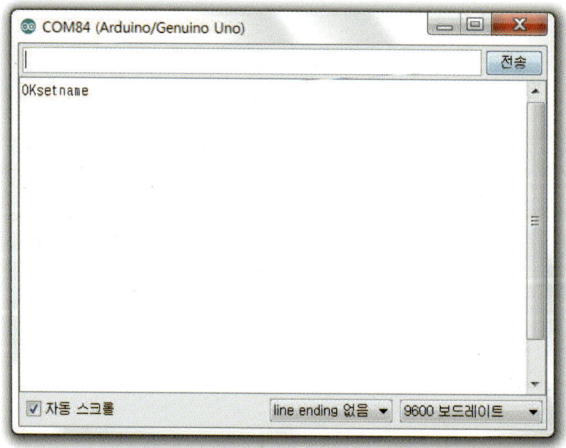

검색하면 HC-06의 이름이 바뀐 것을 볼 수 있어요.

02 | HC-06 비밀번호 바꾸기

기본 비밀번호가 0000 또는 1234인데 1130으로 바꿔볼께요. 시리얼 모니터 입력창에 "AT+PIN1130"이라고 입력하고 전송을 눌러주세요. "OKsetPIN"이라고 뜨면 비밀번호가 제대로 바뀐거에요. 비밀번호를 바꾸고 싶을 때는 이와 같이 앞에 "AT+PIN"이라고 적은 뒤에 띄지 말고 원하는 비밀번호 4자리를 입력하면 돼요.

PART

10

간편 앱 제조기, 앱 인벤터

이번 장에서는 안드로이드 앱을 쉽게 만들 수 있는 앱 인벤터에 대해 알아봅니다. 먼저 앱 인벤터로 만들 수 있는 앱을 살펴봅니다. 그리고 앱 인벤터를 사용하기 위한 준비 과정에 대해 알아봅니다. 마지막으로 앱 인벤터를 이용해 블루투스 통신을 하는 앱을 만들어봅니다.

앱 인벤터 소개하기

앱 인벤터는 안드로이드 앱을 쉽게 만들 수 있는 도구에요. 스크래치를 만든 MIT 미디어랩의 미첼 레즈닉 교수와 동료들이 만들었어요. 그러다보니 스크래치와 같이 블록을 이용해 쉽게 앱을 만들 수 있다는 특징을 가지고 있어요.

앱 인벤터는 크게 디자이너와 블록으로 나뉘어져요. 이 중 디자이너는 앱에 보여질 버튼이나 그림과 같은 도구의 위치와 속성을 설정하는 곳이에요. 그리고 앱에 필요한 기능을 추가할 수 있어요. 기능이나 도구를 추가하는 방법은 팔레트라고 적힌 부분에서 원하는 기능이나 도구를 드래그해 뷰어에 놓으면 돼요. 그리고 속성이라고 적힌 부분을 통해 원하는 값을 수정할 수 있어요.

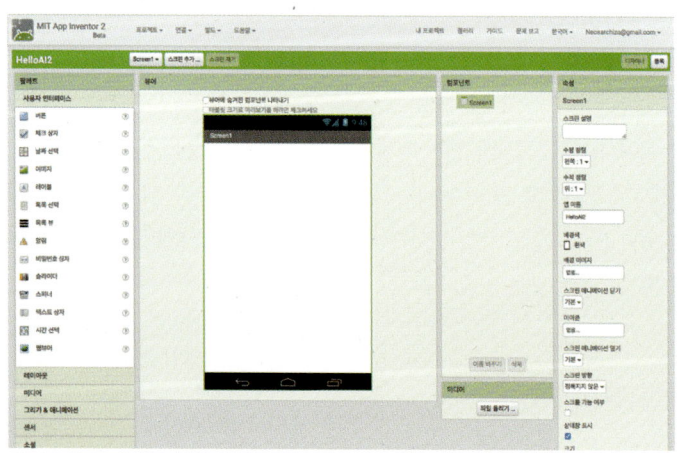

팔레트에 있는 도구의 종류는 다음과 같아요.

- 사용자 인터페이스
- 레이아웃
- 미디어
- 그리기 & 애니메이션
- 센서
- 소셜
- 저장소
- 연결
- LEGO MINDSTORMS
- 실험적

하나씩 살펴볼께요. 먼저 사용자 인터페이스를 보면 다음과 같은 것을 추가할 수 있어요. 일반적으로 앱에서 볼 수 있는 버튼이나 라벨 등이 여기에 있어요.

다음으로 레이아웃은 앱 화면에 도구를 배치할 때 사용해요. 도구들을 수평으로 정렬하고 싶거나 수직으로 정렬하고 싶을 때 여기 있는 도구들을 활용하면 돼요.

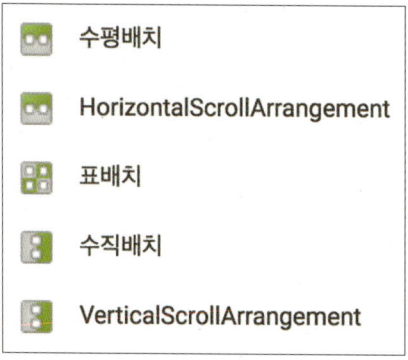

다음으로 미디어는 사진이나 동영상을 찍고 싶다거나 음악이나 동영상을 재생하고 싶을 때 사용해요. 음성을 인식해 글자로 바꾼다거나, 글자를 컴퓨터 목소리로 재생시키는 것도 할 수 있어요.

다음으로 그리기 & 애니메이션은 그림을 그릴 수 있는 캔버스와 애니메이션을 구현할 수 있는 공과 이미지 스프라이트를 사용할 수 있어요.

다음으로 센서는 안드로이드 기기의 센서를 제어하고 싶을 때 사용해요. 안드로이드 기기에 있는 가속도 센서, NFC, 방향센서, GPS 등을 사용할 수 있어요.

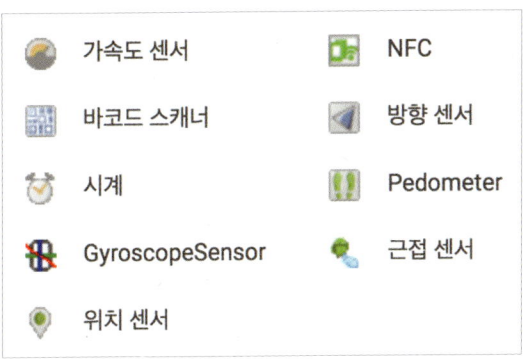

다음으로 소셜은 문자 메시지, 트위터, 공유하기와 같은 기능을 사용할 수 있어요. 연락처나 전화번호를 선택할 수도 있어요.

다음으로 저장소는 데이터를 저장할 때 사용해요. 저장소를 사용해 데이터를 파일이나 인터넷에 저장할 수 있어요.

다음으로 연결은 앱에서 다른 앱을 실행한다거나 블루투스와 인터넷 통신을 할 때 사용해요. 여기에 있는 블루투스 기능을 이용해 아두이노와 블루투스 통신하는 앱을 만들 수 있어요.

다음으로 LEGO MINDSTORMS은 레고 마인드스톰을 안드로이드로 제어할 때 사용해요.

마지막으로 실험적은 앱 인벤터에서 개발중인 도구들이 주로 있는 곳이에요. 현재는 FirebaseDB라는 것을 이 부분에서 추가해 사용해볼 수 있어요.

이번에는 블록에 대해 살펴볼께요. 디자이너에서 필요한 도구와 기능을 추가했다면, 블록에서는 이렇게 추가된 도구와 기능들을 이용해 프로그램을 만드는 곳이에요. 스크래치와 같이 블록을 이용해 프로그램을 만들 수 있어요.

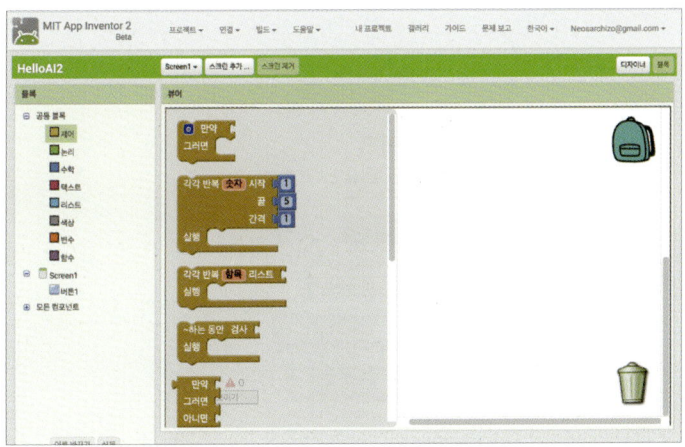

블록의 종류는 다음과 같아요.

- 제어
- 논리
- 수학
- 텍스트
- 리스트
- 색상
- 변수
- 함수

하나씩 살펴볼게요. 먼저 제어를 보면 다음과 같은 것이 있어요. 아두이노에서 봤던 조건문이나 반복문과 같은 블록이 있어요.

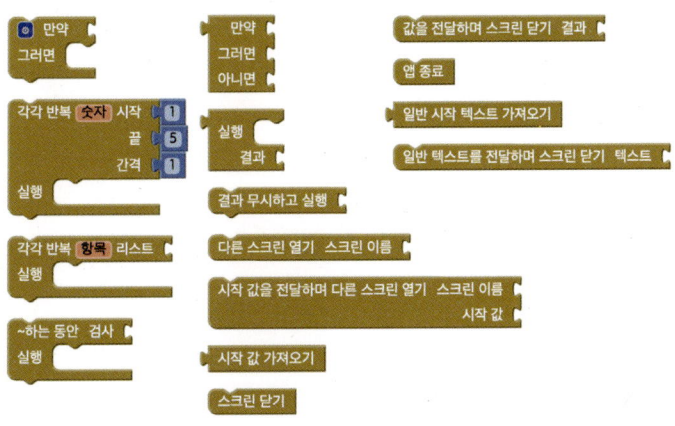

다음으로 논리는 조건문에 사용되는 블록들로 참 또는 거짓이거나 좌우를 비교하는 블록들이 있어요.

다음으로 수학은 수학 계산을 할 때 사용되는 블록들이에요. 더하기, 빼기, 곱하기, 나누기와 다양한 수학 관련 블록들이 있어요.

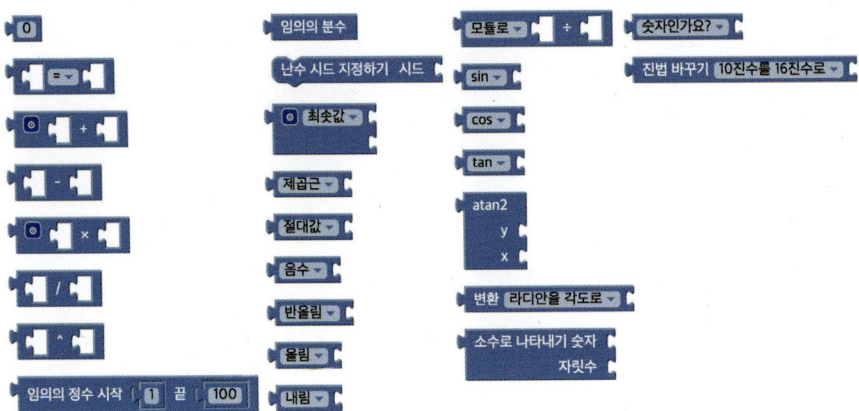

다음으로 텍스트는 글자와 관련된 블록들이에요. 글자들을 합치거나 나누거나 하는 블록들이 있어요.

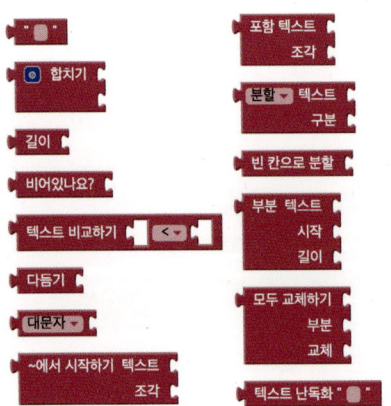

다음으로 리스트는 배열과 관련된 블록들이에요. 여기 있는 블록들을 이용해 배열을 만들거나 수정할 수 있어요.

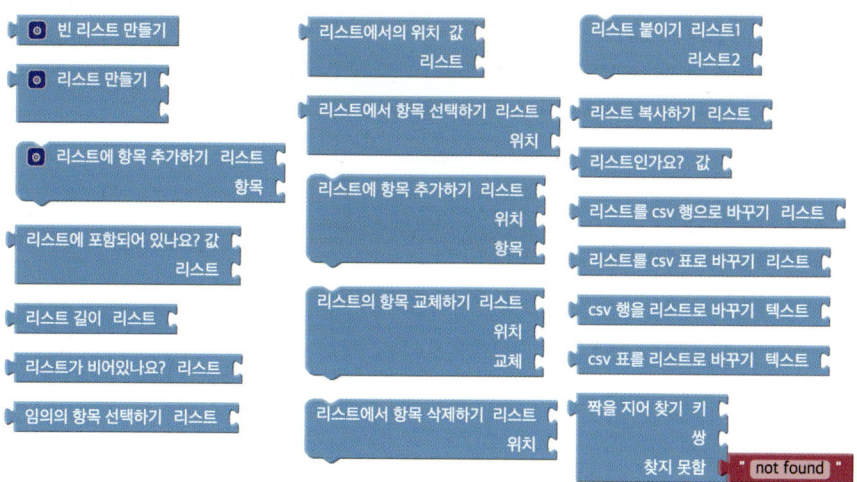

다음으로 색상은 색과 관련된 블록들이에요. 기본적으로 있는 색을 선택하거나 또는 원하는 값을 선택해 새로운 색을 만들 수 있어요.

다음으로 변수는 말 그대로 변수와 관련된 블록들이에요. 아두이노에서 사용한 것처럼 이 블록들을 이용해 변수를 선언해 사용할 수 있어요.

다음으로 함수도 이름과 같이 함수와 관련된 블록들이에요. 여기 있는 블록을 이용해 함수를 직접 만들어 사용할 수 있어요.

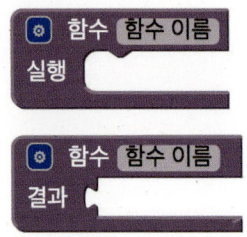

만약 디자이너에서 도구나 기능을 추가하면 기본 8개 블록 밑에 추가한 도구나 기능을 제어할 수 있는 블록이 표시돼요. 이 블록들을 이용해 도구와 기능에 대한 프로그램을 만들 수 있어요.

앱 인벤터 준비하기

이제 앱 인벤터를 시작해볼께요. 다음 순서대로 따라해주세요.

01 앱 인벤터를 하려면 구글 계정이 필요해요. 따라서 구글 계정이 없다면 만들어줘야해요. 구글 (https://www.google.com)로 이동한 뒤에 [로그인] 버튼을 눌러주세요. 화면이 바뀌고 아래를 보면 "계정 만들기"라고 표시가 돼요. 이 곳을 클릭하고 정보를 입력해 구글 계정을 만들어주세요.

02 구글 계정을 만들었다면 앱 인벤터에 접속해볼께요. 앱 인벤터 주소(http://ai2.appinventor.mit.edu)로 이동해주세요. 만약 구글 계정이 여러개라면 앱 인벤터 용도로 사용할 계정을 선택하라고 표시가 떠요. 원하는 사용자 계정을 선택하고 화면 아래 [허용] 버튼을 눌러주세요. 앱 인벤터는 구글 계정을 이용해 메일 주소를 사용하는데, 그 외 비밀번호나 개인정보는 사용하지 않으니 걱정하지 않아도 돼요.

03 앱 인벤터로 처음 들어가면 알림 창이 떠요. [Continue] 버튼을 눌러 닫아주세요.

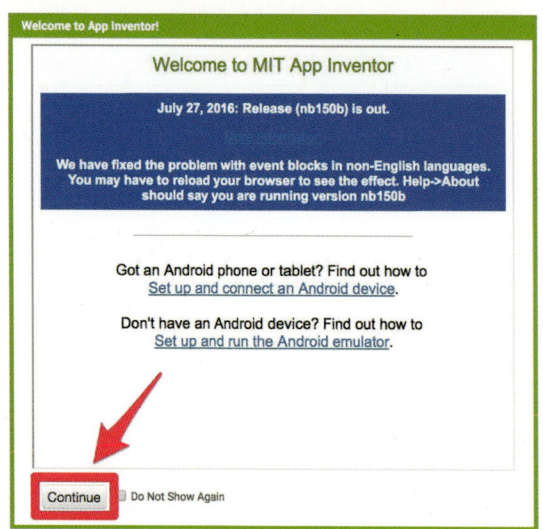

04 앱 인벤터의 기본 언어는 영어로 되어있어요. 사용하기 편하게 언어를 한국어로 바꿔볼께요. 우측 상단 메뉴에서 "English"라고 적힌 곳을 눌러주세요.

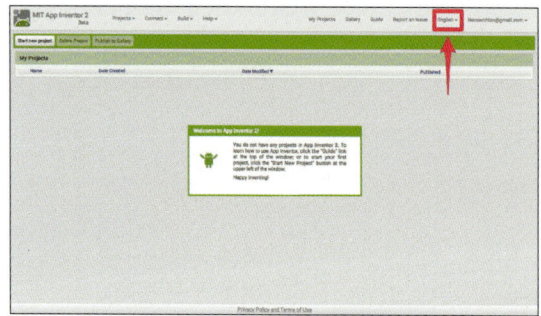

05 언어 메뉴가 표시되면 이 중에서 한국어를 선택해주세요. 선택하면 메뉴와 메시지가 다 한국어로 바뀐 것을 볼 수 있어요.

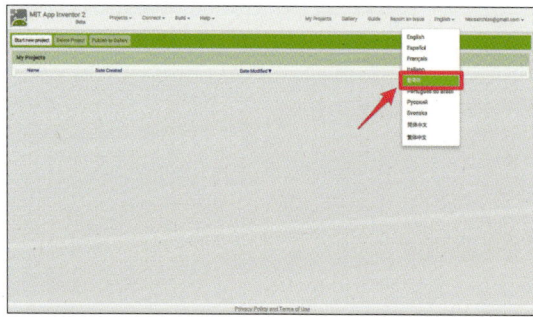 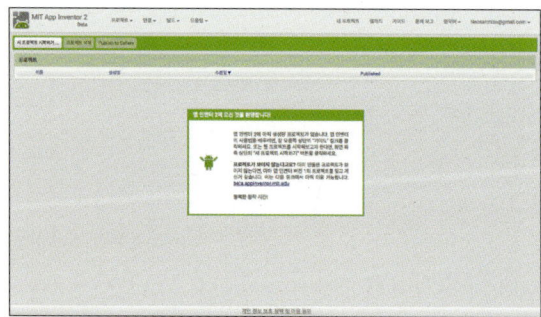

06 이제 새로운 프로젝트를 만들어서 스마트폰에 앱이 나타나도록 해볼께요. 새 프로젝트를 만들기 위해 [새 프로젝트 시작하기] 버튼을 눌러주세요.

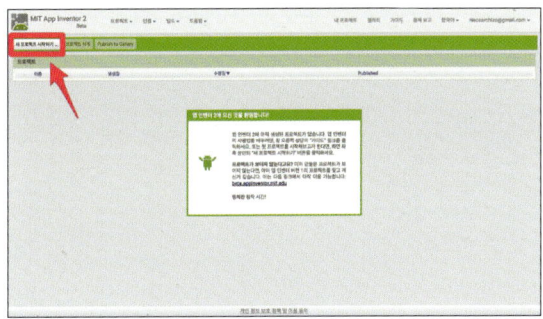

07 누르면 프로젝트 이름을 입력하는 창이 떠요. 프로젝트 이름은 공백 없이 영어와 숫자만 사용해 지을 수 있어요. 프로젝트 이름을 입력하고 확인을 눌러주세요. 저는 "HelloAndroid"라고 정했어요.

08 프로젝트가 만들어지면 디자이너 화면이 뜨는 것을 볼 수 있어요. 이 디자이너에서 원하는 도구와 기능을 앱에 추가하는 거에요.

09   이제 앱 인벤터와 연결할 안드로이드 기기를 설정해볼께요. PC에 앱 인벤터는 그대로 놔두세요. 구글 플레이에서 MIT AI2 Companion(https://goo.gl/pSwnEU)을 검색한 뒤 설치해주세요. 이 앱은 앱 인벤터와 안드로이드 기기를 연결해주는 앱이에요.

10   다시 PC에 앱 인벤터로 돌아와서 [연결]-[AI 컴패니언] 메뉴를 선택해주세요.

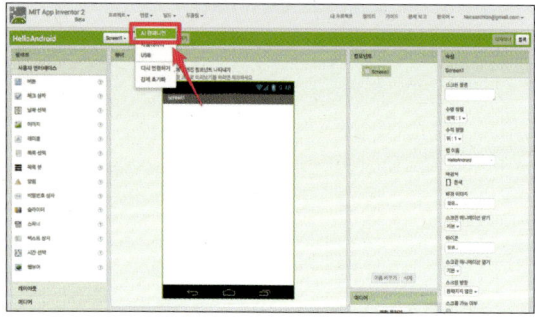

11 메뉴를 누르면 "컴패니언에 연결하기"라는 창이 떠요. 창을 보면 QR 코드와 6자리의 글자로 된 코드가 보이는데 이 코드를 이용해 앞에서 설치한 앱에서 앱 인벤터랑 연결할 수 있어요.

12 안드로이드 기기와 앱 인벤터를 연결하려면 같은 네트워크에 연결되어 있어야 해요. 예로 집에 공유기가 있다면 PC와 안드로이드 기기가 같은 공유기에 연결되어 있어야 하는 거에요. 연결되어 있다면 앱을 열어주세요.

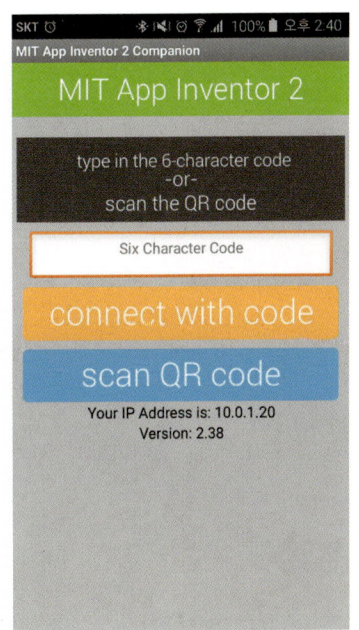

TIP 앱 인벤터와 연결하는 방법은 2가지가 있어요. 하나는 "Six Chracter Code"라고 적힌 곳에 앞에서 본 6자리 코드를 입력한 뒤 [connect with code] 버튼을 누르는거에요. 그리고 나머지 하나는 [scan QR code] 버튼을 눌러서 QR코드를 카메라로 촬영해 연결하는거에요. 편한 방법을 사용해주세요.

13 연결되면 앱 인벤터 뷰어에 있는 화면이 안드로이드 기기에 똑같이 나타나는 것을 볼 수 있어요.

14 연결이 된 상태라면 앱 인벤터에서 디자이너로 도구나 기능을 추가하거나 블록으로 프로그램을 만들면 실시간으로 앱도 바뀌는 것을 볼 수 있어요. 한번 디자이너의 팔레트에서 버튼을 드래그해 뷰어에 놓아보세요. 그럼 안드로이드 기기의 화면도 똑같이 바뀔거에요.

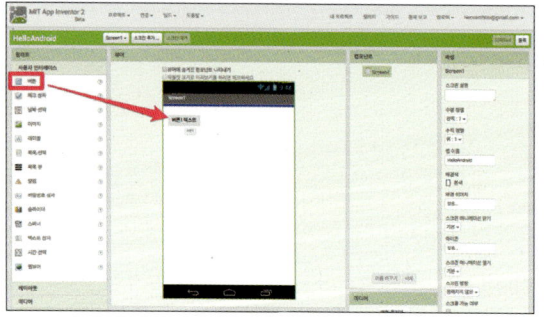

앱 인벤터로 블루투스 연결 앱 만들기

이번에는 앱 인벤터를 이용해 아두이노와 블루투스 통신하는 앱을 만들어 볼께요. 앱 인벤터를 열고 순서대로 따라해주세요. 혹시나 따라하는게 어렵거나, 미리 완성된 것을 보고 싶은 사람들은 BluetoothChat 페이지(http://goo.gl/acQyGM)로 이동해 바로 확인할 수 있어요.

01 [새 프로젝트 시작하기] 버튼을 눌러 새로운 프로젝트를 만들어주세요. 프로젝트 이름은 "BluetoothChat"이라고 할거에요.

02 [팔레트]-[레이아웃] 메뉴에서 수평배치를 뷰어에 드래그해 추가해주세요. 수평배치는 도구들을 수평으로 배치할 때 사용해요.

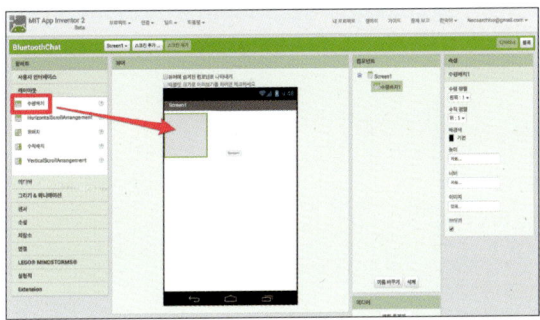

03 추가한 수평배치(수평배치1)의 너비 속성을 "부모에 맞추기"로 바꿔주세요. 수평배치1의 너비를 부모 크기에 맞춘다는 뜻이에요. 컴포넌트 부분을 보면 Screen1 안에 방금 추가한 수평배치1이 들어 있는 것을 볼 수 있어요. 바로 수평배치1이 Screen1 안에 있는 거고, Screen1이 수평배치1의 부모가 돼요. 따라서 부모 크기에 맞춘다는 것은 수평배치1의 너비를 Screen1의 너비와 같게 만든다는 뜻이에요. 확인을 누르면 수평배치1의 너비가 앱 화면 너비와 같아진 것을 볼 수 있어요.

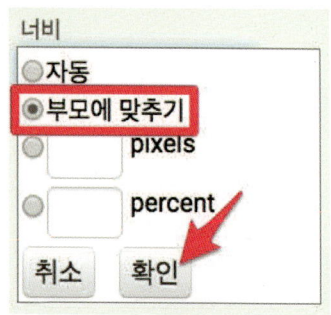 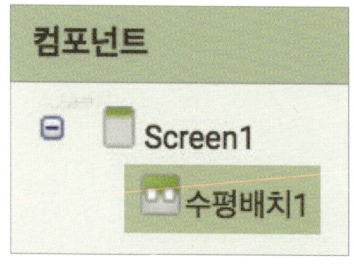 

04 [팔레트]-[사용자 인터페이스] 메뉴에서 목록 선택을 수평배치1 안에 드래그해 추가해주세요. 목록 선택은 여러 항목들 중에 원하는 것을 선택할 때 사용해요.

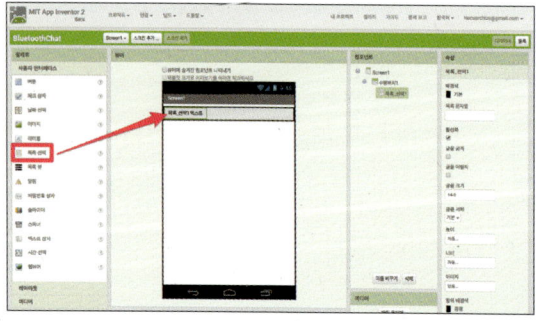

05   추가한 목록 선택(목록_선택1)의 이름을 바꿔볼께요. 컴포넌트 부분에서 목록_선택1을 선택하고 밑에 [이름 바꾸기] 버튼을 눌러주세요.

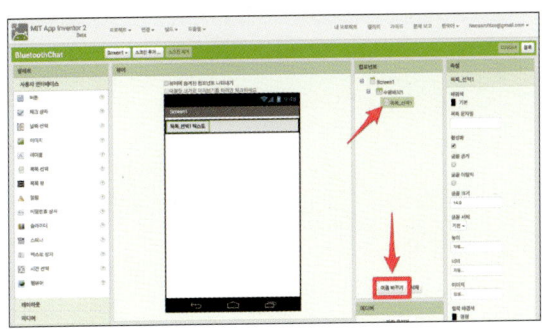

06   컴포넌트 이름 바꾸기 창이 뜨면 새 이름에 "목록_블루투스"를 입력하고 [확인] 버튼을 눌러주세요. 이렇게 이름을 바꿀 때 이름 안에 빈칸이 들어가면 안돼요. 확인을 누르면 이름이 바뀐 것을 볼 수 있어요. 이름을 바꾸는 이유는 나중에 블록에서 프로그램을 짤 때 쉽게 확인할 수 있게 하기 위해서에요.

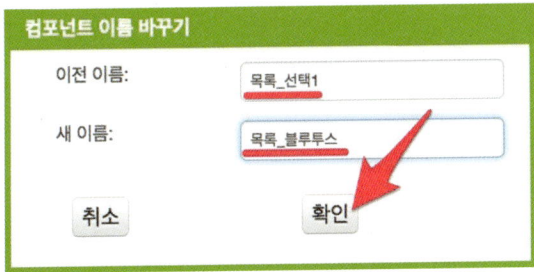 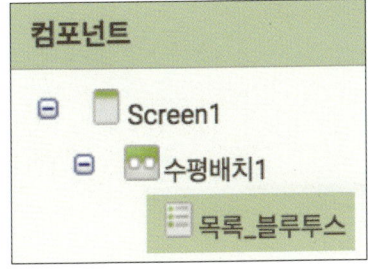

07   목록_블루투스의 텍스트 속성을 "연결하기"로 바꿔주세요.

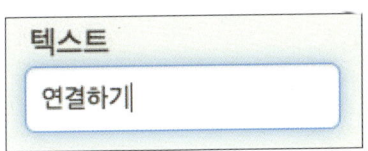

08 [팔레트]-[사용자 인터페이스] 메뉴에서 버튼을 수평배치1 안에 드래그해 추가해주세요.

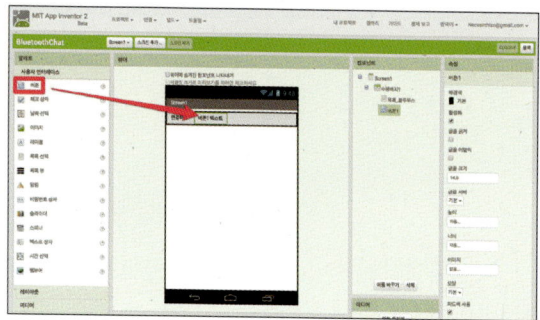

09 추가한 버튼(버튼1)의 이름을 "버튼_연결끊기"로 바꿔주세요. 그리고 텍스트 속성을 "연결끊기"로 바꿔주세요. [팔레트]-[레이아웃] 메뉴에서 수평배치를 뷰어에 드래그해 수평배치1 아래에 추가해 주세요.

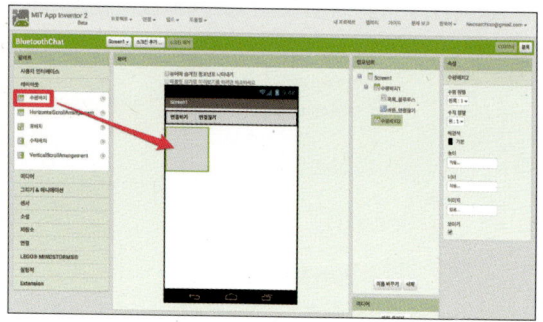

10 추가한 수평배치(수평배치2)의 너비 속성을 "부모에 맞추기"로 바꿔주세요. [팔레트]-[사용자 인터 페이스] 메뉴에서 텍스트 상자를 수평배치2 안에 드래그해 추가해주세요. 텍스트 상자는 사용자가 글자를 입력할 때 사용해요.

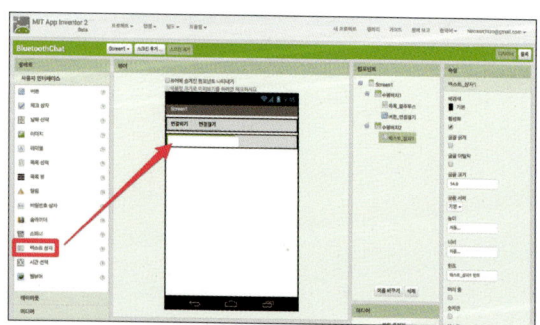

11 추가한 텍스트 상자(텍스트_상자1)의 이름을 "텍스트_상자_내용"으로 바꿔주세요. 그리고 힌트 속성을 "메시지를 입력하세요"로 바꿔주세요. 힌트 속성은 텍스트 상자에 아무것도 입력하지 않았을 때 사용자들에게 무엇을 입력해야 할지 알려주는 메시지에요. 마지막으로 너비 속성을 "부모에 맞추기"로 바꿔주세요. [팔레트]-[사용자 인터페이스] 메뉴에서 버튼을 수평배치2 안 텍스트_상자_내용 오른쪽에 오도록 드래그해 추가해주세요.

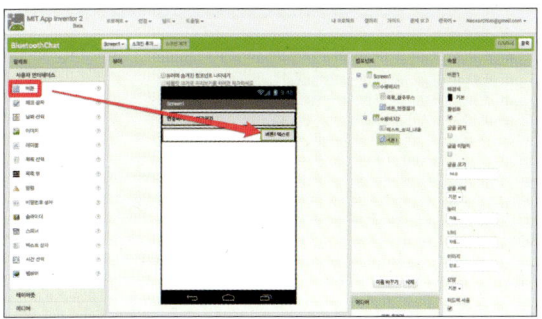

12 추가한 버튼(버튼1)의 이름을 "버튼_전송"으로 바꿔주세요. 그리고 텍스트 속성을 "전송"으로 바꿔주세요. [팔레트]-[사용자 인터페이스] 메뉴에서 레이블을 드래그해 수평배치2 아래에 추가해주세요. 레이블은 원하는 글자를 표시하고 싶을 때 사용해요.

13 추가한 레이블(레이블1)의 이름을 "레이블_표시"로 바꿔주세요. 그리고 텍스트 속성을 비워주세요. 마지막으로 너비 속성을 "부모에 맞추기"로 바꿔주세요. [팔레트]-[센서] 메뉴에서 시계를 뷰어 아무 곳에 드래그해 추가해주세요. 추가하면 뷰어 밑에 보이지 않는 컴포넌트 부분에 시계(시계1)가 추가된 것을 볼 수 있어요. 시계는 아두이노에서 loop 함수가 계속 반복하면서 코드가 실행되는 것처럼 특정 시간 간격마다 어떤 일을 반복시키고 싶을 때 사용해요. 여기서는 블루투스로 들어오는 값을 수시로 확인할 때 사용해요.

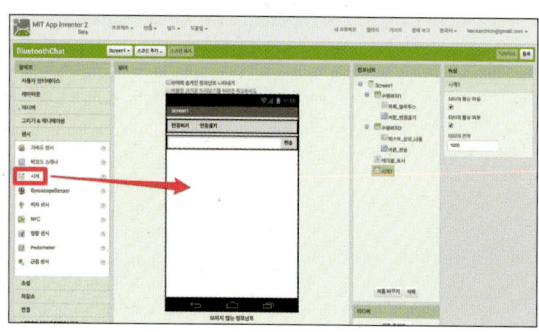
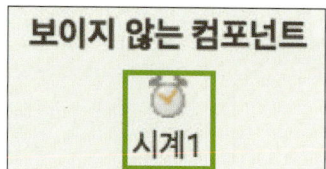

14 [팔레트]-[사용자 인터페이스] 메뉴에서 알림을 뷰어 아무 곳에 드래그해 추가해주세요. 알림은 말 그대로 앱에서 알림을 띄우고 싶을 때 사용해요. 추가하면 시계처럼 보이지 않는 컴포넌트 부분에 추가된 것을 볼 수 있어요.

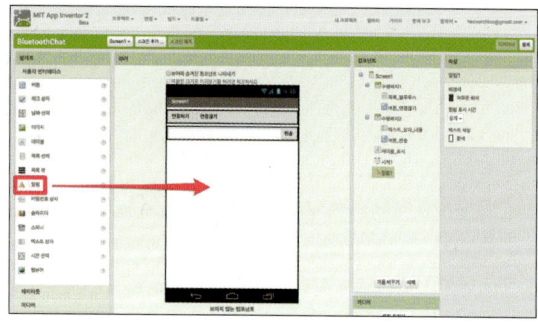

15 [팔레트]-[센서] 메뉴에서 블루투스 클라이언트를 뷰어 아무 곳에 드래그해 추가해주세요. 블루투스 클라이언트는 블루투스 통신을 할 때 사용해요. 그런데 블루투스 클라이언트 밑에 블루투스 서버도 보일 거에요. 앱을 실행하는 안드로이드 기기로 아두이노를 연결하려면 블루투스 클라이언트를 사용해요. 추가하면 보이지 않는 컴포넌트 부분에 추가된 것을 볼 수 있어요.

TIP 블루투스 클라이언트와 블루투스 서버의 차이점은 블루투스 통신을 할 때 연결을 시도하는 기기가 다르다는 거에요. 블루투스 클라이언트는 연결을 시도하는 기기가 앱이 실행되는 안드로이드 기기고, 블루투스 서버는 연결을 시도하는 기기가 앱이 실행되는 기기가 아닌 다른 기기에요.

16 버튼_연결끊기의 활성화 속성을 보면 체크박스가 되어 있어요. 체크박스를 해제해주세요. 버튼_연결끊기는 나중에 블루투스 기기와 연결이 되었을 때만 사용할거기 때문에 처음에는 사용 못하도록 활성화 체크박스를 해제해준거에요. 마찬가지로 버튼_전송과 시계1도 활성화를 해제해주세요.

TIP 활성화란 사용자가 사용할 수 있는 상태라는 뜻이에요. 만약 체크박스를 해제하면 사용자는 이 버튼을 사용할 수 없어요.

17 [공통 블록]-[함수] 메뉴에서 다음과 같이 생긴 블록을 드래그해 추가해주세요. 아두이노에서 함수를 만들어 사용했듯이 나만의 함수를 만들 때 사용해요.

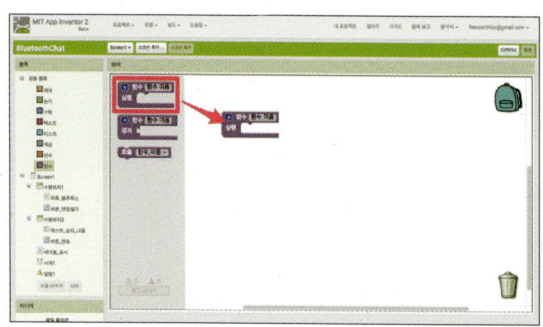

18 추가한 블록의 이름 부분을 클릭해 이름을 "출력"이라고 바꿔주세요. 레이블_표시에 글자를 표시할 때 사용할거예요. 아두이노에서 함수를 사용할 때 매개변수가 있었죠. 함수 블록에도 매개변수를 추가할 수 있어요. 함수 왼쪽에 기어 모양 아이콘을 클릭해주세요.

19 기어모양 아이콘을 누르면 다음 그림처럼 입력이란 블록이 보여요. 이 입력 블록을 드래그해 입력값 안쪽에 놓아주세요. 그럼 함수 옆에 매개변수가 추가돼요. 이와 같이 왼쪽에 기어 모양 아이콘이 있는 블록은 함수 블록처럼 블록을 수정할 수 있어요.

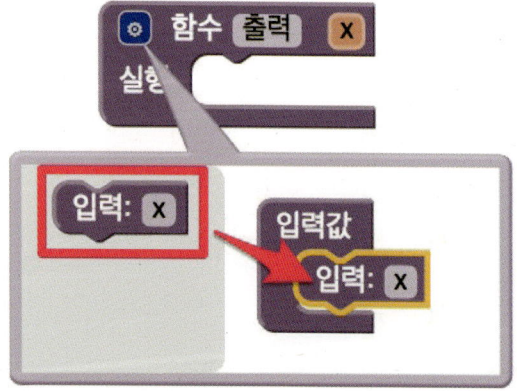

20 함수 이름을 바꾼 것 같이 입력 블록의 이름 부분을 클릭해 이름을 바꿀 수 있어요. 이름을 "내용"이라고 바꿔주세요. 그럼 만약 출력이란 함수에 매개변수를 넣으면 내용이란 이름으로 제어할 수 있어요.

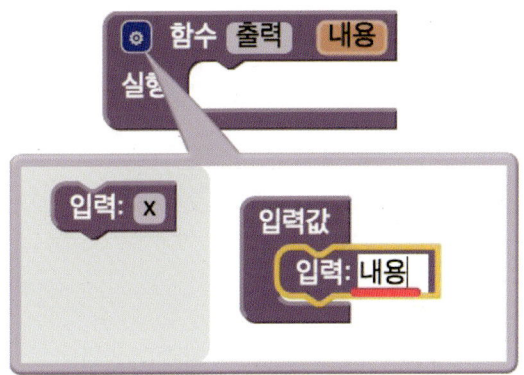

21 레이블_표시에서 다음과 같이 생긴 블록을 드래그해 출력 함수 블록 안에 넣어주세요. 도구나 기능 관련 블록은 공통 블록 밑에서 선택할 수 있어요. 이 블록은 레이블_표시의 텍스트 속성을 설정하는 블록이에요.

22 나머지 블록들을 찾아서 다음과 같이 조립해주세요.

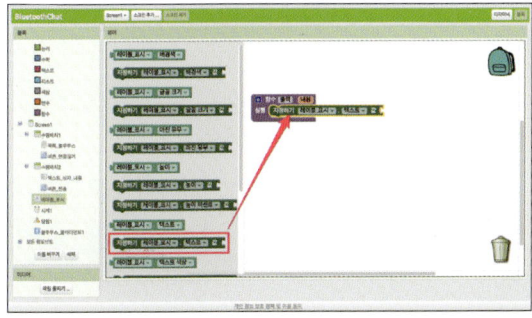

227

23 마우스 커서를 입력 블록인 내용 위에 올려놓으면 입력 블록과 관련된 블록들이 표시돼요. 여기서 가져오기 블록을 드래그해 다음과 같이 추가해주세요. 가져오기 블록은 입력 블록의 값을 가지고 와서 사용할 때 사용하고, 지정하기 블록은 입력 블록의 값을 바꿀 때 사용해요. 출력 함수 블록을 완성했어요. 출력 함수를 실행하면 매개변수인 내용의 값을 레이블_표시에 표시해요. 만약 표시된 글자가 있다면 새로운 글자가 그 밑에 표시돼요.

24 앱 인벤터는 블록을 이용해 쉽게 프로그램을 만들 수 있다는 장점이 있지만 블록을 사용한다는 게 단점이 되기도 해요. 바로 프로그램을 만들다 보면 화면을 가득 가릴 정도로 블록이 늘어나는 경우가 많기 때문이에요. 이런 경우를 위해 조립한 블록을 조그맣게 접을 수 있어요. 블록 위에서 우측 마우스 버튼을 누르면 다음과 같이 메뉴가 떠요. 여기서 "블록 접기"를 누르면 블록이 접혀요. 지금부터 블록 조립을 완성하면 이와 같이 블록을 접어주세요.

25 다음과 같이 블록을 조립해주세요.

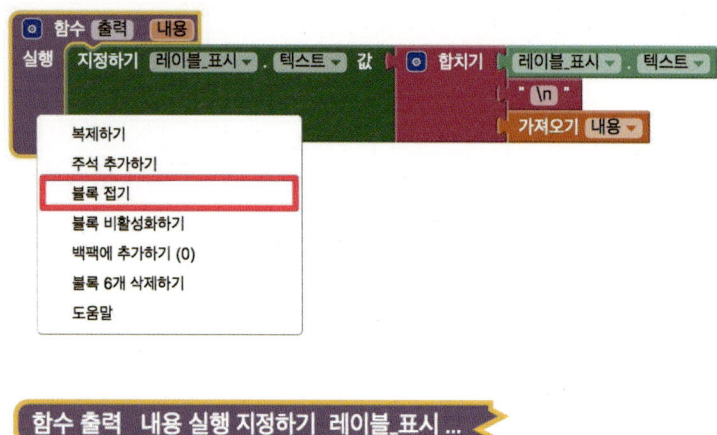

26 블록을 사용하는 경우 같은 블록을 여러 번 써야 하는 경우가 있어요. 이때 "복제하기"를 사용하면 편해요. 참, 거짓 매개변수 가져오기 블록의 위에 마우스 우측 버튼을 누르면 다음과 같이 메뉴가 떠요. 여기서 "복제하기"를 누르면 똑같은 블록이 복제돼요. 이걸 밑에 블록들에 끼워주세요. 이 연결됨 함수 블록은 블루투스 연결상태에 따라 버튼_전송, 목록_블루투스, 시계1, 버튼_연결끊기의 활성화를 설정해요.

27 다음과 같이 블록을 조립해주세요. 연결끊기 함수 블록을 실행하면 레이블_표시에 "연결이 끊겼습니다."가 찍히고, 블루투스 연결이 끊어져요. 그리고 매개변수에 거짓을 넣어 연결됨 함수를 실행해요.

28 다음과 같이 블록을 조립해주세요. 전송하기 블록을 실행하면 매개변수 메시지의 값이 블루투스 기기로 전송돼요.

29 다음과 같이 블록을 조립해주세요. 이 블록은 버튼_전송을 클릭했을 때 실행돼요. 버튼_전송을 클릭하면 텍스트_상자_내용에 있는 글자를 전송하기 함수를 이용해 블루투스 기기로 전송해요. 그리고 텍스트_상자_내용의 글자를 지워요.

30 다음과 같이 블록을 조립해주세요. 이 블록은 시계1이 활성화 되었을 때 반복적으로 실행되는 블록이에요. 디자이너에서 시계1의 타이머 간격을 보면 1000이 적혀있어요. 타이머 간격은 이 블록이 반복적으로 실행되는 간격을 뜻해요. 단위는 밀리초라서 이 블록은 1초마다 실행돼요. 만약 활성화 되어있지 않다면 실행되지 않아요. 이 블록이 실행되면 블루투스로 들어온 데이터가 있는지 없는지 확인하고 있다면 블루투스로 데이터를 받아서 받은 데이터를 테이블_표시에 표시해요.

31 다음과 같이 블록을 조립해주세요. 이 블록은 목록_블루투스를 클릭했을 때 실행되는 블록이에요. 이 블록을 실행하면 주위에 있는 블루투스 기기 목록을 가지고 와 목록_블루투스의 목록으로 설정해요. 그리고 만약 블루투스가 꺼져있다면 블루투스를 켜달라고 알림이 떠요. 이 블록이 실행되고 목록이 준비되면 앱에 목록이 표시돼요.

32 다음과 같이 블록을 조립해주세요. 이 블록은 목록_블루투스를 클릭하고 목록을 선택했을 때 실행되는 블록이에요. 이 블록이 실행되면 선택한 블루투스 기기의 주소와 함께 연결을 시도한다는 글자가 레이블_표시에 찍혀요. 그리고 블루투스 연결을 시도하는데 만약 성공하면 매개변수에 참을 넣어 연결됨 함수를 실행하고 레이블_표시에 연결됐다고 표시해요.

33 다음과 같이 블록을 조립해주세요. 이 블록은 버튼_전송을 클릭했을 때 실행돼요. 이 블록이 실행되면 블루투스 연결을 끊어요.

34 다음과 같이 블록을 조립해주세요. 이 블록은 앱에서 오류가 났을 때 실행돼요. 이 블록이 실행되면 오류에 대한 정보를 레이블_표시에 표시해요. 그리고 오류번호가 516이라면 다른 블루투스 기기 쪽에서 연결을 끊어서 오류가 발생하였기 때문에 상대방이 연결을 끊었다고 알림을 띄우고, 연결 끊기 함수를 실행해요. 그리고 오류번호가 507이라면 기기와 연결할 수 없어서 오류가 발생하였기 때문에 기기를 확인하라고 알림을 띄워요.

35 이제 다 완성했어요. 한번 앱을 실행해볼게요. 안드로이드 기기에서 MIT AI2 Companion를 실행해 앱 인벤터를 연결해주세요. 연결되면 아두이노와 블루투스 통신을 하기 위해 [연결하기] 버튼을 눌러주세요.

36 만약 안드로이드 기기에서 블루투스 기능을 켜지 않았다면 이와 같이 화면에 블루투스 기기 목록이 하나도 안 뜨고 다음과 같은 알림이 떠요. 이렇게 나오면 블루투스 기능을 켜고 뒤로 가서 다시 [연결하기] 버튼을 눌러주세요.

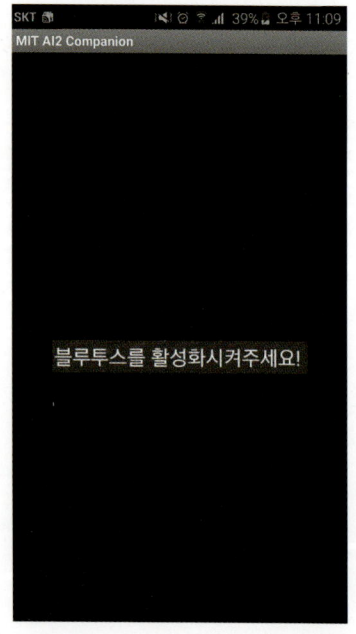

37 블루투스 기능을 켠 상태에서 다시 들어오면 블루투스 기기 목록이 뜨는 것을 볼 수 있어요. 목록에서 아두이노에 해당되는 블루투스를 선택해주세요.

38 연결되면 화면에 연결됐다는 메시지가 떠요. 이 상태에서 아두이노로 메시지를 보내볼께요. 입력창에 "Hello Arduino!"라고 입력하고 [전송] 버튼을 눌러주세요. 그러면 아두이노에 글자가 찍히는 것을 볼 수 있어요.

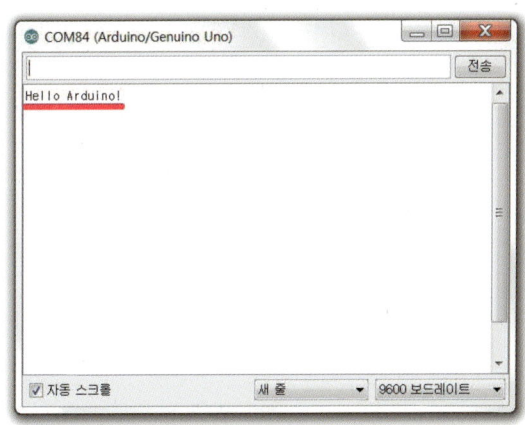

39 이번에는 아두이노에서 안드로이드 기기로 메시지를 보내볼께요. 입력 창에서 "Hello App Inventor!"라고 입력하고 [전송] 버튼을 눌러주세요. 그러면 앱에서 아두이노가 보낸 메시지가 뜨는 것을 볼 수 있어요.

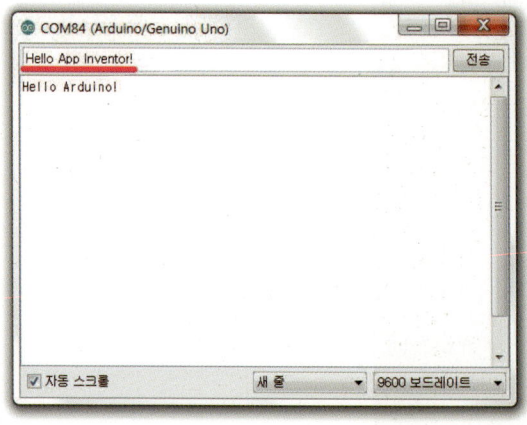

> **TIP** 매번 안드로이드 기기를 앱 인벤터에 연결해 앱을 실행하는게 불편하죠? 다른 앱처럼 여러분이 만든 앱을 설치할 수 있어요. 앱 인벤터의 [빌드]-[앱 (.apk 용 QR 코드 제공)] 메뉴를 누르면 QR코드를 이용해 앱을 설치할 수 있고, [빌드]-[앱 (.apk를 내 컴퓨터에 저장하기)] 메뉴를 누르면 앱 설치 파일인 APK를 다운로드할 수 있어요.

쉬 어 가 는 페 이 지

블루노 : 블루투스를 품은 아두이노

전에 저전력 블루투스인 블루투스 SMART(블루투스 4.0)에 대해 소개했어요. 최근 사물인터넷과 관련해 많은 곳에서 블루투스 SMART를 사용해요. 피트니스, 웨어러블, 헬스케어등 다양한 분야의 기기에서 블루투스 SMART를 볼 수 있죠. 우리가 앱 인벤터와 연결하기 위해 사용한 블루투스는 블루투스 SMART가 아니에요. 블루투스 클래식이라고 부르는 기존 블루투스죠. 그렇다면 아두이노로 블루투스 SMART를 개발하고 싶을때 어떻게 해야할까요? 블루투스 SMART가 안에 포함되어있는 블루노라는 제품을 추천해요. 블루노는 중국 업체인 DFRobot이 만든 제품이에요.

이름이 아두이노 UNO와 비슷하듯이 생긴 것도 아두이노 UNO랑 거의 똑같이 생겼어요. 아두이노 호환보드기 때문에 생김새뿐만 아니라 사용법도 아두이노 UNO와 같아요. 또한 블루투스 SMART를 통해 통신을 하고 싶다면 그냥 Serial 라이브러리를 사용하면 돼요.

쉬 어 가 는 페 이 지

재미있는 건 블루노의 종류가 다양하단거에요. 아두이노 UNO를 닮은 것뿐만 아니라 아두이노 MEGA와 아두이노 NANO를 닮은 블루노 MEGA와 블루노 NANO도 있어요. 뿐만 아니라 SD카드 크기 만한 블루노 Beetle이란 모델도 있어요.

ICT DIY 포럼 유튜브 페이지(https://goo.gl/jf0NM0)에 가면 제가 찍은 블루노 강좌를 볼 수 있어요. 만약 블루투스 클래식이 아닌 블루투스 SMART를 아두이노를 이용해 개발하고 싶다면 꼭 블루노를 한번 써보세요.

PART

11

출동, 아두이노 RC카!

이번 장에서는 안드로이드 앱으로 움직일 수 있는 RC카를 아두이노를 이용해 만들어봅니다. 먼저 RC카를 조립하고 아두이노 회로 연결을 해봅니다. 그리고 RC카에 필요한 아두이노 스케치를 작성합니다. 마지막으로 RC카를 조종하기 위한 안드로이드 앱을 앱 인벤터를 이용해 만들어봅니다.

RC카 조립하기

준비물

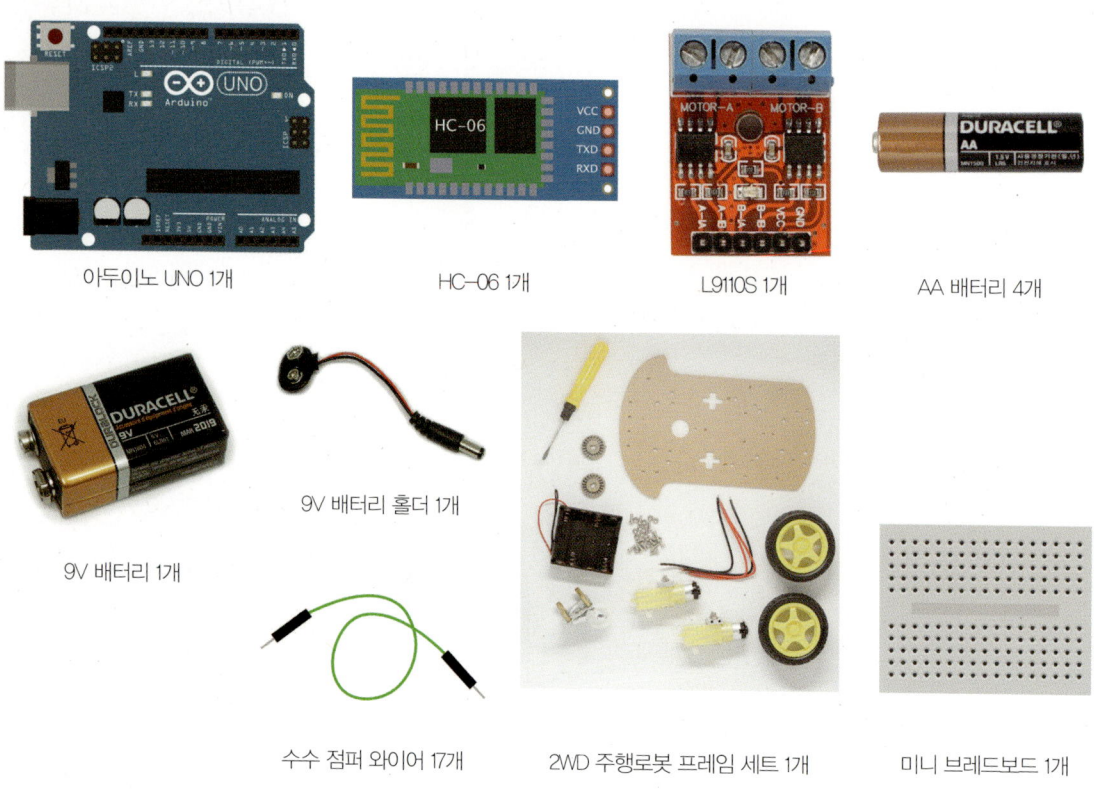

이번에는 아두이노를 이용해 안드로이드 기기로 조종할 수 있는 RC카를 만들어 볼거에요. 먼저 아두이노와 2WD 주행로봇 프레임 세트를 이용해 RC카를 조립할거에요. 그리고 블루투스로 조종하기 위해 필요한 RC카 라이브러리를 아두이노에 업로드할거에요. 마지막으로 앱 인벤터로 조종 앱을 만들어서 아두이노 RC카를 연결해 조종해볼거에요.

아두이노 RC카를 만들려면 2WD 주행로봇 프레임 세트가 필요해요. 이 세트는 이번 시간 필요한 부품들을 하나로 모아놓은거에요. 알리익스프레스나 디바이스마트(http://goo.gl/BsOhCT)에서 살 수 있어요. 간혹 사용하는 프레임의 나사 구멍 위치나 모양이 책에서 사용하는 것과 다를 수도 있어요. 그럴 때는 적당히 비슷하게 조립하면 돼요.

이번 시간 또 필요한 것이 L9110S라는 모터 드라이버에요. 모터 드라이버는 모터의 속도와 회전 방향을 제어할 수 있는 부품이에요. 알리익스프레스에서 살 수 있어요. L9110S는 모터 2개를 제어할 수 있어요. 따라서 2채널 모터 드라이버라고 해요. 모터를 연결할 때는 파란색 부분에 연결해요. 한쪽이 A모터, 한쪽이 B모터에요. 그리고 밑에 A모터를 제어하는 핀 A-IA, A-IB, B모터를 제어하는 핀 B-IA, B-IB가 있어요. 여기서 IA라고 적힌 핀은 해당 모터의 회전 방향을 설정해요. 시계방향으로 할지 반시계 방향으로 할지 설정할 수 있어요. 그리고 IB라고 적힌 핀은 해당 모터의 회전 속도를 설정해요. 멈추거나 아니면 가장 빠른 속도로 돌아가도록 설정할 수 있어요. 모터 드라이버마다 특성이 다른데, L9110S는 일반 DC 모터를 사용하는 경우에는 6V 이하의 전압을 연결해줘야 해요. 그 이상의 전압을 연결하면 과전류 때문에 부품이 탈 수 있어요. 이번 시간 1.5V AA 배터리 4개를 사용하는 이유도 4개로 6V를 만들어 모터 드라이버에 전원을 주기 때문이에요.

이제 준비한 재료를 이용해 RC카를 조립해볼께요. 그림을 보며 하나씩 따라 연결해주세요.

01 아크릴로 된 프레임을 보면 대게 갈색 종이가 붙여져 있어요. 이 갈색 종이를 벗겨주세요.

02 부품 중에 다음과 같이 생긴 방향이 돌아가는 바퀴가 있어요. 이 바퀴를 프레임 앞 부분에 나사로 고정해주세요.

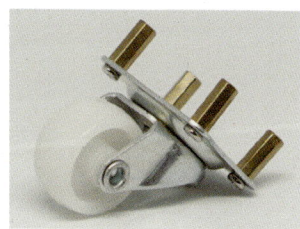 

03 부품 중에 DC모터가 끼워져 있는 기어박스 2개가 있어요. 이 DC모터에 점퍼 와이어를 납땜해주세요. 조립할 때 구분하기 쉽게 4개 선 모두 서로 다른 색으로 납땜해주세요.

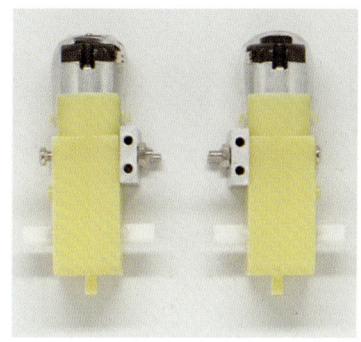 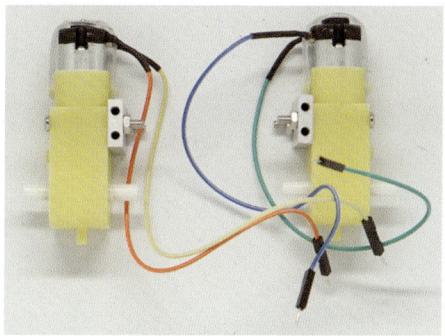

04 기어박스 2개를 나사를 이용해 프레임에 고정해주세요. 방향을 잘 보고 조립해주세요.

 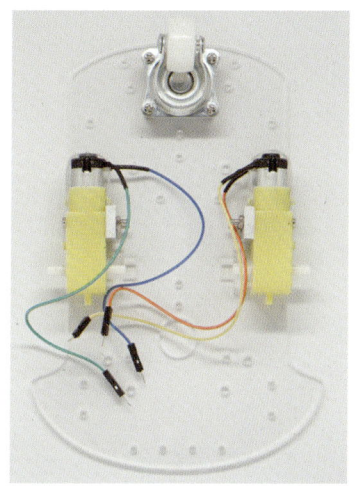

05 부품 중에 AA 배터리 x 4 홀더가 있어요. 이 배터리 홀더에 점퍼 와이어를 납땜해주세요.

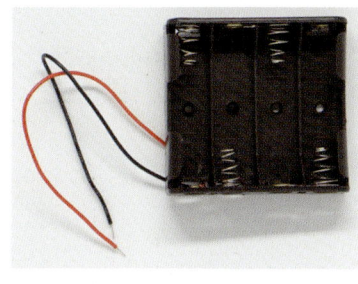 

06 배터리 홀더를 볼트와 너트로 프레임에 고정해주세요.

07 작은 볼트 2개, 긴 볼트 2개, 긴 너트 2개를 준비해주세요. 아두이노 보드를 프레임에 고정하기 위해 필요해요.

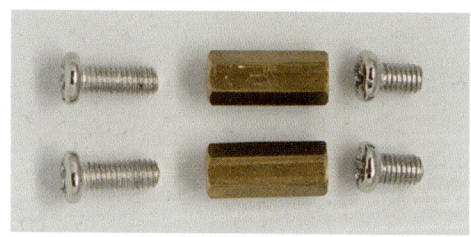

08 작은 볼트 2개와 긴 너트 2개를 아두이노 보드 구멍을 통해 다음과 같이 조여주세요.

09 아두이노 보드를 긴 볼트 2개를 이용해 프레임에 고정해주세요.

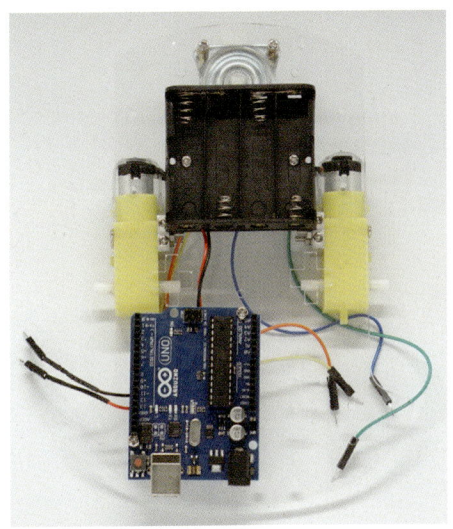 

10 미니 브레드보드 밑면을 보면 양면 테이프가 붙여져 있어요. 양면 테이프를 벗겨 프레임 위에 붙여
주세요.

11 DC 모터에 연결된 점퍼 와이어를 십자가 모양으로 생긴 구멍을 통해 위로 빼주세요. 그리고 기어박스에 바퀴를 끼워주세요.

회로도 11-1 출동, 아두이노 RC카(http://goo.gl/L8GlRb)

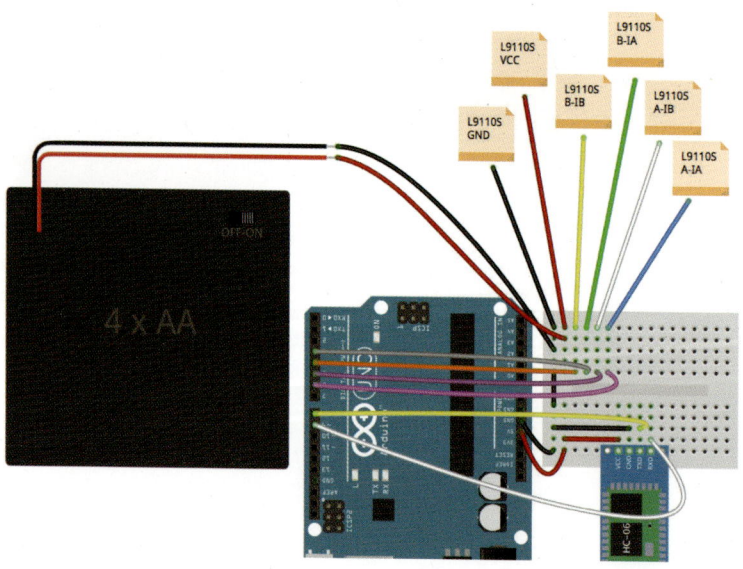

12 배터리 홀더 플러스와 마이너스를 다음과 같은 구멍에 끼워주세요.

13 아두이노 보드 전원 핀과 그라운드 핀을 다음과 같은 구멍에 끼워주세요. 외부 전원과 전기가 통하게 하기 위해 점퍼 와이어로 아두이노 보드의 그라운드 핀과 배터리 홀더 마이너스를 연결해주세요.

14 블루투스 모듈을 다음과 같이 꽂아주세요. 블루투스 모듈의 그라운드 핀을 아두이노 보드 그라운드 핀에, 블루투스 모듈의 전원 핀을 아두이노 보드 전원 핀에 연결해주세요. 블루투스 모듈의 TXD를 아두이노 보드 8번 핀에, 블루투스 모듈의 RXD를 아두이노 보드 9번 핀에 연결해주세요.

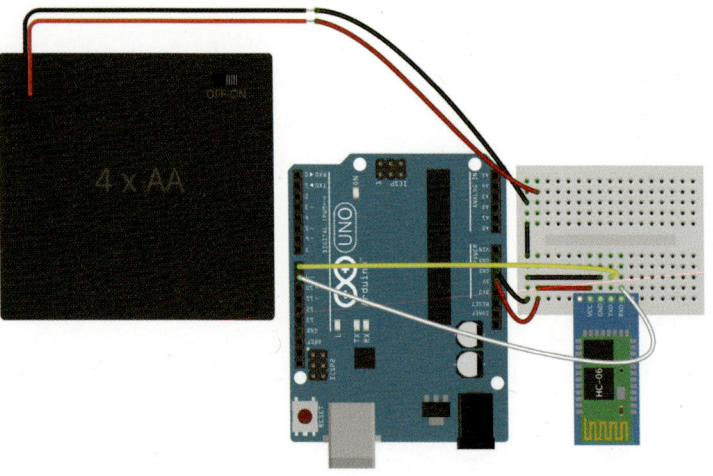

15 모터의 점퍼 와이어를 L9110S에 끼워주세요. MOTOR-A의 왼쪽에 왼쪽 바퀴 위 점퍼 와이어(주황), 오른쪽에 왼쪽 바퀴 아래 점퍼 와이어(노랑)를 끼워주세요. MOTOR-B의 왼쪽에 오른쪽 바퀴 아래 점퍼 와이어(초록), 오른쪽에 오른쪽 바퀴 위 점퍼 와이어(파랑)를 끼워주세요.

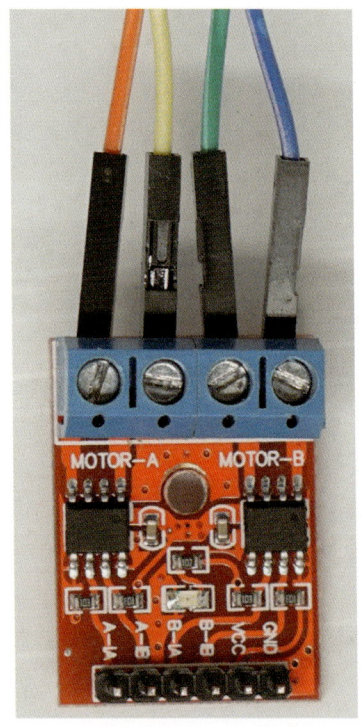

16 L9110S를 다음과 같이 미니 브레드보드에 뒤집어서 끼워주세요.

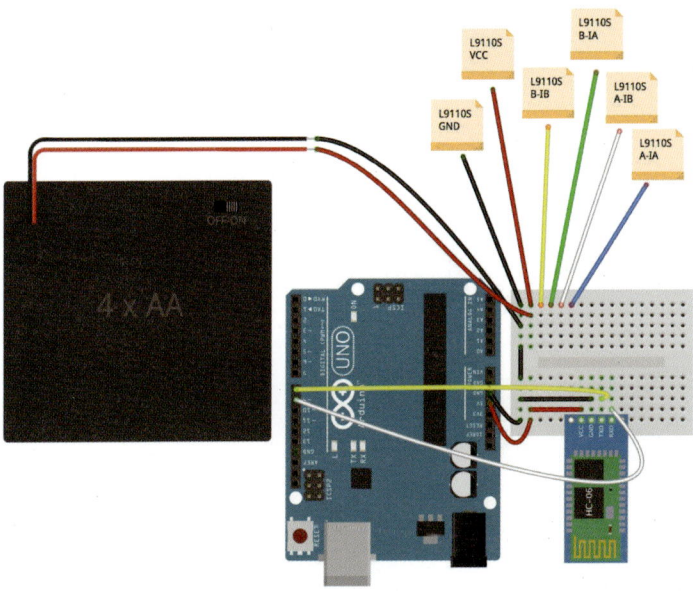

17 L9110S의 B-IB를 4번 핀에, B-IA를 3번 핀에, A-IB를 5번 핀에, A-IA를 6번 핀에 연결해주세요.

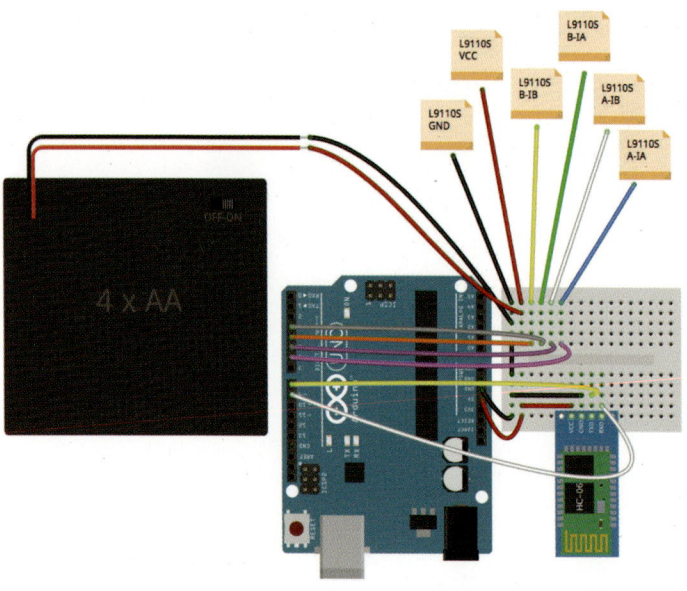

18 완성된 모습이에요!

아두이노 코드 작성하기

아두이노 코드는 여러분이 RC카를 쉽게 제어할 수 있도록 제가 만든 라이브러리를 사용할거에요. 다음 순서에 따라 라이브러리를 설치해주세요.

01 설치할 라이브러리 이름은 MagicRC(http://bit.ly/2bb3opD)에요. MagicRC 라이브러리를 다운로드해주세요. 다운로드한 파일의 압축을 풀면 [MagicRC-master]라는 폴더가 생겨요. 폴더 명을 [MagicRC]로 바꿔주세요.

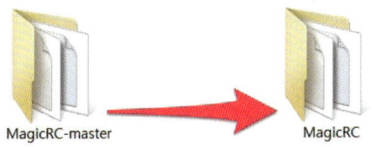

02 [MagicRC] 폴더를 아두이노 라이브러리 폴더 안에 복사해주세요. 윈도우의 경우 [내 문서]-[Arduino]-[libraries], 맥의 경우 [도큐멘트]-[Arduino]-[libraries]가 아두이노 라이브러리 폴더에요.

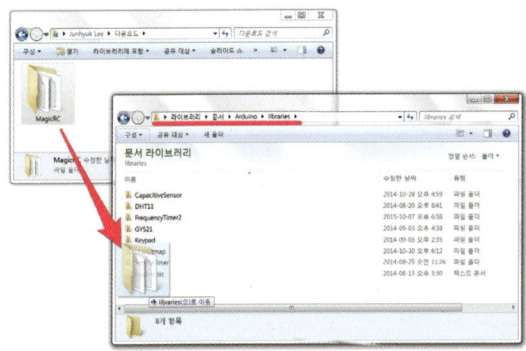

03 아두이노 IDE를 껐다 켜고 [스케치]-[라이브러리 포함하기] 메뉴를 보면 Contributed 라이브러리 부분에 MagicRC 라이브러리가 추가된 것을 볼 수 있어요.

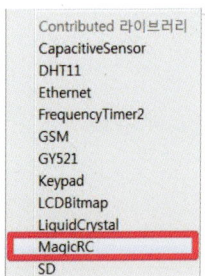

스케치는 [코드 11-1]과 같이 작성해주세요.

코드 11-1 출동, 아두이노 RC카!(https://goo.gl/8ssCSc)

```
1   #include <SoftwareSerial.h>
2   #include <MagicRC.h>
3
4   MagicRC myRC(8, 9, 3, 4, 5, 6);
5
6   void setup() {
7     myRC.begin(9600);
8   }
9
10  void loop() {
11    myRC.run();
12  }
```

이번 스케치는 예제를 그대로 사용해요. [파일]-[예제]-[MagicRC]-[RemoteControl] 메뉴를 선택해주세요.

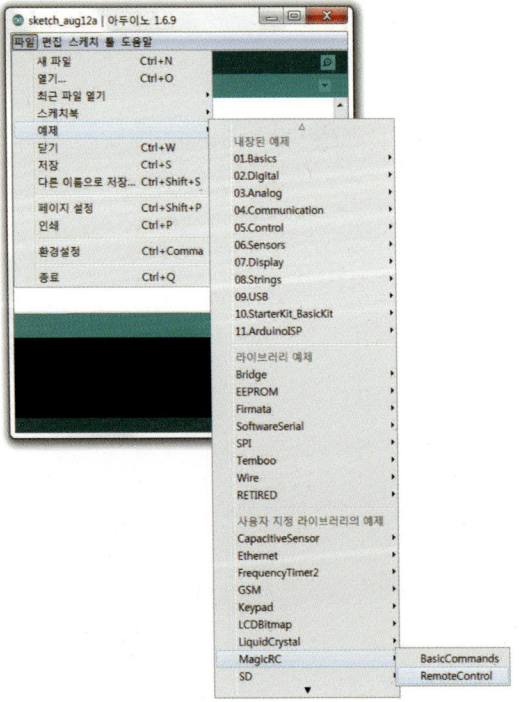

스케치는 간단하게 되어있어요. 4번 줄을 보면 MagicRC 라이브러리 변수를 초기화해요. MagicRC 라이브러리 변수는 블루투스 통신을 하기 위한 RX, TX에 대한 핀 번호 2개, L9110S를 제어할 핀 번호 4개를 매개변수로 받아요. 앞에서 조립한 아두이노 보드에 연결한 핀 번호에 맞춰 매개변수가 적혀져 있어요.

함수설명

MagicRC()
MagicRC 라이브러리를 초기화하는 함수입니다.

구조
MagicRC(RX, TX, B-IA, B-IB, A-IB, A-IA)

매개변수
RX : RX로 사용할 아두이노 보드의 핀 번호
TX : TX로 사용할 아두이노 보드의 핀 번호
B-IA : B모터의 회전 방향을 제어할 아두이노 보드의 핀 번호
B-IB : B모터의 속도를 제어할 아두이노 보드의 핀 번호
A-IB : A모터의 속도를 제어할 아두이노 보드의 핀 번호
A-IA : A모터의 회전 방향을 제어할 아두이노 보드의 핀 번호

반환 값
없음

사용 예
MagicRC myRC(8, 9, 3, 4, 5, 6);
// 8번 핀을 RX로, 9번 핀을 TX로 설정합니다.
// 3, 4, 5, 6번 핀들을 순서대로, B-IA, B-IB, A-IB, A-IA로 설정합니다.

7번 줄에서 MagicRC.begin 명령어를 사용해요. MagicRC 라이브러리는 안에서 SoftwareSerial 라이브러리를 사용하기 때문에 MagicRC.begin 명령어를 실행하면 SoftwareSerial.begin 명령어를 실행해요. 마지막으로 11번 줄을 보면 MagicRC.run 명령어를 사용해요. [코드 11-2]를 보면 MagicRC.run 명령어가 어떻게 이루어져 있는지 알 수 있어요. 여기서 5 ~ 53번 줄만 보면 돼요. 블루투스로 데이터가 들어오면 한 바이트를 읽은 다음에 어떤 글자인지 확인하고 어떻게 움직이라고 적혀있어요. 대문자 S면 MagicRC.stop 명령어를 실행해 RC카를 멈춰요. 대문자 F면 MagicRC.forward 명령어를 실행해 RC카를 앞으로 움직여요. 대문자 B면 MagicRC.backward 명령어를 실행해 RC카를 뒤로 움직여요. 대문자 L이면 MagicRC.turnLeft 명령어를 실행해 RC카를 왼쪽으로 회전시켜요. 대문자 R이면 MagicRC.turnRight 명령어를 실행해 RC카를 오른쪽으로 회전시켜요. 만약 숫자 0 ~ 9 또는 소문자 q가 들어

오면 MagicRC.setSpeed 명령어를 실행해 RC카의 속도를 설정해요. 다 작성했다면 스케치를 업로드 해주세요.

코드 11-2 MagicRC.run

```cpp
void MagicRC::run() {
  if (btSerial->available()) {
    char c = btSerial->read();

    switch (c) {
      case 'S':
        stop();
        break;
      case 'F':
        forward();
        break;
      case 'B':
        backward();
        break;
      case 'L':
        turnLeft();
        break;
      case 'R':
        turnRight();
        break;
      case '0':
        setSpeed(0);
        break;
      case '1':
        setSpeed(25);
        break;
      case '2':
        setSpeed(50);
        break;
      case '3':
        setSpeed(75);
        break;
```

```
33              case '4':
34                setSpeed(100);
35                break;
36              case '5':
37                setSpeed(125);
38                break;
39              case '6':
40                setSpeed(150);
41                break;
42              case '7':
43                setSpeed(175);
44                break;
45              case '8':
46                setSpeed(200);
47                break;
48              case '9':
49                setSpeed(225);
50                break;
51              case 'q':
52                setSpeed(255);
53                break;
54
55          }
56        }
57    }
```

RC카 조종 앱 만들기

이번에는 앱 인벤터를 이용해 RC카 조종 앱을 만들어 볼께요. 앱 인벤터를 열고 순서대로 따라해주세요. 혹시나 따라하는게 어렵거나, 미리 완성된 것을 보고 싶은 사람들은 BluetoothRcCar 페이지 (http://goo.gl/ybfk7W)로 이동해 바로 확인할 수 있어요.

01 이번 시간 RC카 조종 앱을 만들때 이전에 만든 BluetoothChat 프로젝트를 수정해 만들거에요. BluetoothChat 프로젝트(http://goo.gl/acQyGM)를 열어주세요. 열리면 [프로젝트]-[프로젝트 다른 이름으로 저장] 메뉴를 선택해주세요.

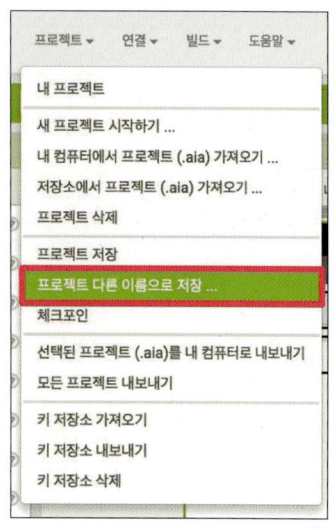

02 선택하면 "BluetoothRcCar"라고 적고 [확인] 버튼을 눌러주세요.

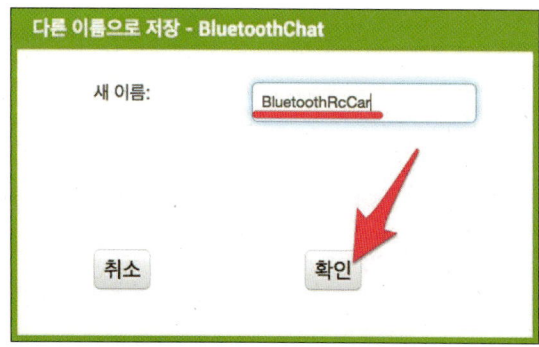

03 컴포넌트 부분에서 "수평배치2"와 "레이블_표시"의 보이기 속성의 체크박스를 해제해주세요. 이번 시간 만들 앱에서는 이 "수평배치2"와 "레이블_표시"가 필요하지 않아요. 이 보이기 속성의 체크박스를 해제하면 앱 화면에서 안 보이게 돼요.

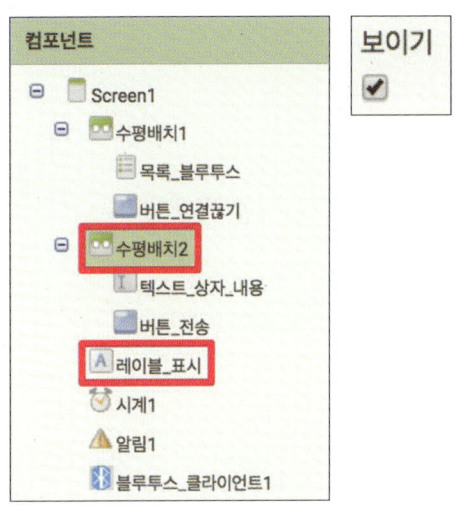

04 이번 시간 만들 앱은 가로 방향으로 만들거에요. Screen1의 스크린 방향 속성을 가로로 설정해주세요. 설정하면 앱 화면이 가로 방향으로 바뀌어요.

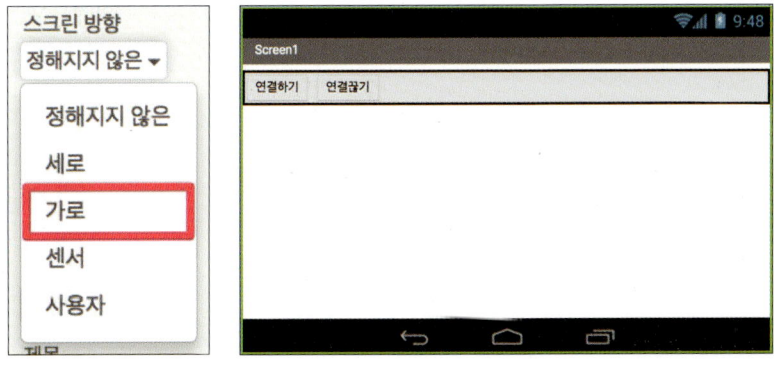

05 [팔레트]-[레이아웃] 메뉴에서 수평배치를 뷰어에 드래그해 수평배치1 아래에 추가해주세요. 추가한 수평배치(수평배치3)의 높이 속성과 너비 속성 모두 "부모에 맞추기"로 바꿔주세요.

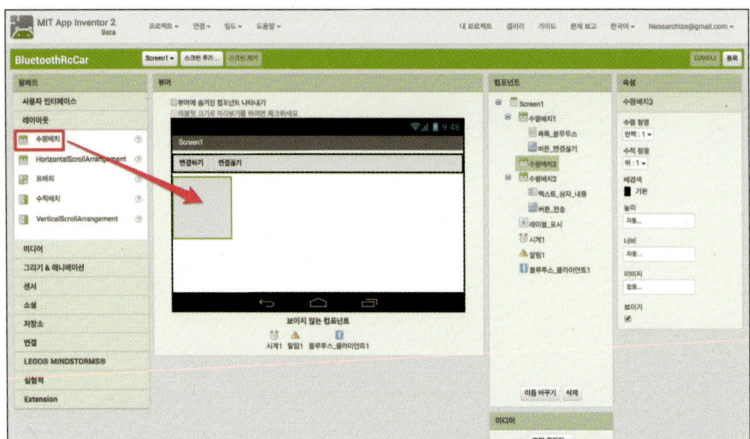

06 [팔레트]-[사용자 인터페이스] 메뉴에서 버튼 2개를 수평배치3 안에 추가해주세요. 추가한 버튼들(버튼1, 버튼2)의 높이 속성과 너비 속성 모두 "부모에 맞추기"로 바꿔주세요. 그리고 추가한 버튼 모두 글꼴 크기 속성을 30으로 바꿔주세요. 그리고 왼쪽에 있는 버튼1의 이름을 "버튼_왼쪽"으로 바꾸고, 텍스트 속성을 "왼쪽"으로 바꿔주세요. 마지막으로 오른쪽에 있는 버튼2의 이름을 "버튼_오른쪽"으로 바꾸고, 텍스트 속성을 "오른쪽"으로 바꿔주세요.

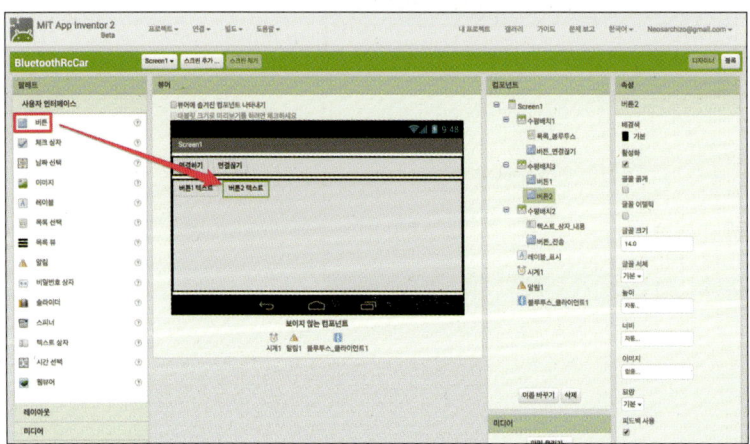

07 [팔레트]-[레이아웃] 메뉴에서 수직배치를 뷰어에 드래그해 버튼_왼쪽과 버튼_오른쪽 사이에 추가해주세요. 추가한 수직배치(수직배치1)의 높이 속성과 너비 속성 모두 "부모에 맞추기"로 바꿔주세요.

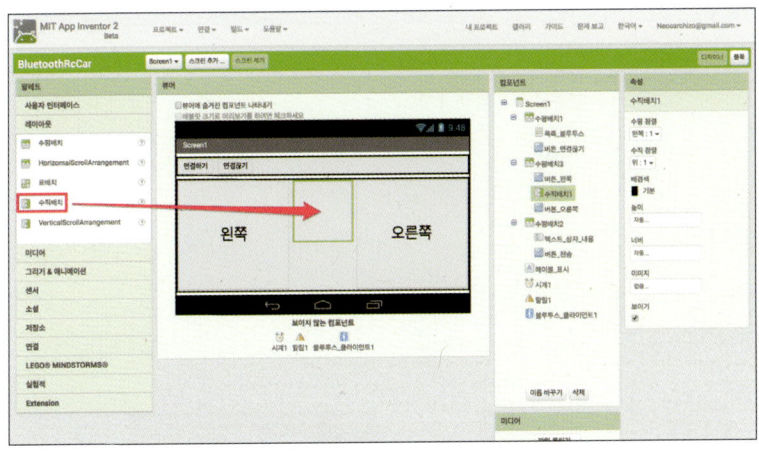

08 [팔레트]-[사용자 인터페이스] 메뉴의 버튼 2개를 수직배치1 안에 추가해주세요. 추가한 버튼들(버튼1, 버튼2)의 높이 속성과 너비 속성 모두 "부모에 맞추기"로 바꿔주세요. 그리고 추가한 버튼 모두 글꼴 크기 속성을 30으로 바꿔주세요. 그리고 위에 있는 버튼1의 이름을 "버튼_앞"으로 바꾸고, 텍스트 속성을 "앞"으로 바꿔주세요. 마지막으로 아랫쪽에 있는 버튼2의 이름을 "버튼_뒤"로 바꾸고, 텍스트 속성을 "뒤"로 바꿔주세요.

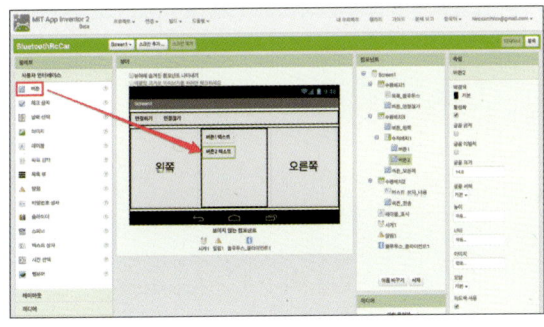 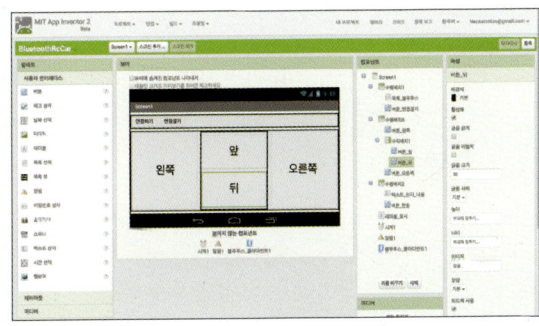

09 다음과 같이 블록을 조립해주세요. 이 블록은 버튼_왼쪽에 손가락이 닿을 때 실행돼요. 버튼_왼쪽에 손가락을 닿으면 블루투스 기기로 대문자 L이 전송돼요. 앞에서 설명한대로 아두이노가 대문자 L을 받으면 MagicRC.turnLeft 명령어를 실행해 RC카를 왼쪽으로 회전시켜요.

10 다음과 같이 블록을 조립해주세요. 이 블록은 버튼_왼쪽에서 손가락을 뗄 때 실행돼요. 버튼_왼쪽에서 손가락을 떼면 블루투스 기기로 대문자 S가 전송돼요. 앞에서 설명한대로 아두이노가 대문자 S를 받으면 MagicRC.stop 명령어를 실행해 RC카를 멈춰요.

11 다음과 같이 블록들을 조립해주세요. 이와 같이 블록들을 조립하면 버튼_오른쪽에 손가락이 닿을 때 RC카가 오른쪽으로 회전하고, 버튼_앞에 손가락이 닿을 때 RC카가 앞으로 이동하고, 버튼_뒤에 손가락이 닿을 때 RC카가 뒤로 이동해요. 그리고 모든 버튼에서 손가락을 뗄 때 RC카가 멈춰요.

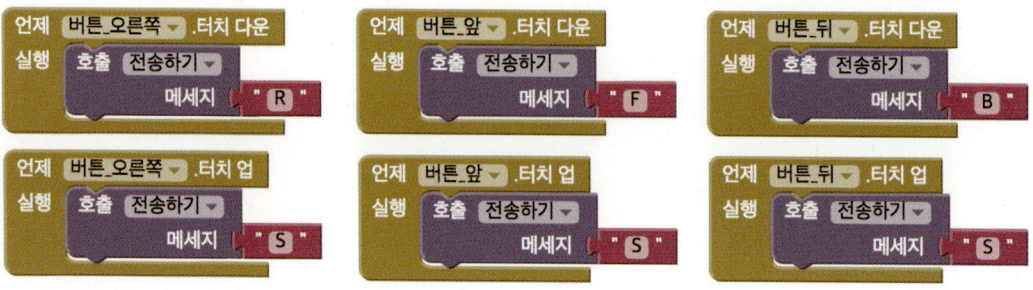

12 이제 다 완성했어요. 한번 앱을 실행해볼게요. 안드로이드 기기에서 MIT AI2 Companion를 실행해 앱 인벤터를 연결해주세요. 그리고 [연결하기] 버튼을 누르고 아두이노에 해당되는 블루투스를 선택해 안드로이드 기기와 아두이노를 연결해주세요. 연결되면 버튼들을 이용해 RC카를 조종할 수 있어요.

쉬 어 가 는   페 이 지

레이저 장난감을 안드로이드에 연결하기!

이전에 만든 레이저 장난감을 블루투스 모듈과 앱 인벤터를 이용해 안드로이드 기기로 조종할 수 있어요. 다음 순서대로 따라해주세요. 혹시나 따라하는게 어렵거나, 미리 완성된 것을 보고 싶은 사람들은 LaserGunController 페이지(http://goo.gl/SpGLbc)로 이동해 바로 확인할 수 있어요.

[회로도 8-1]에서 블루투스 모듈만 추가할거에요. 블루투스 모듈을 다음과 같이 꽂아주세요. 블루투스 모듈의 그라운드 핀을 아두이노 보드 그라운드 핀에, 블루투스 모듈의 전원 핀을 아두이노 보드 전원 핀에 연결해주세요. 블루투스 모듈의 TXD를 아두이노 보드 0번 핀에, 블루투스 모듈의 RXD를 아두이노 보드 1번 핀에 연결해주세요. 이번에는 아두이노 보드의 TX, RX를 곧바로 사용할거기 때문에 SoftwareSerial 라이브러리가 아닌 Serial 라이브러리를 사용할거에요. 따라서 아두이노 스케치는 [코드 8-1]을 똑같이 사용해요.

쉬 어 가 는 페 이 지

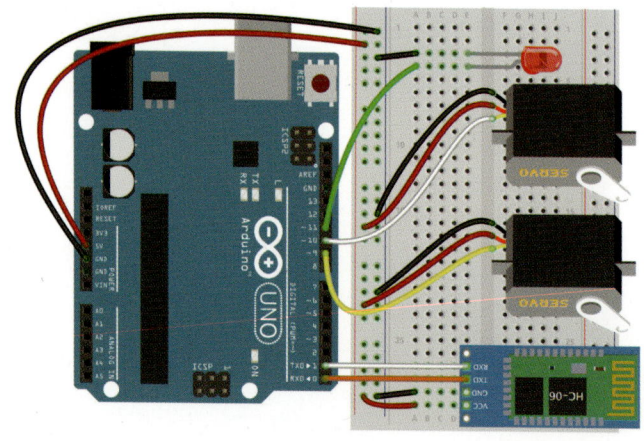

BluetoothChat 프로젝트(http://goo.gl/acQyGM)를 열고 "LaserGunController"라는 이름으로 프로젝트를 다시 저장해주세요. 컴포넌트 부분에서 "수평배치2"와 "레이블_표시"의 보이기 속성의 체크박스를 해제하고, Screen1의 스크린 방향 속성을 가로로 설정해주세요. 그리고 [팔레트]-[그리기 & 애니메이션] 메뉴에서 캔버스를 뷰어에 드래그해 수평배치1 밑에 추가해주세요. 추가한 캔버스(캔버스1)의 높이 속성과 너비 속성 모두 "부모에 맞추기"로 바꿔주세요. 캔버스는 원래 그림을 그릴때 사용하는데 여기서는 손가락을 움직여 레이저 장난감을 조종하기 위해 사용해요.

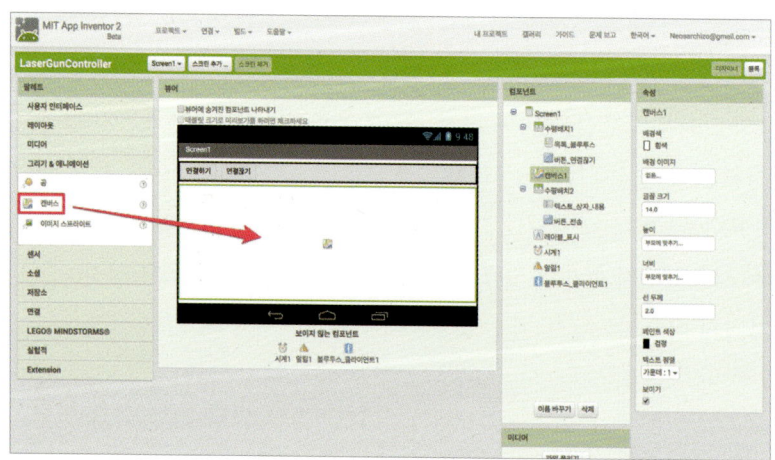

다음과 같이 블록들을 조립해주세요. 이 블록은 캔버스1 부분에서 손가락을 대고 움직일 때 실행돼요. 이 블록이 실행되면 손가락의 X좌표, Y좌표 정보를 합친 것을 블루투스 기기로 전송해요. 원리는 [코드 8-2]의 setServo 함수와 같아요.

이제 다 완성했어요. 한번 앱을 실행해볼께요. 안드로이드 기기에서 MIT AI2 Companion를 실행해 앱 인벤터를 연결해주세요. 그리고 [연결하기] 버튼을 누르고 아두이노에 해당되는 블루투스를 선택해 안드로이드 기기와 아두이노를 연결해주세요. 연결되면 손가락을 움직이는 것에 따라 레이저 장난감이 같이 움직이는 것을 볼 수 있어요.

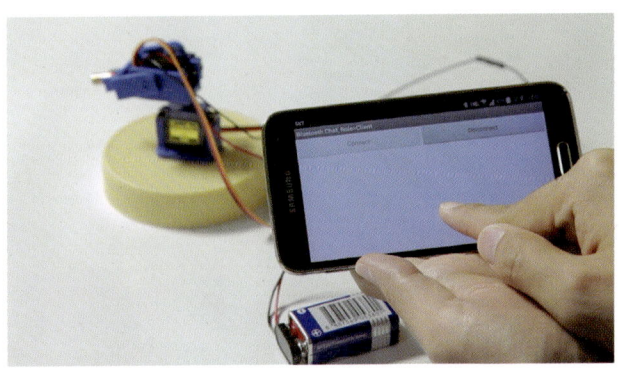

PART

12

인터넷 연결하기

이번 장에서는 아두이노에 인터넷을 연결하는 것을 해봅니다. 먼저 랜선으로 인터넷에 연결할 수 있는 이더넷 쉴드를 사용해봅니다. 그리고 아두이노 WiFi 쉴드를 사용해봅니다. 마지막으로 스파크펀 ESP8266 WiFi 쉴드를 사용해봅니다.

이더넷 쉴드 연결하기

준비물

아두이노 UNO 1개

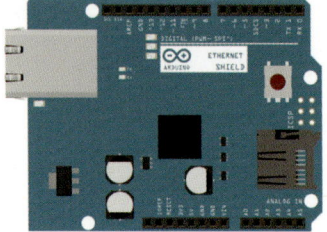
이더넷 쉴드 1개

이번 장에서는 아두이노에 인터넷을 연결하는 것을 해볼거에요. 아두이노와 인터넷이 만나면 아주 다양하고 재미있는 것들을 할 수 있어요. 먼저 이더넷 쉴드를 이용해 인터넷에 연결해볼거에요. 회로 연결은 너무 간단해서 회로도가 필요 없어요. 그냥 이더넷 쉴드를 아두이노 보드 위에 꽂고 랜선만 연결하면 돼요. 여기서 사용하는 이더넷 쉴드는 W5100 이더넷 쉴드를 사용해요. 알리익스프레스나 디바이스마트(http://goo.gl/JSek12)에서 살 수 있어요. 이더넷 쉴드가 준비되면 아두이노 보드 위에 꽂아주세요.

스케치는 [코드 12-1]과 같이 작성해주세요.

코드 12-1 인터넷 연결하기 : 이더넷 쉴드(https://goo.gl/QezJm8)

```cpp
#include <SPI.h>
#include <Ethernet.h>

byte mac[] = { 0xDE, 0xAD, 0xBE, 0xEF, 0xFE, 0xED };
char server[] = "neosarchizo.github.io";


IPAddress ip(192, 168, 0, 177);
EthernetClient client;

void setup() {
  Serial.begin(9600);

  if (Ethernet.begin(mac) == 0) {
    Serial.println("Failed to configure Ethernet using DHCP");
    Ethernet.begin(mac, ip);
  }

  delay(1000);
  Serial.println("connecting...");

  if (client.connect(server, 80)) {
    Serial.println("connected");

    client.println("GET /arduino/asciilogo.txt HTTP/1.1");
    client.println("Host: neosarchizo.github.io");
    client.println("Connection: close");
    client.println();
  }
  else {
    Serial.println("connection failed");
  }
}
```

```
34    void loop()
35    {
36      if (client.available()) {
37        char c = client.read();
38        Serial.print(c);
39      }
40
41      if (!client.connected()) {
42        Serial.println();
43        Serial.println("disconnecting.");
44        client.stop();
45
46        while (true);
47      }
48    }
```

이더넷 쉴드로 인터넷에 연결할 때 SPI 라이브러리와 Ethernet 라이브러리를 사용해요. 1 ~ 2번 줄이 이 라이브러리들이 선언된 거에요. SPI 라이브러리는 SPI 통신과 관련된 라이브러리인데 아두이노와 이더넷 쉴드가 SPI를 통해 데이터를 주고 받기 때문에 사용해요. 여기서는 SPI에 대해 자세히 알 필요는 없어요. 4번 줄에서 byte 배열로 이더넷 쉴드의 맥(MAC) 주소와 관련된 변수를 선언해요. 맥 주소는 네트워크에 연결되는 기기들을 구분하기 위한 주소에요. 기기들의 주민등록 번호라고 생각하면 돼요. 원래 이더넷 쉴드 랜선 꽂는 부분에 맥 주소가 적혀있고 이걸 4번 줄에 적어줘야 하는데, 대게 그냥 이 코드를 그대로 사용하면 돼요. 그리고 5번 줄 char 배열 변수에 접속할 인터넷 주소를 입력해요. 7번 줄에서 이더넷 쉴드의 IP 주소를 설정하기 위해 IPAddress 클래스 변수를 선언해요. 7번 줄은 IP 주소를 192.168.0.177로 한다는 뜻이에요. IP 주소는 인터넷에서 사용하는 집 주소와 같아요. 이 주소를 이용해 구글, 페이스북 또는 여러분의 홈페이지에 접속할 수 있어요. 8번 줄에서 EthernetClient 클래스 변수를 선언해요. Ethernet 라이브러리 안에는 EthernetClient와 EthernetServer 클래스가 있는데, EthernetClient는 아두이노로 다른 인터넷 주소에 접속할 때 사용하고, EthernetServer는 인터넷에 있는 다른 기기에서 아두이노로 접속하는 경우 사용해요.

함수설명

Ethernet.begin()
이더넷 쉴드의 IP 주소를 설정하고 초기화합니다.

구조
Ethernet.begin(맥 주소, [IP 주소])

매개변수
맥 주소 : 이더넷 쉴드의 맥 주소입니다.
[IP 주소] : 이더넷 쉴드의 IP 주소입니다.

반환 값
IP 주소 설정 성공 여부 : IP 주소를 설정하는데 성공하면 1, 실패하면 0을 반환합니다.

사용 예
byte mac[] = { 0xDE, 0xAD, 0xBE, 0xEF, 0xFE, 0xED };
IPAddress ip(192, 168, 0, 177);

Ethernet.begin(mac); // 이더넷 쉴드를 초기화하고 자동으로 IP 주소를 설정합니다.
Ethernet.begin(mac, ip); // 이더넷 쉴드를 초기화하고 매개변수 ip로 IP 주소를 설정합니다.

이제 setup 함수를 볼께요. 11번 줄에서 시리얼 통신을 할 준비를 해요. 13번 줄에서 이더넷 쉴드를 초기화하는 동시에 성공했는지 확인해요. 맥 주소 하나만 매개변수로 사용해 Ethernet.begin 명령어를 실행하면 IP 주소를 자동으로 설정해요. 만약 자동으로 IP 주소를 설정하는데 성공하면 반환 값이 1이 되고, 실패하면 0이 돼요. 여기서 실패하면 15번 줄에서 7번 줄의 IP 주소를 이더넷 쉴드의 IP 주소로 설정해요. 다음으로 이더넷 쉴드가 초기화 되는 시간을 기다리기 위해 18번 줄에서 1초간 멈춰요.

함수설명

EthernetClient.connect()
서버 주소로 접속을 시도합니다.

구조
EthernetClient.connect(서버 주소, 포트 번호)

매개변수
서버 주소 : 접속할 서버 주소입니다.
포트 번호 : 접속할 서버의 포트 번호입니다. 대게 80을 입력하면 됩니다.

반환 값
접속 성공 여부 : 접속에 성공하면 1, 연결 시도 시간을 초과하면 -1, 접속할 수 없는 서버라면 -2, 중간에 접속이 끊기면 -3, 서버로 부터 응답이 왔는데 불완전하면 -4를 반환합니다.

사용 예
char server[] = "neosarchizo.github.io";
client.connect(server, 80); // neosarchizo.github.io에 접속을 시도합니다.

그리고 21번 줄에서 EthernetClient.connect 명령어를 이용해 인터넷 주소로 접속을 시도해요. EthernetClient.connect 명령어는 접속에 성공하면 반환 값이 1이 돼요. 그리고 실패하면 -1 ~ -4를 반환해요. 만약 접속에 성공하면 24 ~ 27번 줄에서 서버로 요청을 해요. 여기서는 http://neosarchizo.github.io/arduino/asciilogo.txt로 접속을 시도한다는 뜻이에요. 만약 여러분이 다른 인터넷 주소로 접속하고 싶다면 5번, 24번, 25번 줄을 수정하면 돼요. 주의할 점은 이더넷 쉴드로 오로지 HTTP 서버만 접속할 수 있어요. 간혹 주소 앞이 HTTPS로 시작하는 것들이 있는데, 이런 주소는 이더넷 쉴드로 접속할 수 없어요.

함수설명

EthernetClient.connected()
서버와 연결이 되어있는지 안 되어있는지 확인합니다.

구조
EthernetClient.connected()

매개변수
없습니다.

반환 값
연결 여부 : 연결되어있으면 true, 연결이 안 되어있으면 false를 반환합니다.

사용 예
boolean c = client.connected // 서버와 연결이 되어있는지 확인합니다.

다음으로 loop 함수를 볼께요. 36번 줄에서 서버로부터 받은 데이터가 있는지 확인하고, 있다면 37번 줄에서 한 바이트 읽은 뒤에 38번 줄에서 시리얼 통신으로 PC에 전송해요. 그리고 41번 줄에서 연결이 끊겼는지 확인해요. EthernetClient.connected 명령어는 접속이 끊겼는지 아닌지 확인하는 명령어에요. 만약 끊겼다면 44번 줄에서 EthernetClient.stop 명령어를 사용해 인터넷 연결을 멈춰요. 그리고 46번 줄에 while문을 이용해 아두이노 보드가 더 이상 못 움직이게 만들어요. 다 작성했다면 스케치를 업로드해주세요. 업로드하고 시리얼 모니터를 열면 인터넷에서 아두이노 로고를 가지고 와 표시하는 것을 볼 수 있어요.

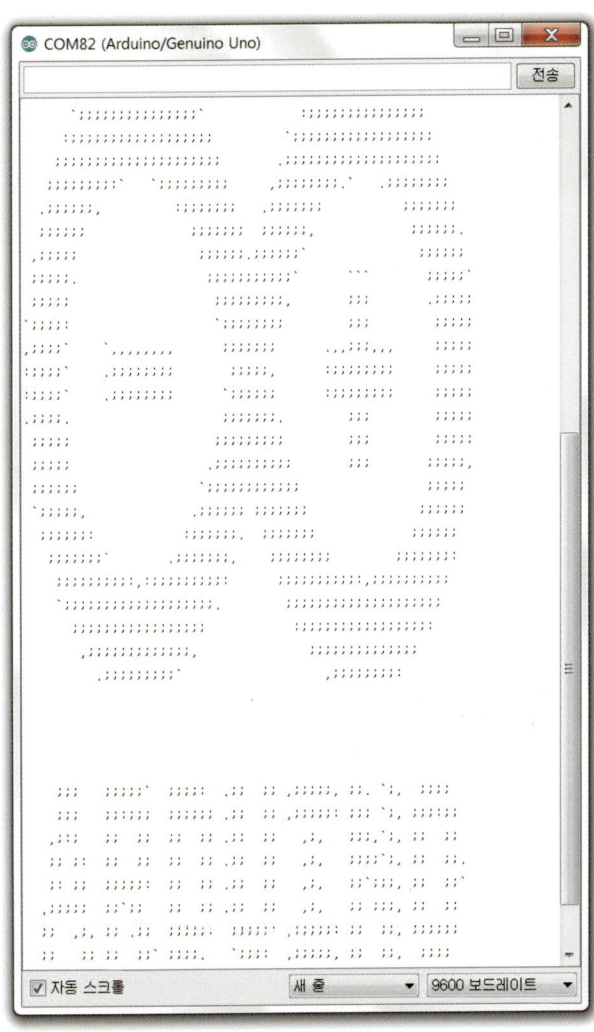

아두이노 WiFi 쉴드 사용하기

준비물

아두이노 UNO 1개   아두이노 WiFi 쉴드 1개

이번에는 아두이노 WiFi 쉴드를 이용해 인터넷에 연결해볼거에요. 아두이노 WiFi 쉴드는 이름 그대로 아두이노를 WiFi에 연결해주는 쉴드에요. 알리익스프레스나 디바이스마트(http://goo.gl/udsev6)에서 살 수 있어요. 아두이노 WiFi 쉴드도 회로도가 필요 없어요. 아두이노 WiFi 쉴드를 그냥 아두이노 보드 위에 꽂아주기만 하면 돼요.

주의할 점은 SD카드 끼우는 곳 옆에 점퍼가 있는데 아두이노 WiFi 쉴드를 사용할 때 이 점퍼를 연결하지 않아야 한단 거에요. 이 점퍼는 아두이노 WiFi 쉴드 펌웨어를 업그레이드할 때 사용해요. 참고로 아두이노 WiFi 쉴드를 사용하기 전에 펌웨어를 최신으로 업그레이드해주는게 좋아요. 아두이노 WiFi 쉴드의 거의 모든 예제가 펌웨어 버전을 확인하고, 이때 버전이 낮으면 멈추도록 되어있어요. 펌웨어 업그레이드하는 방법은 아두이노 홈페이지(https://goo.gl/ef6Czw)를 참고해주세요.

스케치는 [코드 12-2]와 같이 작성해주세요. [코드 12-1]과 비슷해요.

코드 12-2 인터넷 연결하기 : 아두이노 WiFi 쉴드(https://goo.gl/y358sB)

```
1    #include <SPI.h>
2    #include <WiFi.h>
3
4    char ssid[] = "Your WiFi Name";
5    char pass[] = "Your WiFi Password";
6
7    int status = WL_IDLE_STATUS;
8    char server[] = "neosarchizo.github.io";
9
10   WiFiClient client;
11
12   void setup() {
13     Serial.begin(9600);
14
15     String fv = WiFi.firmwareVersion();
16     if ( fv != "1.1.0" )
```

```
17       Serial.println("Please upgrade the firmware");
18
19   while (status != WL_CONNECTED) {
20     Serial.print("Attempting to connect to SSID: ");
21     Serial.println(ssid);
22
23     status = WiFi.begin(ssid, pass);
24
25     delay(10000);
26   }
27   Serial.println("Connected to wifi");
28
29   Serial.println("\nStarting connection to server...");
30
31   if (client.connect(server, 80)) {
32     Serial.println("connected to server");
33     client.println("GET /arduino/asciilogo.txt HTTP/1.1");
34     client.println("Host: neosarchizo.github.io");
35     client.println("Connection: close");
36     client.println();
37   }
38 }
39
40 void loop() {
41   while (client.available()) {
42     char c = client.read();
43     Serial.write(c);
44   }
45
46   if (!client.connected()) {
47     Serial.println();
48     Serial.println("disconnecting from server.");
49     client.stop();
50
51     while (true);
52   }
53 }
```

아두이노 WiFi 쉴드를 사용하는 것은 이더넷 쉴드를 사용하는 것과 비슷해요. 아두이노 WiFi 쉴드도 SPI로 아두이노 보드와 통신하기 때문에 SPI 라이브러리를 사용해요. 그리고 이더넷 쉴드가 Ethernet 라이브러리를 사용하듯이 아두이노 WiFi 쉴드는 WiFi 라이브러리를 사용해요. 4 ~ 5번 줄에 연결할 WiFi의 이름과 비밀번호를 저장할 변수를 선언해요. 4번 줄이 WiFi 이름, 5번 줄이 WiFi 비밀번호에요. 이 부분을 여러분이 연결할 WiFi 정보에 맞춰 수정해주세요. 만약 WiFi에 비밀번호가 없다면 비밀번호 부분을 그냥 비워놓으면 돼요. 7번은 아두이노 WiFi 쉴드의 상태를 저장할 변수를 선언한거에요. 그리고 8번 줄 char 배열 변수에 접속할 인터넷 주소를 입력해요. 10번 줄에서 WiFiClient 클래스 변수를 선언해요. WiFi 라이브러리도 Ethernet 라이브러리처럼 WiFiClient와 WiFiServer 클래스가 있어요. 마찬가지로 WiFiClient는 아두이노로 다른 인터넷 주소에 접속할때 사용하고, WiFiServer는 인터넷에 있는 다른 기기에서 아두이노로 접속하는 경우 사용해요.

함수설명

WiFi.begin()
아두이노 WiFi 쉴드로 WiFi에 접속하고 초기화합니다.

구조
WiFi.begin(WiFi 이름, WiFi 비밀번호)

매개변수
WiFi 이름 : 연결할 WiFi 이름입니다.
WiFi 비밀번호 : 연결할 WiFi 비밀번호입니다. 만약 비밀번호가 없다면 비워두면 됩니다.

반환 값
WiFi 연결 성공 여부 : WiFi 연결에 성공하면 WL_CONNECTED, 실패하면 WL_IDLE_STATUS를 반환합니다.

사용 예
char ssid[] = "Your WiFi Name";
char pass[] = "Your WiFi Password";
WiFi.begin(ssid, pass); // 아두이노 WiFi 쉴드로 WiFi에 접속하고 초기화합니다.

이제 setup 함수를 볼께요. 13번 줄에서 시리얼 통신을 할 준비를 해요. 15번 줄에서 WiFi.firmwareVersion 명령어를 이용해 아두이노 WiFi 쉴드의 펌웨어 버전 정보를 가지고 와 변수 fv에 넣어요. 그리고 16번 줄에서 펌웨어 버전이 최신버전인 1.1.0인지 확인해요. 이 부분을 통해 여러분의 펌웨어 버전을 확인할 수 있어요. 19 ~ 26번 줄에서 성공할 때까지 WiFi 연결을 시도해요. 연결을 시도하는 부분은 23번 줄이에요. WiFi.begin 명령어를 이용해 WiFi 연결을 시도해요. 그리고 연결이 되는 것을 기다리기 위해 25번 줄에서 10초간 기다려요. 만약 연결에 성공하면 status 변수 값이 WL_CONNECTED가 되기 때문에 반복문을 빠져나가게 돼요.

> 📖 **함수설명**

> **WiFiClient.connect()**
> 서버 주소로 접속을 시도합니다.
>
> **구조**
> WiFiClient.connect(서버 주소, 포트 번호)
>
> **매개변수**
> 서버 주소 : 접속할 서버 주소입니다.
> 포트 번호 : 접속할 서버의 포트 번호입니다. 대게 80을 입력하면 됩니다.
>
> **반환 값**
> 접속 성공 여부 : 접속에 성공하면 true, 실패하면 false를 반환합니다.
>
> **사용 예**
> char server[] = "neosarchizo.github.io";
> client.connect(server, 80); // neosarchizo.github.io에 접속을 시도합니다.

WiFi에 연결되면 곧바로 31번 줄에서 WiFiClient.connect 명령어를 이용해 인터넷 주소로 접속을 시도해요. WiFiClient.connect 명령어는 접속에 성공하면 반환 값이 true에요. 그리고 실패하면 false를 반환해요. 만약 접속에 성공하면 33 ~ 36번 줄에서 서버로 요청을 해요. 여기서는 http://neosarchizo.github.io/arduino/asciilogo.txt로 접속을 시도한다는 뜻이에요. 만약 여러분이 다른 인터넷 주소로 접속하고 싶다면 8번, 33번, 34번 줄을 수정하면 돼요. 주의할 점은 여기서 사용하는 아두이노 WiFi 쉴드도 이더넷 쉴드처럼 오로지 HTTP 서버만 접속할 수 있어요. HTTPS 서버는 접속할 수 없어요.

> 📖 **함수설명**

> **WiFiClient.connected()**
> 서버와 연결이 되어있는지 안 되어있는지 확인합니다.
>
> **구조**
> WiFiClient.connected()

매개변수
없습니다.

반환 값
연결 여부 : 연결되어있으면 true, 연결이 안 되어있으면 false를 반환합니다.

사용 예
boolean c = client.connected // 서버와 연결이 되어있는지 확인합니다.

다음으로 loop 함수를 볼께요. 41번 줄에서 서버로부터 받은 데이터가 있는지 확인하고, 있다면 42번 줄에서 한 바이트 읽은 뒤에 43번 줄에서 시리얼 통신으로 PC에 전송해요. 그리고 46번 줄에서 연결이 끊겼는지 확인해요. WiFiClient.connected 명령어는 접속이 끊겼는지 아닌지 확인하는 명령어에요. 만약 끊겼다면 49번 줄에서 WiFiClient.stop 명령어를 사용해 인터넷 연결을 멈춰요. 그리고 51번 줄에 while문을 이용해 아두이노 보드가 더 이상 못 움직이게 만들어요. 다 작성했다면 스케치를 업로드해주세요. 업로드하고 시리얼 모니터를 열면 이더넷 쉴드에서 봤던 것처럼 아두이노 로고가 표시되는 것을 볼 수 있어요.

스파크펀 ESP8266 WiFi 쉴드 사용하기

준비물

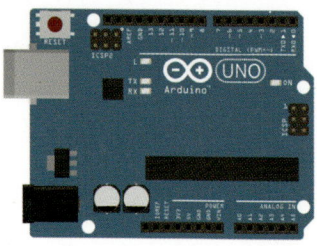
아두이노 UNO 1개

스파크펀 ESP8266 WiFi 쉴드 1개

이번에는 스파크펀 ESP8266 WiFi 쉴드를 이용해 인터넷에 연결해볼거에요. 바로 앞에서 아두이노 WiFi 쉴드를 이용하고 또 WiFi 쉴드를 소개하는 이유는 스파크펀 ESP8266 WiFi 쉴드가 가격이 저렴하고 나중에 배울 블링크를 연결해 사용하기 편하기 때문이에요. 스파크펀 ESP8266 WiFi 쉴드는 디바이스마트(http://goo.gl/c6NSx5)에서 살 수 있어요. 살 때 적층형 핀헤더소켓(http://goo.gl/6QuBa8)도 같이 주문해주세요. 왜냐하면 스파크펀 ESP8266 WiFi 쉴드의 핀헤더소켓이 납땜되지 않은 상태로 판매되기 때문이에요. 핀헤더소켓도 같이 주문해 직접 납땜해줘야 해요. 스파크펀 ESP8266 WiFi 쉴드도 회로도가 필요 없어요. 그냥 아두이노 보드 위에 꽂아주면 돼요.

스파크펀 ESP8266 WiFi 쉴드를 사용할 때 주의할 점은 보드 위에 있는 스위치를 SW 쪽에 놓고 사용해야 한단거에요. 이 쉴드는 SoftwareSerial 라이브러리를 통해 통신하고 이때 디지털 핀 8, 9번을 사용해요. 만약 스위치를 HW쪽으로 놓으면 아두이노 보드의 TX, RX인 0, 1번 핀을 사용해요. 따라서 사용하기 전에 스위치가 SW 쪽에 있는지 확인해주세요.

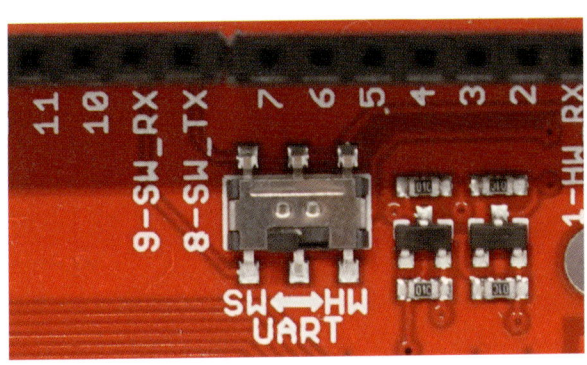

그리고 스파크펀 ESP8266 WiFi 쉴드를 사용하려면 SparkFun ESP8266 AT Library를 설치해야 해요. 다음 순서에 따라 라이브러리를 설치해주세요.

01 SparkFun ESP8266 AT Library(http://bit.ly/2baKbDh)를 다운로드해주세요. 다운로드한 파일의 압축을 풀면 [SparkFun_ESP8266_AT_Arduino_Library-master]라는 폴더가 생겨요. 폴더 명을 [SparkFun_ESP8266_AT_Arduino_Library]로 바꿔주세요.

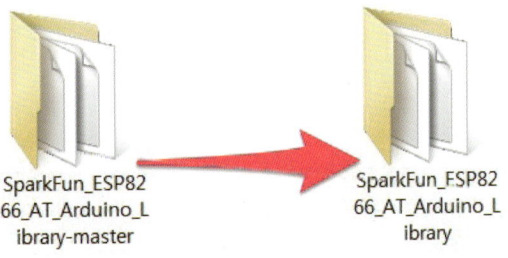

02 [SparkFun_ESP8266_AT_Arduino_Library] 폴더를 아두이노 라이브러리 폴더 안에 복사해주세요. 윈도우의 경우 [내 문서]-[Arduino]-[libraries], 맥의 경우 [도큐멘트]-[Arduino]-[libraries]가 아두이노 라이브러리 폴더에요. 아두이노 IDE를 껐다 켜면 Contributed 라이브러리 부분에 SparkFun ESP8266 AT Arduino Library 라이브러리가 추가된 것을 볼 수 있어요.

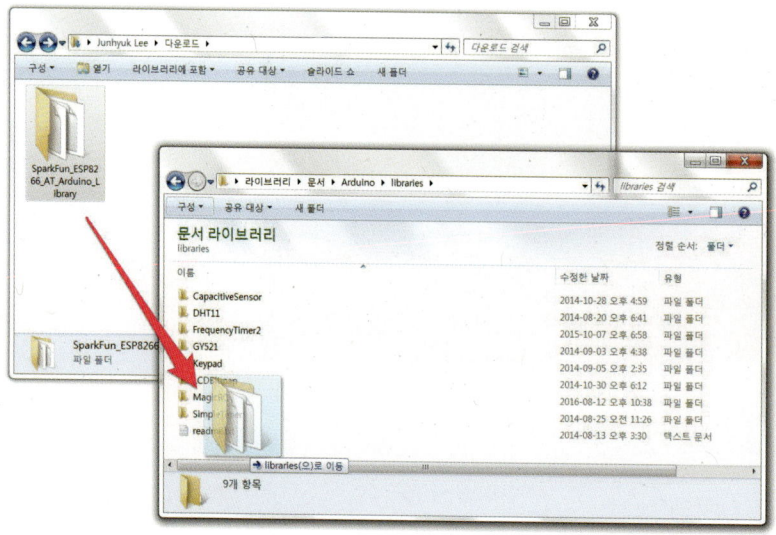

스케치는 [코드 12-3]과 같이 작성해주세요.

코드 12-3 인터넷 연결하기 : 스파크펀 ESP8266 WiFi 쉴드(https://goo.gl/N8T4ci)

```
1   #include <SoftwareSerial.h>
2   #include <SparkFunESP8266WiFi.h>
3
4   char ssid[] = "Your WiFi Name";
5   char pass[] = "Your WiFi Password";
6
7   char server[] = "neosarchizo.github.io";
8
9   ESP8266Client client;
10
11  void setup()
12  {
13    Serial.begin(9600);
```

```
14
15       if (!esp8266.begin())
16       {
17         Serial.println("Error talking to ESP8266.");
18         while (true);
19       }
20       Serial.println("ESP8266 Shield Present");
21
22       int status = esp8266.status();
23
24       while (status <= 0)
25       {
26         Serial.print("Attempting to connect to SSID: ");
27         Serial.println(ssid);
28         status = esp8266.connect(ssid, pass);
29
30         delay(10000);
31       }
32       Serial.println("Connected to wifi");
33
34       Serial.println("\nStarting connection to server...");
35
36       if (client.connect(server, 80)) {
37         Serial.println("connected to server");
38         client.println("GET /arduino/asciilogo.txt HTTP/1.1");
39         client.println("Host: neosarchizo.github.io");
40         client.println("Connection: close");
41         client.println();
42       }
43     }
44
45   void loop() {
46     while (client.available()) {
47       char c = client.read();
48       Serial.write(c);
49     }
```

```
50
51      if (!client.connected()) {
52        Serial.println();
53        Serial.println("disconnecting from server.");
54        client.stop();
55
56        while (true);
57      }
58    }
```

스파크펀 ESP8266 WiFi 쉴드를 사용하는 것은 아두이노 WiFi 쉴드를 사용하는 것과 비슷해요. 대신 아두이노 WiFi 쉴드처럼 SPI로 아두이노 보드와 통신하진 않고 SoftwareSerial 라이브러리를 이용해 통신해요. 이때 사용되는 디지털 핀이 8, 9번 핀이에요. 2번 줄은 SparkFun ESP8266 AT Library를 사용한단 뜻이에요. 4 ~ 5번 줄에 연결할 WiFi의 이름과 비밀번호를 저장할 변수를 선언해요. 4번 줄이 WiFi 이름, 5번 줄이 WiFi 비밀번호에요. 이 부분을 여러분이 연결할 WiFi 정보에 맞춰 수정해주세요. 만약 WiFi에 비밀번호가 없다면 비밀번호 부분을 그냥 비워놓으면 돼요. 7번 줄에서 char 배열 변수에 접속할 인터넷 주소를 입력해요. 그리고 9번 줄에서 ESP8266Client 클래스 변수를 선언해요. SparkFun ESP8266 AT Library도 WiFi 라이브러리처럼 ESP8266Client와 ESP8266Server 클래스가 있어요. 마찬가지로 ESP8266Client는 아두이노로 다른 인터넷 주소에 접속할 때 사용하고, ESP8266Server는 인터넷에 있는 다른 기기에서 아두이노로 접속하는 경우 사용해요.

 함수설명

esp8266.begin()
ESP8266을 초기화하고 사용 가능한지 확인합니다.

구조
esp8266.begin()

매개변수
없습니다.

반환 값
ESP8266 사용 가능 여부 : ESP8266이 사용 가능하면 true, 가능하지 않다면 false를 반환합니다.

사용 예

booelan b = esp8266.begin()
// ESP8266을 초기화하고 사용 가능한지 확인합니다.

함수설명

esp8266.status()
ESP8266의 연결 상태를 확인합니다.

구조
esp8266.status()

매개변수
없습니다.

반환 값
ESP8266 연결 여부 : ESP8266이 연결되어있다면 1, 연결이 안 되어있다면 0을 반환합니다.

사용 예
booelan b = esp8266.status()
// ESP8266의 연결 상태를 확인합니다.

이제 setup 함수를 볼께요. 13번 줄에서 시리얼 통신을 할 준비를 해요. 15번 줄에서 esp8266.begin 명령어를 이용해 ESP8266을 초기화하고 사용가능한지 확인해요. 만약 사용할 수 없다면 18번 줄에서 아두이노 보드가 멈춰요. 사용 가능하다면 22번 줄에서 esp8266.status 명령어를 이용해 ESP8266의 연결상태를 확인해요. 연결이 되어있다면 24 ~ 31번 줄의 반복문을 건너뛰고 아니면 반복문이 실행돼요. 이 반복문에서 성공할 때까지 WiFi 연결을 시도해요. 연실을 시도하는 부분은 28번 줄이에요. esp8266.connect 명령어를 이용해 WiFi 연결을 시도해요. 그리고 연결이 되는 것을 기다리기 위해 30번 줄에서 10초간 기다려요. 만약 연결에 성공하면 status 변수 값이 0보다 커지기 때문에 반복문을 빠져나가게 돼요.

 **함수설명**

ESP8266Client.connect()
서버 주소로 접속을 시도합니다.

구조
ESP8266Client.connect(서버 주소, 포트 번호)

매개변수
서버 주소 : 접속할 서버 주소입니다.
포트 번호 : 접속할 서버의 포트 번호입니다. 대게 80을 입력하면 됩니다.

반환 값
접속 성공 여부 : 접속에 성공하면 1, 이미 접속되어 있다면 2, 연결 시도 시간을 초과하면 -1, 연결에 실패하면 -3을 반환합니다.

사용 예
char server[] = "neosarchizo.github.io";
client.connect(server, 80);
// neosarchizo.github.io에 접속을 시도합니다.

WiFi에 연결되면 곧바로 36번 줄에서 ESP8266Client.connect 명령어를 이용해 인터넷 주소로 접속을 시도해요. ESP8266Client.connect 명령어는 접속에 성공하면 1을 반환해요. 그리고 실패하면 -1 또는 -3을 반환해요. 만약 접속에 성공하면 37 ~ 41번 줄에서 서버로 요청을 해요. 여기서는 http://neosarchizo.github.io/arduino/asciilogo.txt로 접속을 시도한다는 뜻이에요. 만약 여러분이 다른 인터넷 주소로 접속하고 싶다면 7번, 38번, 39번 줄을 수정하면 돼요. 주의할 점은 여기서 사용하는 스파크펀 ESP8266 WiFi 쉴드도 아두이노 WiFi 쉴드처럼 오로지 HTTP 서버만 접속할 수 있어요. HTTPS 서버는 접속할 수 없어요.

 **함수설명**

ESP8266Client.connected()
서버와 연결이 되어있는지 안 되어있는지 확인합니다.

구조
ESP8266Client.connected()

매개변수
없습니다.

반환 값
연결 여부 : 연결되어있으면 true, 연결이 안 되어있으면 false를 반환합니다.

사용 예
boolean c = client.connected
// 서버와 연결이 되어있는지 확인합니다.

다음으로 loop 함수를 볼께요. 46번 줄에서 서버로부터 받은 데이터가 있는지 확인하고, 있다면 47번 줄에서 한 바이트 읽은 뒤에 48번 줄에서 시리얼 통신으로 PC에 전송해요. 그리고 51번 줄에서 연결이 끊겼는지 확인해요. ESP8266Client.connected 명령어는 접속이 끊겼는지 아닌지 확인하는 명령어에요. 만약 끊겼다면 54번 줄에서 ESP8266Client.stop 명령어를 사용해 인터넷 연결을 멈춰요. 그리고 56번 줄에 while문을 이용해 아두이노 보드가 더 이상 못 움직이게 만들어요. 다 작성했다면 스케치를 업로드해주세요. 업로드하고 시리얼 모니터를 열면 아두이노 WiFi 쉴드에서 봤던 것처럼 아두이노 로고가 표시되는 것을 볼 수 있어요.

쉬어가는 페이지

아두이노로 만든 사물인터넷 프로젝트

사물인터넷이란 센서와 액츄에이터 등이 있는 각종 사물을 인터넷으로 연결하는 것을 뜻해요. 인터넷에 보면 이런 사물인터넷을 아두이노를 이용해 구현한 것을 볼 수 있어요. 아두이노를 이용하면 여러분도 아주 쉽게 사물인터넷 프로젝트를 만들 수 있답니다. 한번 아두이노를 이용한 사물인터넷 프로젝트로 어떤 것이 있는지 살펴볼까요?

01 | 원격 전등 스위치 조종기(http://goo.gl/h3EYYd)

매번 전등 스위치를 끄거나 켜러 가기 귀찮죠? 이 프로젝트는 이런 사람들을 위해 아두이노와 서보모터 그리고 아크릴 판을 이용해 만든 원격 전등 스위치 조종기에요. 인터넷을 이용해 전등을 껐다 켤 수 있도록 만들어져 있어요. 링크에 올라온 도면을 가지고 아크릴을 자를 수 있고 혹시나 곧바로 조립할 수 있는 키트를 이용하고 싶다면 인터넷(http://goo.gl/4Zj6An)을 통해 살 수 있어요.

02 | 메일 도착 알림이(http://goo.gl/javUFs)

스마트폰 알림으로 메일이 왔는지 확인할 수도 있지만, 책상에 메일이 왔다고 알려주는 표지판이 있다면 어떨까요? 이 프로젝트는 아두이노와 ardumail을 이용해 만든 메일 도착 알림이에요. 만약 메일 중에 안 읽은 새 메일이 있다면 서보모터가 움직여 새 메일이 있다고 알려주고, 없다면 다시 없다고 표시해요. 이번 시간 배운 쉴드들과 아두이노, 서보모터만 있다면 만들 수 있어요.

03 | 오늘의 날씨를 알려주는 옷걸이(http://goo.gl/U9s535)

항상 집을 떠나기 전에 오늘 날씨가 어떤지 궁금하시죠? 이 프로젝트는 아두이노 호환 보드인 인텔 에디슨을 이용해 만든 오늘의 날씨를 알려주는 옷걸이에요. 현재 온도, 오늘의 최저 온도, 최고 온도 그리고 날씨를 알려줘요.

쉬 어 가 는 페이지

04 | 원격 반려동물 사료 급식기(https://youtu.be/_Lu5zifdWDY)

반려동물을 키운다면 집 밖에 있을 때 집에 있는 반려동물이 보고 싶고 밥은 잘 먹는지 걱정 돼죠. 이 프로젝트는 아두이노와 라즈베리 파이를 이용해 만든 원격 반려동물 사료 급식기에 요. 인터넷을 이용해 집에 있는 반려동물에게 먹이를 줄 수 있고, 앞에 달려있는 웹캠을 이용해 반려동물을 볼 수도 있어요.

PART

13

블링크 : 쉽고 재미있는 사물인터넷

이번 장에서는 아두이노를 이용해 쉽게 사물인터넷 프로젝트를 만들 수 있도록 해주는 블링크에 대해 배웁니다. 먼저 블링크가 어떤 특징이 있는지 알아봅니다. 그리고 블링크를 하기 위해 준비해야할 것들에 대해 배웁니다. 마지막으로 블링크와 아두이노를 이용해 간단한 사물인터넷 프로젝트를 구현해봅니다.

블링크 소개하기

블링크(Blynk)는 아두이노와 같은 오픈소스 하드웨어를 이용해 아주 쉽게 사물인터넷 프로젝트를 만들 수 있도록 해주는 도구에요. 아두이노에 필요한 스케치를 업로드하고 스마트폰 앱에서 원하는 도구를 드래그 앤 드롭으로 추가만 해주면 돼요. 인터넷을 통해 LED를 제어하는 프로젝트의 경우 거의 1분 안에 만들 수 있을 정도에요.

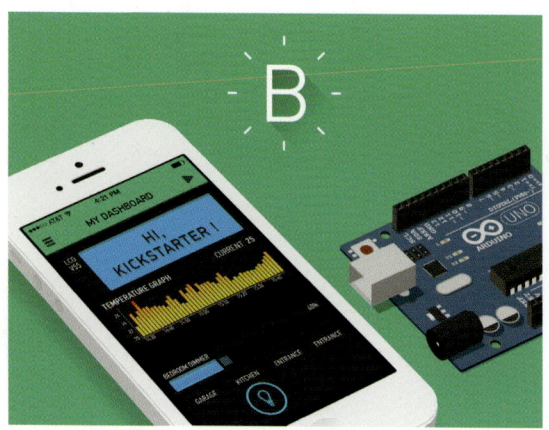

블링크는 인터넷을 통해 작동해요. 따라서 아두이노가 인터넷에 연결할 수 있어야 해요. 물론 아두이노를 인터넷에 연결할 때 이더넷 쉴드, 아두이노 WiFi 쉴드, 스파크펀 ESP8266 WiFi 쉴드 중 원하는 것을 사용할 수 있어요.

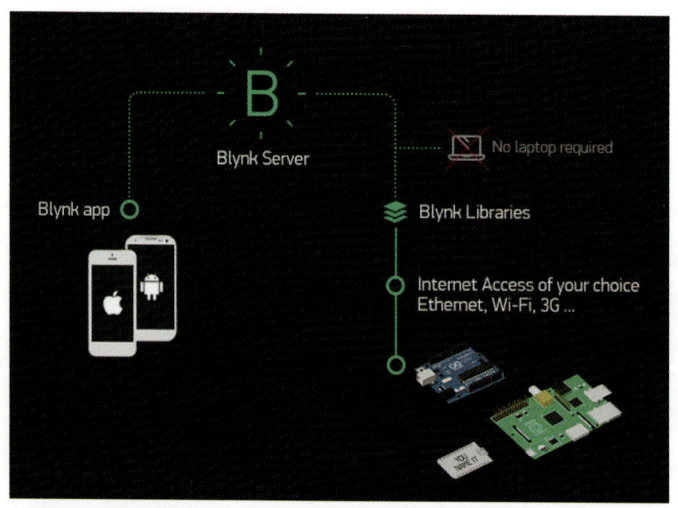

뿐만 아니라 아두이노가 아닌 라즈베리 파이와 같은 다른 오픈소스 하드웨어를 사용할 수도 있어요. 하드웨어에 맞는 라이브러리를 설치만 해주면 블링크 서버에서 알아서 스마트폰과 연결해줘요. 스마트폰도 아이폰, 안드로이드 모두 가능해요. 그리고 스마트폰과 아두이노가 같은 네트워크에 연결하지 않아도 돼요. 인터넷만 된다면 블링크를 통해 어디서든지 연결할 수 있어요. 그럼 블링크를 이용해 어떤 것을 만들 수 있을까요? 블링크와 아두이노를 이용해 냉장고가 열릴 때마다 냉장고 안 사진을 찍도록 할 수 있어요. 그리고 찍은 사진을 어느 곳에서나 확인할 수도 있어요. 만약 이렇게 하면 장을 보러 마트에 갔을 때 냉장고에 뭐가 부족하고 뭐가 많은지 알 수 있겠죠.

만약 드론을 만든다면 블링크를 이용해 조종할 수 있어요. 블링크에 조이스틱 위젯을 이용해 드론 컨트롤러를 만들면 돼요. 그리고 그래프 위젯을 이용해 드론의 상태를 표시할 수도 있어요.

사물인터넷하면 쉽게 볼 수 있는 것이 스마트 화분이죠. 이 스마트 화분도 블링크를 이용해 여러분이 직접 만들 수 있어요. 물이 부족하면 스마트폰으로 알림을 띄운다거나 트위터를 보내게 하는 거에요.

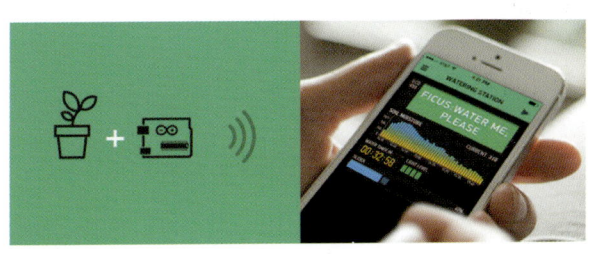

블링크 준비하기

이제 블링크를 사용하기 위해 필요한 것들을 준비해볼께요. 다음 순서대로 따라해주세요.

01 블링크 페이지(http://goo.gl/u8PBtw)로 이동해주세요.

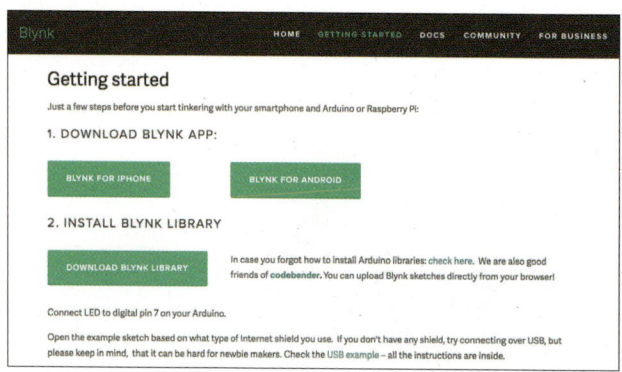

02 블링크 앱을 설치해주세요. 아이폰의 경우 [BLYNK FOR IPHONE], 안드로이드의 경우 [BLYNK FOR ANDROID] 버튼을 클릭하면 앱 설치 페이지로 이동해요.

03 앱을 실행하면 다음과 같은 화면이 나타나요. 블링크를 사용하려면 계정이 필요해요. 만약 페이스북 계정이 있다면 페이스북 계정으로 로그인할 수 있어요. 회원가입을 하기 위해 [Create New Account]를 눌러주세요.

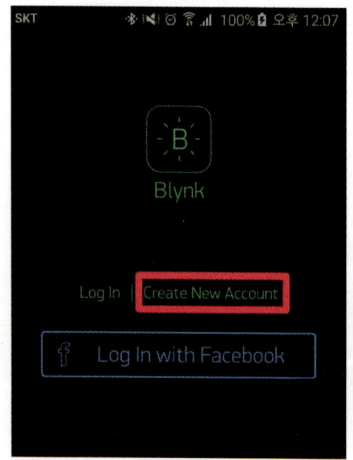

04 회원가입을 할 때 이메일과 비밀번호를 입력해줘야 해요. 이메일은 꼭 사용하는 메일 주소를 입력
해주세요. 프로젝트를 할 때 블링크에서 중요한 정보를 메일로 보내기 때문이에요.

05 회원가입이 되면 로그인되면서 다음과 같은 화면이 떠요.

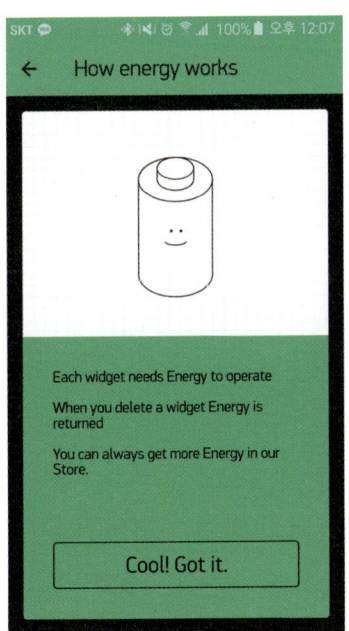

06 이제 아두이노 라이브러리를 설치해야 해요. 블링크 페이지(http://goo.gl/u8PBtw)에서 [DOWNLOAD BLYNK LIBRARY] 버튼을 클릭해주세요. 클릭하면 최신 버전의 라이브러리가 다운돼요.

DOWNLOAD BLYNK LIBRARY

07 다운로드한 파일의 압축을 풀면 다음과 같은 폴더들이 들어있어요. 이 폴더들을 아두이노 라이브러리 폴더 안에 복사해주세요. 윈도우의 경우 [내 문서]-[Arduino]-[libraries], 맥의 경우 [도큐멘트]-[Arduino]-[libraries]가 아두이노 라이브러리 폴더에요. 아두이노 IDE를 껐다 켜면 Contributed 라이브러리 부분에 Blynk 라이브러리가 추가된 것을 볼 수 있어요. 이제 블링크를 사용할 준비가 다 됐어요.

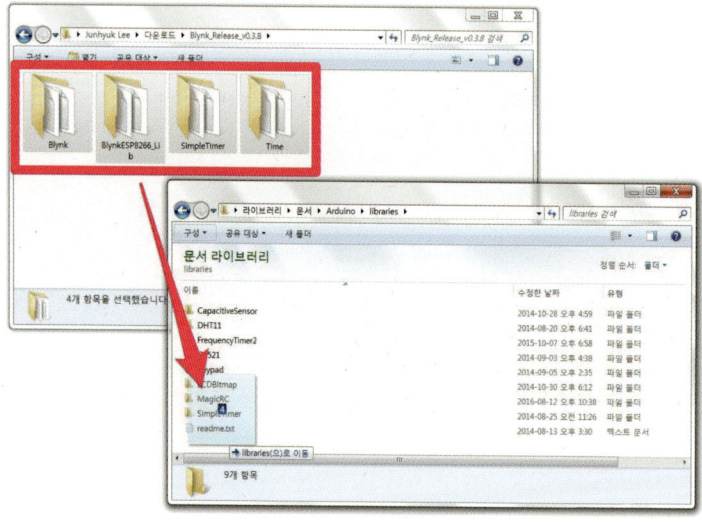

블링크 시작하기

준비물

아두이노 UNO 1개　　스파크펀 ESP8266 WiFi 쉴드 1개　　5mm LED 1개　　220 옴 저항 1개

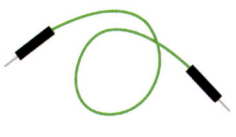 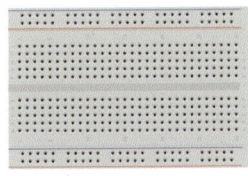

수수 점퍼 와이어 2개　　브레드보드 1개

이제 블링크를 이용해 간단한 사물인터넷 프로젝트를 만들어볼께요. 바로 인터넷을 이용해 LED를 껐다 켜는거에요. 블링크를 사용하려면 아두이노가 인터넷에 연결되어야 하는데 여기서는 이전에 배운 스파크펀 ESP8266 WiFi 쉴드를 사용할거에요.

아두이노 보드에 연결은 [회로도 13-1]과 같이 해요. 스파크펀 ESP8266 WiFi 쉴드를 아두이노 보드 위에 꽂고 다음 순서대로 하나씩 따라 연결해주세요.

회로도 13-1 블링크 : 쉽고 재밌는 사물인터넷(http://goo.gl/gXeihQ)

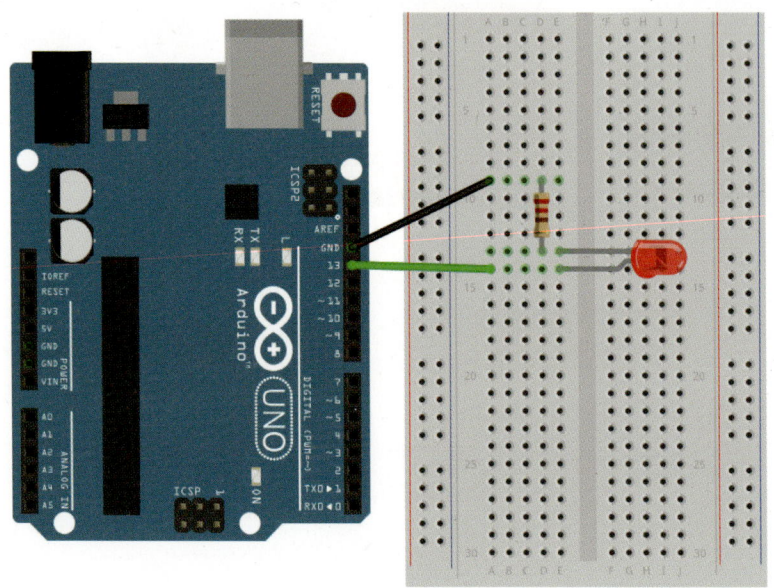

01 아두이노 보드 13번 핀에 점퍼 와이어를 연결한 뒤 브레드 보드의 가로 줄 부분에 꽂아주세요.

02 점퍼 와이어를 꽂은 같은 줄에 LED의 긴 다리를 꽂아주세요. 그리고 짧은 다리는 옆줄에 꽂히도록 해주세요.

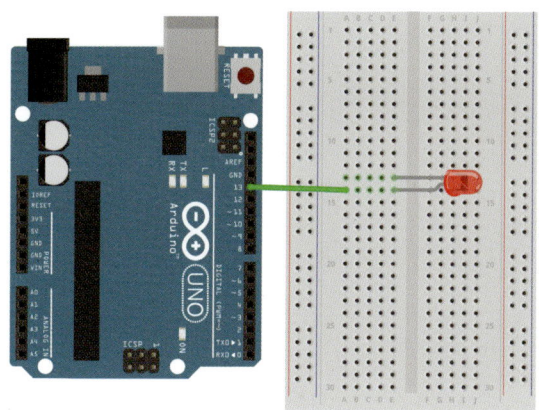

03 저항을 디귿(ㄷ)자로 구부린 뒤 한 쪽을 LED의 짧은 다리가 있는 줄에 꽂히도록 해주세요.

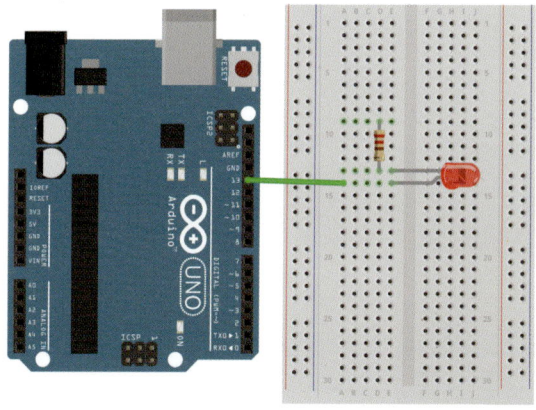

04 저항만 꽂혀있는 줄에 새로운 점퍼 와이어를 꽂고, 반대쪽을 아두이노 보드의 그라운드 핀에 연결해주세요.

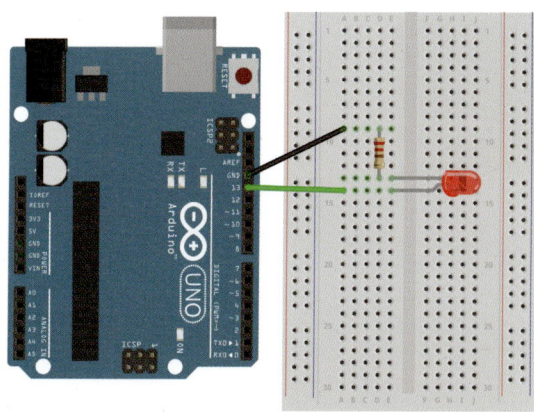

05 완성된 모습이에요!

이제 블링크 프로젝트를 만들어야해요. 블링크 앱을 실행하고 다음 순서대로 따라해주세요.

01 앱을 실행하면 프로젝트가 없기 때문에 다음과 같은 화면이 떠요. 여기서 "Create New Project" 부분을 클릭해주세요. Project Name 부분에 프로젝트 이름을 적어주세요. 여기서는 "ESP8266 Test"라고 할거에요. 그리고 HARDWARE MODEL 부분에 "Arduino UNO"라고 적힌 부분을 클릭해 주세요.

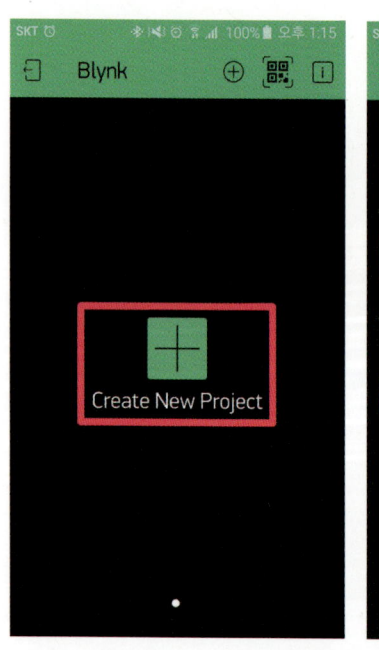
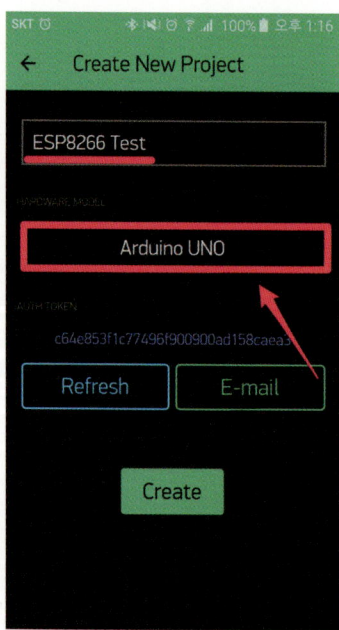

02 클릭하면 사용할 하드웨어를 선택할 수 있어요. 여기서는 아두이노 UNO를 사용하기 때문에 Arduino UNO를 선택해주세요. 만약 다른 종류의 아두이노 모델이나 하드웨어를 사용한다면 여기서 바꾸면 돼요. AUTH TOKEN 부분을 보면 알 수 없는 글자가 적혀있어요. 이 글자는 토큰 값이에요. 이 토큰 값이 있어야 아두이노를 블링크 서버에 연결할 수 있어요.

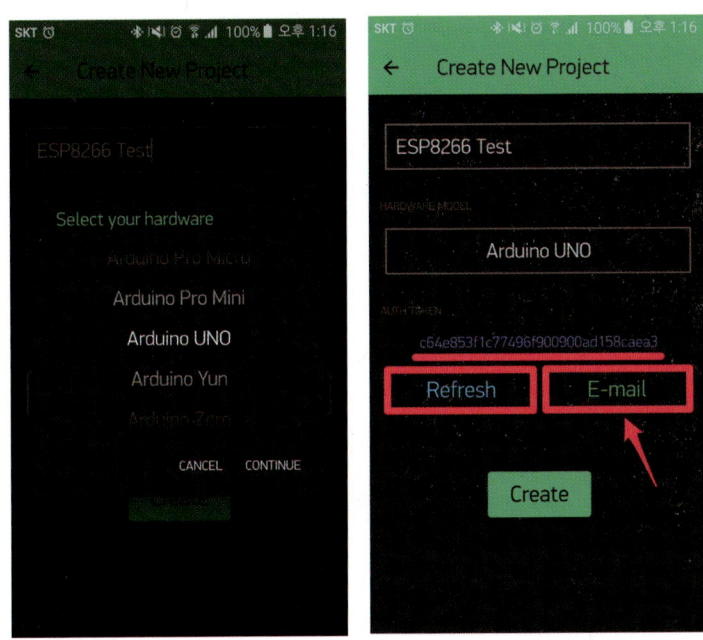

TIP 만약 [Refresh] 버튼을 누르면 토큰 값이 다시 다른 값으로 바뀌어요. 이 토큰 값을 아두이노 스케치 코드에 적어줘야 하는데 글자가 복잡하고 길이가 길기 때문에 여러분이 직접 눈으로 보고 입력하기 상당히 힘들어요. 이 토큰 값을 이메일로 보낼 수 있어요. [E-mail] 버튼을 누르면 회원가입할때 입력한 이메일 주소로 토큰 값이 전송돼요.

03 토큰 값을 이메일로 받았다면 [Create] 버튼을 눌러주세요. 프로젝트가 만들어지면 다음과 같이 빈 화면이 나타나요. 검은 색 빈 부분이 다양한 위젯을 추가할 수 있는 대시보드에요. 대시보드의 빈 부분이나 위 동근 플러스 모양을 클릭해주세요.

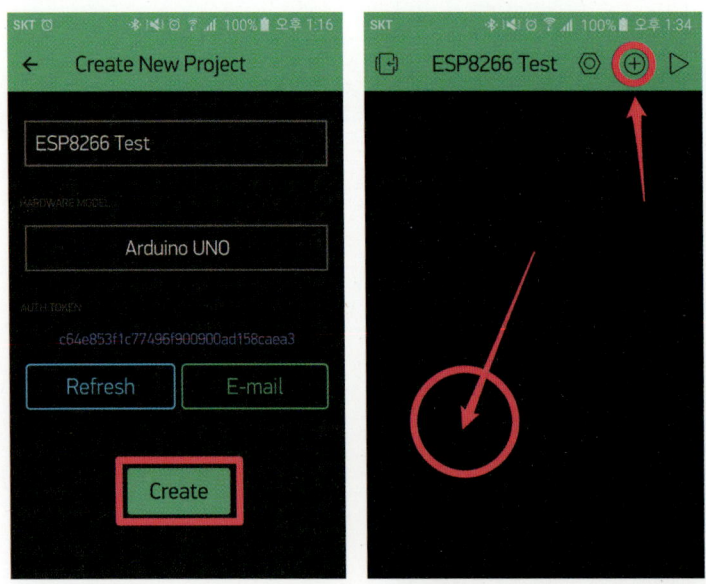

04 기다리면 대시보드에 추가할 수 있는 위젯 목록이 나타나요. 대시보드에 버튼을 추가해 LED를 껐다 켰다 할거에요. 따라서 "Button"을 선택해주세요.

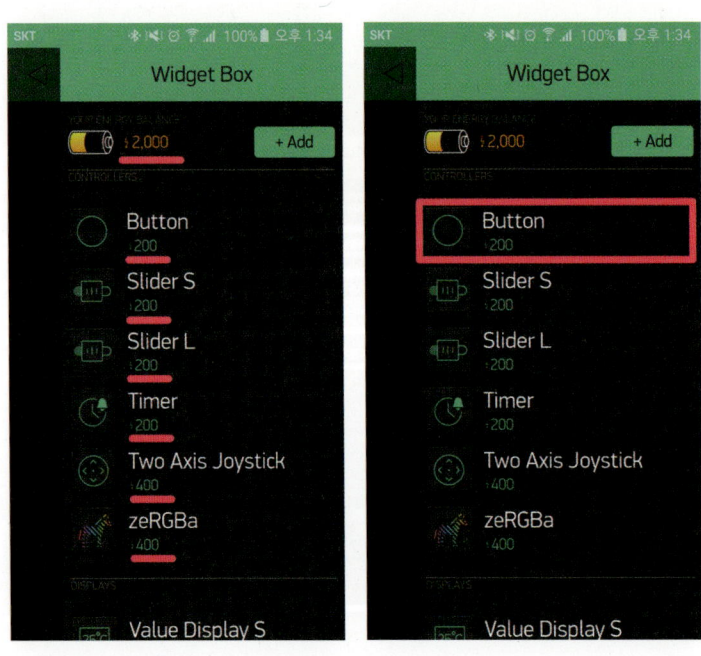

> **TIP** 블링크는 무료로 사용할 수 있어요. 대신 무료로 사용하는 경우 대시보드에 추가할 수 있는 위젯의 수가 제한되어있어요. YOUR ENERGY BALANCE라고 적힌 부분에 숫자가 적혀있는데, 이 값만큼만 위젯을 추가할 수 있어요. 그리고 위젯을 추가할 때 에너지가 얼만큼 필요한지 밑에 표시되어 있어요. 혹시나 위젯을 더 많이 추가하고 싶다면 따로 돈을 내야 해요.

05 버튼을 선택하면 다음과 같이 버튼이 추가된 것을 볼 수 있어요. 다시 추가된 버튼을 클릭해주세요. 다음과 같이 화면이 뜨면서 버튼에 대한 설정을 바꿀 수 있어요. 여기서 OUTPUT 부분에 "PIN"이라고 적힌 부분을 클릭해주세요. 여기는 버튼을 눌렀을 때 제어할 핀 번호를 설정하는 곳이에요. LED를 디지털 핀 13번에 연결했기 때문에 Digital, D13을 선택해주세요. 그리고 "Continue"를 클릭해주세요.

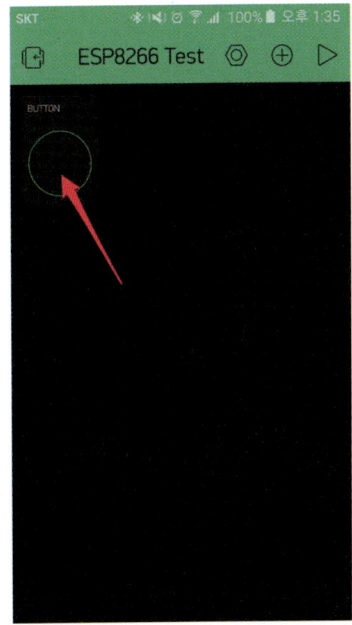 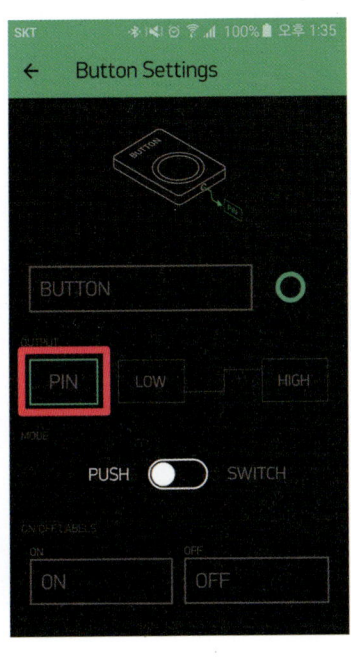 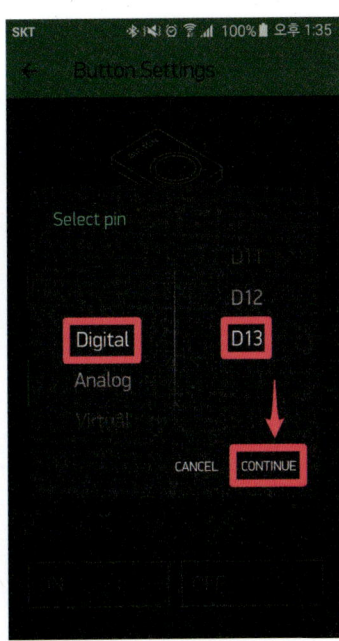

06 다음으로 MODE 부분에서 SWITCH를 선택해주세요. PUSH는 누르고 있을 때만 ON이 되고, SWITCH는 매번 누를 때마다 ON에서 OFF로 바뀐다는 것이 달라요. 여기서는 누를 때마다 켜졌다 가 꺼졌다가 하도록 하기 위해 SWITCH로 설정해요. 설정했다면 [뒤로 가기] 버튼을 클릭해주세요. 다시 대시보드로 돌아오면 버튼에 D13이라고 표시된 것을 볼 수 있어요.

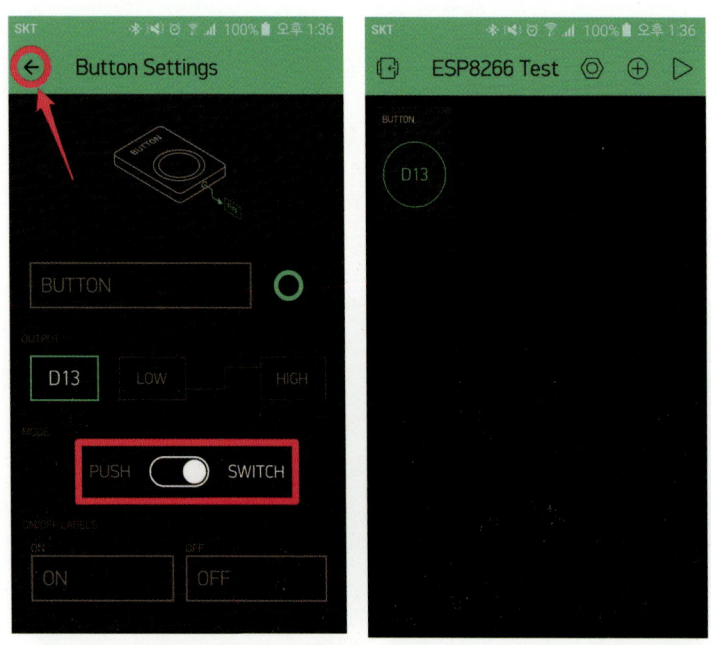

스케치는 [코드 13-1]과 같이 작성해주세요.

코드 13-1 블링크 : 쉽고 재밌는 사물인터넷(https://goo.gl/V1AcMf)

```
1    /*************************************************************
2     * Blynk is a platform with iOS and Android apps to control
3     * Arduino, Raspberry Pi and the likes over the Internet.
4     * You can easily build graphic interfaces for all your
5     * projects by simply dragging and dropping widgets.
6     *
7     *   Downloads, docs, tutorials: http://www.blynk.cc
8     *   Blynk community:            http://community.blynk.cc
9     *   Social networks:            http://www.fb.com/blynkapp
10    *                               http://twitter.com/blynk_app
11    *
12    * Blynk library is licensed under MIT license
```

```
 * This example code is in public domain.
 *
 *************************************************************
 *
 * This example shows how to use ESP8266 Shield (with AT commands)
 * to connect your project to Blynk.
 *
 * Note: Ensure a stable serial connection to ESP8266!
 *       Firmware version 1.0.0 (AT v0.22) is needed.
 *       You can change ESP baud rate. Connect to AT console and call:
 *          AT+UART_DEF=9600,8,1,0,0
 *       In general, Soft Serial may be unstable.
 *       It is highly recommended to switch to Hard Serial.
 *
 * Change WiFi ssid, pass, and Blynk auth token to run :)
 * Feel free to apply it to any other example. It's simple!
 *
 *************************************************************/

#define BLYNK_PRINT Serial    // Comment this out to disable prints
                              //  and save space
#include <ESP8266_Lib.h>
#include <BlynkSimpleShieldEsp8266.h>

// You should get Auth Token in the Blynk App.
// Go to the Project Settings (nut icon).
char auth[] = "YourAuthToken";

// Your WiFi credentials.
// Set password to "" for open networks.
char ssid[] = "YourNetworkName";
char pass[] = "YourPassword";

// Hardware Serial on Mega, Leonardo, Micro...
//#define EspSerial Serial1

// or Software Serial on Uno, Nano...
```

```
50  #include <SoftwareSerial.h>
51  SoftwareSerial EspSerial(8, 9); // RX, TX
52
53  // Your ESP8266 baud rate:
54  #define ESP8266_BAUD 9600
55
56  ESP8266 wifi(&EspSerial);
57
58  void setup()
59  {
60    // Set console baud rate
61    Serial.begin(9600);
62    delay(10);
63    // Set ESP8266 baud rate
64    EspSerial.begin(ESP8266_BAUD);
65    delay(10);
66
67    Blynk.begin(auth, wifi, ssid, pass);
68  }
69
70  void loop()
71  {
72    Blynk.run();
73  }
```

스케치는 예제를 그대로 활용할거에요. [예제]-[Blynk]-[Boards_WiFi]-[ESP8266_Shield] 메뉴를 선택해주세요. 만약 다른 보드나 쉴드를 사용한다면 [예제]-[Blynk] 메뉴에서 해당되는 예제를 선택하면 돼요.

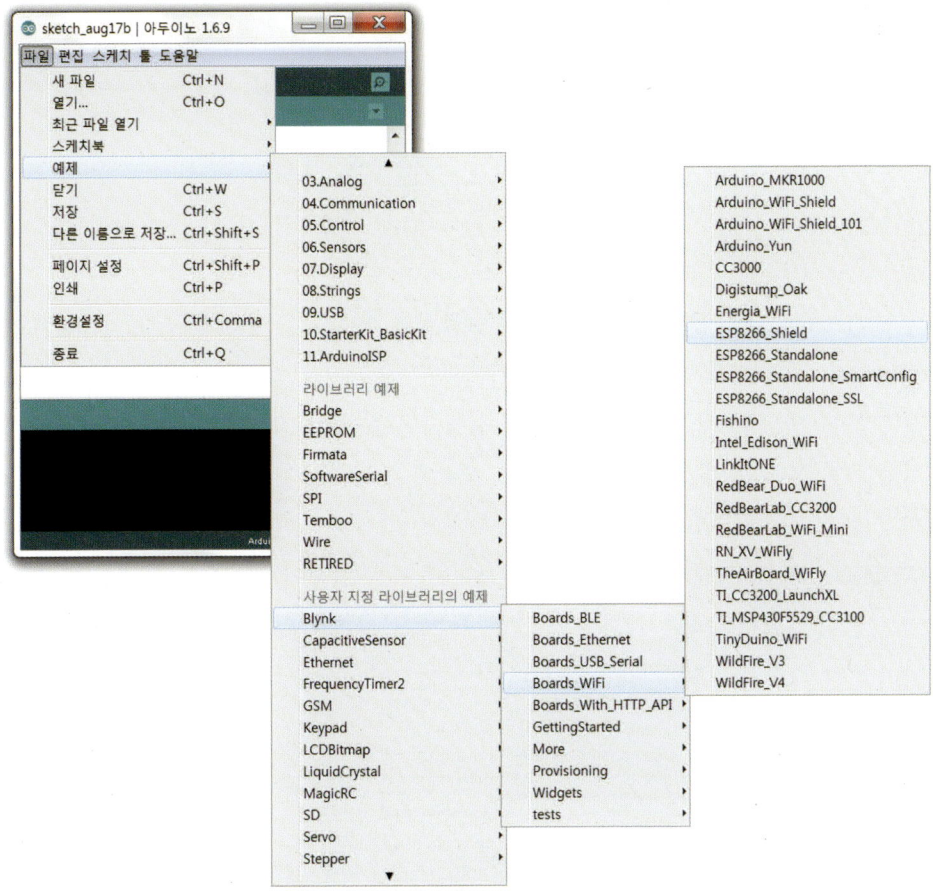

[코드 13-1]은 ESP8266_Shield 예제를 스파크펀 ESP8266 WiFi 쉴드에 맞게 수정한 거에요.

코드 13-2 하드웨어 시리얼 부분 주석 처리

```
#define EspSerial Serial1
```

원래 예제와 비교하면 47번 줄이 원래 [코드 13-2]처럼 되어있어요. 여기서 Serial1은 아두이노 MEGA, 아두이노 LEONARDO, 아두이노 MICRO에서만 사용하기 때문에 주석으로 바꿔준거에요.

코드 13-3 | 소프트웨어 시리얼 부분 주석 해제

```
// #include <SoftwareSerial.h>
// SoftwareSerial EspSerial(2, 3); // RX, TX
```

그리고 50 ~ 51번 줄도 예제와 비교하면 원래 [코드 13-3]처럼 되어있어요. 그런데 스파크펀 ESP8266 WiFi 쉴드는 SoftwareSerial 라이브러리를 사용하고 디지털 핀 8, 9번을 사용하기 때문에 50 ~ 51번 줄과 같이 수정한거에요.

39번 줄 "YourAuthToken" 부분에 메일로 받은 블링크 토큰 값을 넣어주세요. 그리고 43번 줄 "YourNetworkName" 부분에 연결할 WiFi 이름을 넣어주세요. 마지막으로 44번 줄 "YourPassword" 부분에 연결할 WiFi 비밀번호를 넣어주세요. 다 수정했다면 스케치를 업로드해주세요. 업로드하고 시리얼 모니터를 열면 WiFi 연결을 시도하고 블링크 서버에 접속하는 것을 볼 수 있어요. 만약 블링크 서버 접속까지 성공하면 마지막에 "Ready"라고 표시돼요. 이제 아두이노와 블링크 서버가 연결된 거에요. 간혹 "Failed to disable Echo"라고 뜨면서 연결이 안 되는 경우가 있어요. 이때는 RX, TX 핀 번호를 잘못 적지 않았는지 확인하고, 그래도 에러가 난다면 스파크펀 ESP8266 WiFi 쉴드 위에 [RESET] 버튼을 눌러 다시 시도해보세요.

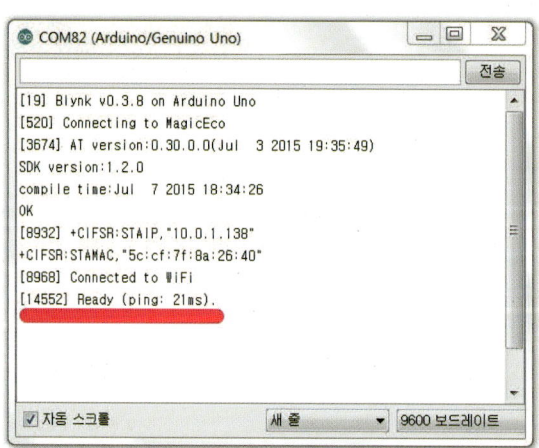

다시 앱을 열고 다음 순서대로 따라해주세요.

01 대시보드 화면에서 오른쪽 위 실행 버튼을 눌러주세요. 프로젝트를 실행한다는 뜻이에요.

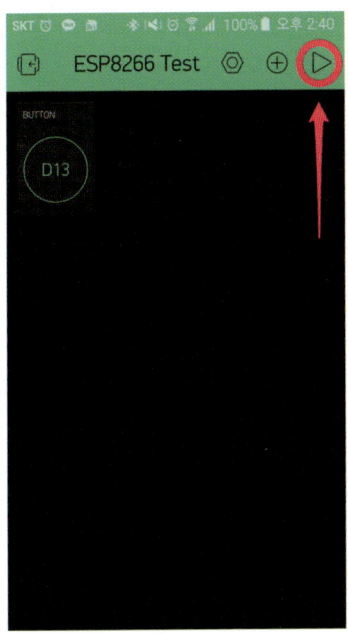

02 만약 아두이노가 블링크 서버에 연결되지 않은 상태로 실행하면 이와 같이 아두이노가 연결되지 않았다고 메시지가 떠요.

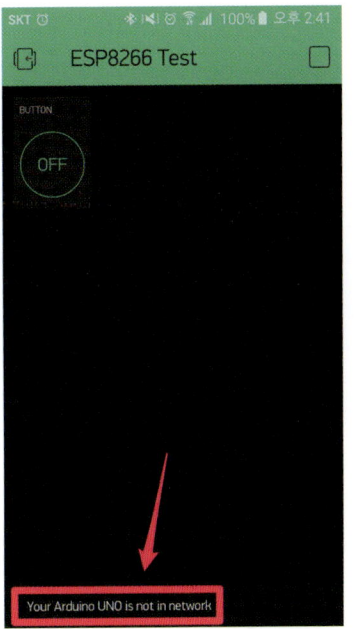

03 프로젝트가 제대로 실행된다면 버튼을 껐다 켰다 해보세요. 그럼 아두이노 보드에 연결된 LED가 똑같이 껐다 켜지는 것을 볼 수 있어요. 만약 여러분이 집 밖에서 앱을 실행해 버튼을 껐다 켜도 LED가 똑같이 껐다 켜져요.

이 책이 블링크 책이 아니기 때문에 아주 간단한 프로젝트만 만들어봤어요. 만약 블링크를 좀 더 해보고 싶은 사람들은 제가 이전에 찍은 블링크 강좌(https://goo.gl/4NlKZr)를 참고해주세요.

쉬어가는 페이지

블링크의 다양한 기능들

이번 시간 블링크의 버튼 위젯만 이용해 인터넷으로 껐다 켤 수 있는 LED를 만들어봤어요. 블링크에는 이 버튼 말고도 다양한 위젯들이 있어요. 어떤 위젯들이 있는지 살펴볼까요?

01 | 컨트롤러

■ 버튼
실제 푸쉬 버튼이나 스위치처럼 눌렀다 뗐다 또는 켰다 껐다 할 수 있는 위젯이에요.

■ 슬라이더
좌우 또는 상하로 움직여 가변저항처럼 값을 바꿀 수 있는 위젯이에요.

■ 타이머
특정 시간이 되면 자동으로 정해진 동작이 실행되도록 할 때 사용해요.

■ 조이스틱
손가락을 움직여 아두이노나 드론을 움직이고 싶을 때 사용해요.

■ zeRGBa
얼룩말 모양의 색깔 표로 여러분이 원하는 색을 고를 수 있어요. 색을 고르면 색에 해당되는 RGB 값을 알려주고, 이 값으로 삼색 LED의 색을 바꿀 수 있어요.

쉬어가는 페이지

02 | 디스플레이

■ **값 표시기**

아두이노의 센서 값을 표시하고 싶을 때 사용해요.

■ **LED**

프로그램으로 껐다 켰다 할 수 있는 가상의 LED에요.

■ **게이지**

최소 값과 최대 값이 있고 센서 값이 어느 부분에 위치하는지 확인하고 싶을 때 사용해요.

■ **LCD**

아두이노에서 사용한 LCD처럼 글자를 표시할 수 있는 위젯이에요.

■ **그래프**

저장된 센서 값들을 그래프로 보여주는 위젯이에요.

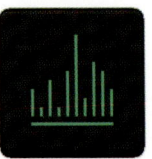

■ **히스토리 그래프**

그래프를 시, 일, 월 단위로 기간을 선택해 볼 수 있는 그래프 위젯이에요.

■ **터미널**

아두이노 IDE의 시리얼 모니터처럼 아두이노와 통신할 수 있는 위젯이에요.

03 | 알림

■ **트위터**

블링크 프로젝트에서 트위터 기능을 사용할 수 있게 해주는 위젯이에요.

■ **푸쉬 알림**

블링크 프로젝트에서 스마트폰 푸쉬 알림을 사용할 수 있게 해주는 위젯이에요.

■ **이메일**

블링크 프로젝트에서 이메일 알림을 사용할 수 있게 해주는 위젯이에요.

04 | 기타

■ **탭**

블링크 프로젝트에서 여러 화면을 이용하고 싶을 때 사용해요. 탭을 누를 때마다 화면이 바뀌어요.

■ **메뉴**

사용자가 메뉴를 선택하는 것에 따라 어떤 동작이 실행되게 하고 싶을 때 사용해요.

■ **브릿지**

블링크와 연결된 아두이노끼리 서로 통신하게 하고 싶을 때 사용해요. 브릿지를 이용하면 아두이노 1개로 여러 아두이노를 제어할 수도 있어요.

쉬어가는 페이지

■ RTC

아두이노가 정확한 현재 시간을 항상 알도록 하고 싶을 때 사용해요.

■ BLE

블루투스 SMART 기기를 제어하고 싶을 때 사용해요.

PART

14

아두이노 YUN과 템부

이번 장에서는 사물인터넷용 아두이노인 아두이노 YUN과 블링크처럼 아두이노로 사물인터넷 프로젝트를 쉽게 만들 수 있도록 해주는 템부에 대해 배웁니다. 그리고 아두이노 YUN과 템부를 이용해 버튼을 누르면 현재 날씨 정보를 인터넷에서 가지고 오는 것을 만들어봅니다.

아두이노 YUN 소개하기

아두이노에서도 사물인터넷을 위한 모델이 있는데 바로 아두이노 YUN이에요. "YUN"은 중국어로 구름을 뜻해요. 인터넷이 구름으로 비유가 많이 되기 때문에 이와 같은 이름이 지어졌어요. 그만큼 아두이노 YUN은 인터넷에 쉽게 연결이 가능해요. 이더넷과 WiFi가 있어 랜선을 꼽거나 무선 인터넷을 통해 곧바로 인터넷에 연결할 수 있어요. 아두이노 YUN도 아두이노 LEONARDO처럼 이젠 아두이노 팀에서 지원하지 않는 모델이에요. 하지만 디바이스마트(http://goo.gl/wNlHwX)나 다른 인터넷 쇼핑몰을 통해 살 수 있어요.

아두이노 YUN은 만들어질때부터 템부라는 사물인터넷 서비스와 함께 기획이 되었어요. 따라서 템부를 통해 재미난 사물인터넷 프로젝트를 쉽게 할 수 있어요. 예로 아두이노 YUN을 통해 주위 온도, 습도 등을 인식해 페이스북에 알리거나 반대로 페이스북에서 메시지가 오면 아두이노 YUN을 이용해 예쁜 LED나 재미난 소리로 알려주도록 할 수도 있어요.

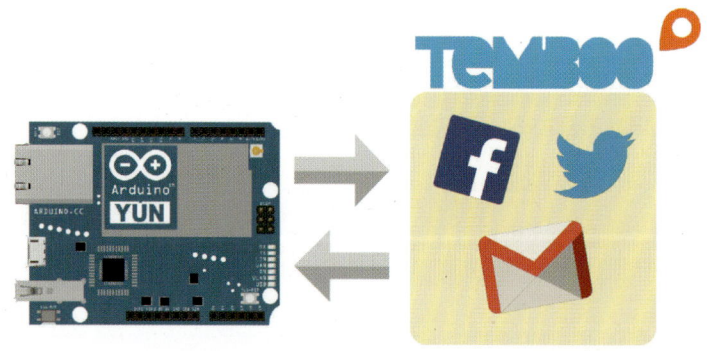

템부 소개하기

템부(Temboo)는 이전에 우리가 했던 블링크와 같이 사물인터넷 프로젝트를 쉽게 만들 수 있도록 해주는 도구에요. 다른 점은 블링크가 드래그 앤 드랍과 다양한 위젯을 이용해 간단히 사물인터넷 프로젝트를 만들 수 있었다면, 템부는 다양한 사물인터넷 API를 연결할 수 있다는거에요. API(Application Programming Interface)란 프로그램들끼리 서로 대화하는 방법이라고 할 수 있어요. 이 API를 이용해 어떤 프로그램을 다른 프로그램이 제어할 수 있어요.

여기서 사물인터넷 API라고 말한건 인터넷에 있는 다양한 서비스들을 템부에서 사용할 수 있기 때문이에요. 예로 페이스북, 트위터, 구글 드라이브, 드롭박스 등 약 80 종류의 인터넷 서비스를 템부를 이용해 연결할 수 있어요. 아두이노의 센서 값을 페이스북 담벼락에 올린다거나, 구글 드라이브의 스프레드시트에 저장하는 것 등을 할 수 있죠.

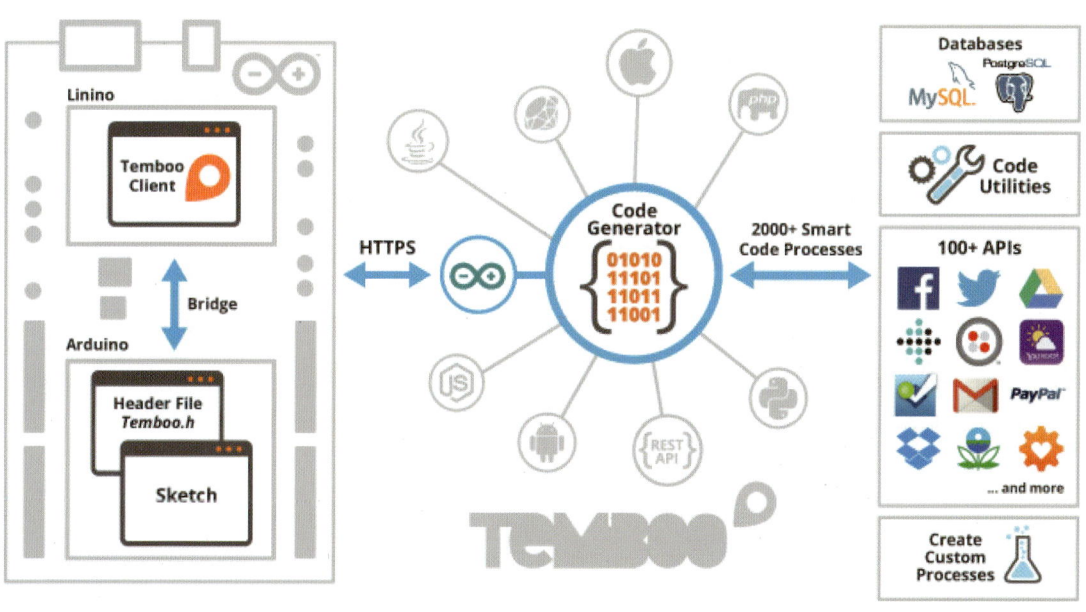

템부의 또 다른 특징은 다양한 언어를 사용할 수 있다는거에요. 안드로이드, iOS와 같은 모바일에서 자바, 자바스크립트, 파이썬, PHP 등 다양한 언어로 템부 코드를 작성할 수 있어요. 그리고 아두이노, 텍사스 인스트루먼트, 삼성 하드웨어들도 연결할 수 있어요.

게다가 사용자들이 어렵게 일일이 코딩할 필요도 없어요. 인증과 관련된 값만 입력하고 원하는 언어를 선택하면 템부가 자동으로 코드를 만들어줘요. 아두이노 같은 경우에는 만들어진 코드를 다운로드한 뒤 그대로 업로드만 해주면 돼요.

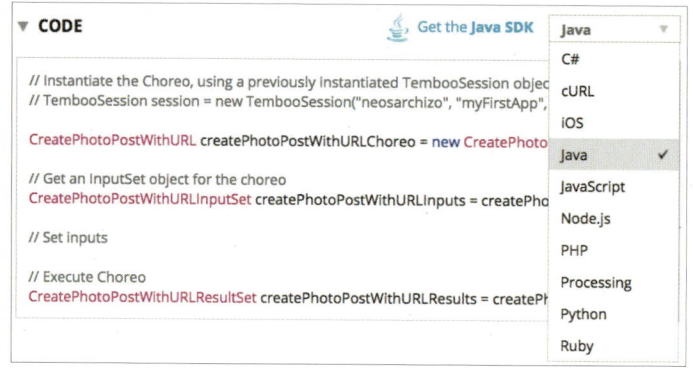

아두이노 YUN으로 템부 시작하기

준비물

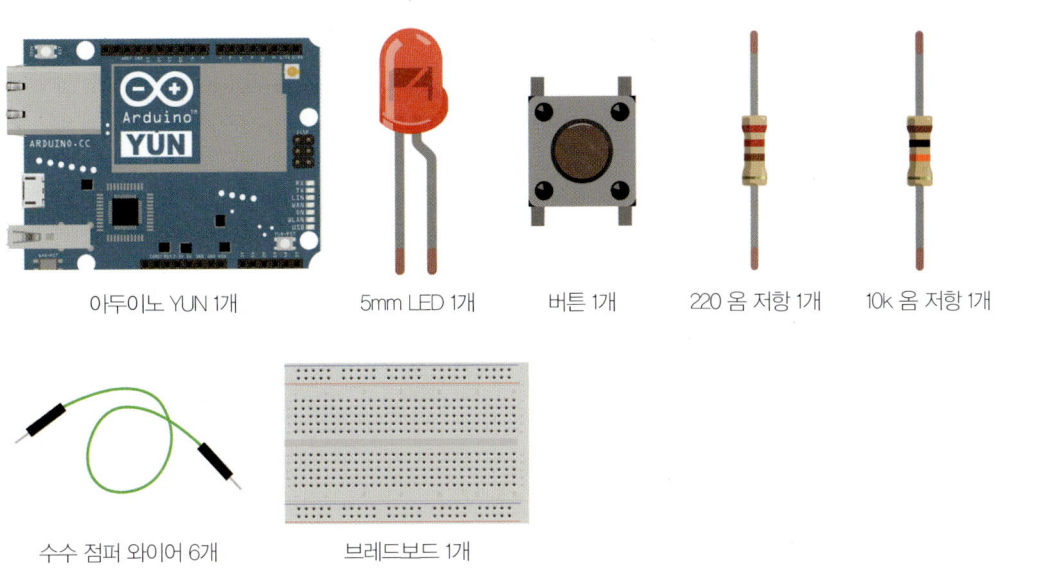

아두이노 YUN 1개   5mm LED 1개   버튼 1개   220 옴 저항 1개   10k 옴 저항 1개

수수 점퍼 와이어 6개   브레드보드 1개

이제 아두이노 YUN과 템부를 이용해 사물인터넷 프로젝트를 만들어볼께요. 아두이노 YUN의 연결된 버튼을 누르면 야후 API를 이용해 날씨 정보를 확인하고, 날씨가 특정 조건과 같다면 LED가 켜지도록 할거에요.

먼저 아두이노 YUN의 WiFi를 설정해볼께요. 다음 순서대로 따라해주세요.

01 아두이노 YUN의 WiFi를 설정하려면 아두이노 YUN에 접속해야해요. 아두이노 YUN을 켜면 WiFi 목록에 "Arduino Yun-XXXXXXXXXXXX"와 같이 뜨는 것을 볼 수 있어요. 아두이노 YUN 네트워크를 선택해 접속해주세요. 만약 아두이노 YUN을 켰는데도 WiFi 목록에서 보이지 않는다면 USB A 포트 옆에 [WLAN RST] 버튼을 5 ~ 30초 동안 눌러주세요. WiFi 장치를 초기화시켜주는거에요.

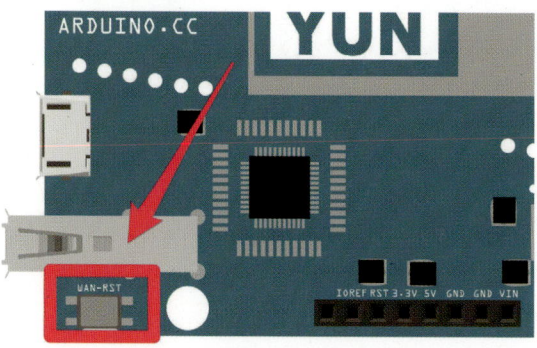

02 아두이노 YUN에 접속했다면 웹브라우저에서 http://arduino.local이나 192.168.240.1 로 이동해주세요. 이동하면 비밀번호를 입력하라고 떠요. 초기 비밀번호는 "arduino"에요. 비밀번호를 입력하고 [LOG IN] 버튼을 눌러주세요.

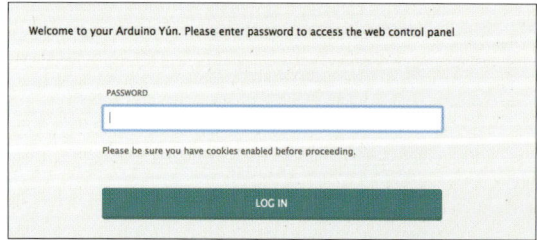

03 로그인하면 다음과 같은 화면이 떠요. 여기서 [CONFIGURE] 버튼을 눌러주세요.

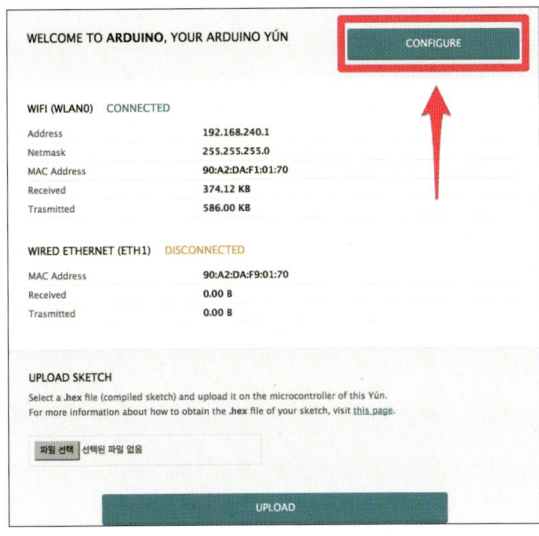

04 버튼을 누르면 다음과 같이 설정 화면으로 이동해요. 여기서 TIMEZONE 부분을 클릭해주세요. 선택하면 여러 나라의 시간대가 표시돼요. 여기서 Asia/Seoul을 선택해주세요.

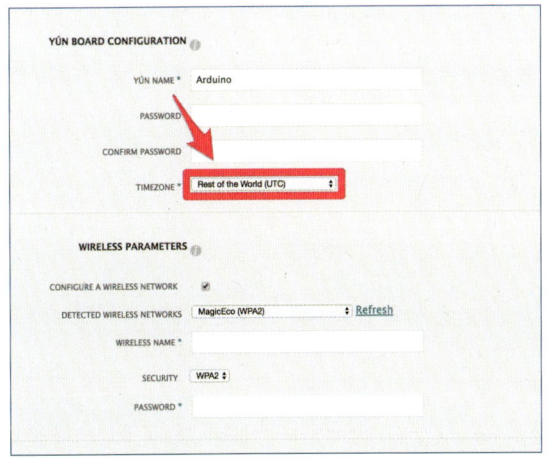 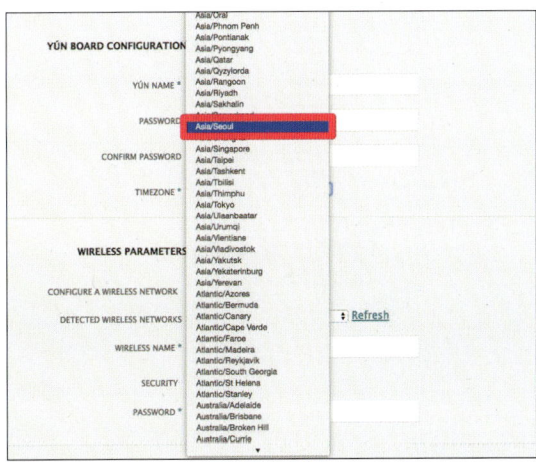

05 "Refresh"를 클릭하고 기다렸다가 [DETECTED WIRELESS NETWORKS] 부분을 클릭해주세요.

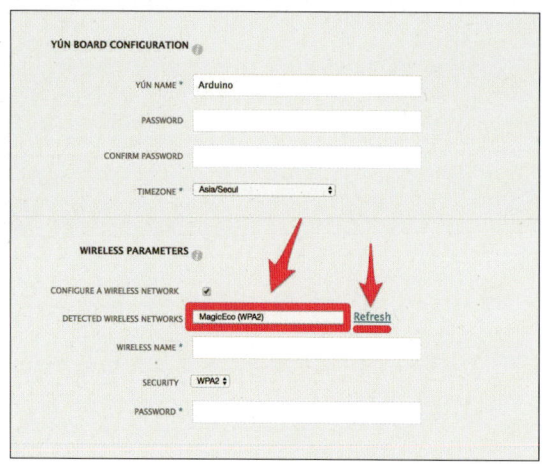

06 목록이 뜨면 사용할 WiFi를 선택해주세요. PASSWORD 부분에 WiFi 비밀번호를 입력하고 [CONFIGURE & RESTART] 버튼을 클릭해주세요.

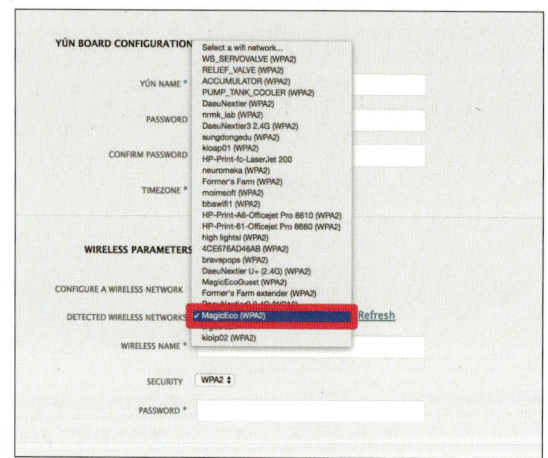
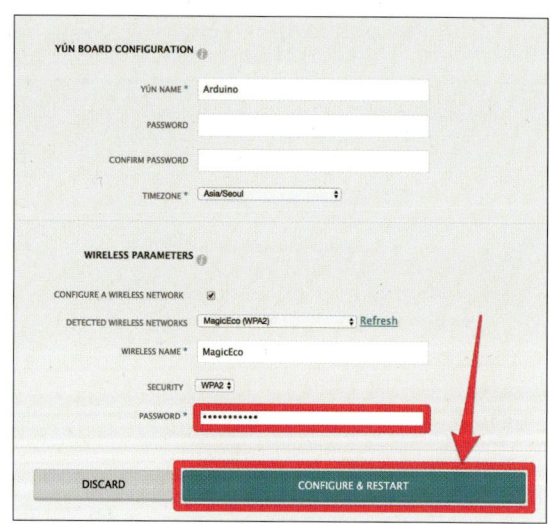

07 화면이 바뀌고 다음과 같이 "Restarted! You'll find me here"이라고 뜨면 PC의 네트워크를 아두이노 YUN이 연결된 WiFi에 연결해주세요.

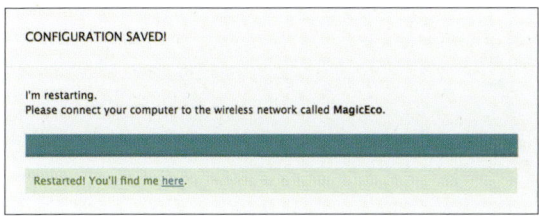

08 아두이노 YUN과 같은 네트워크에 연결하고 아두이노 IDE를 실행해주세요. [툴]-[포트] 메뉴에서 다음과 같이 아두이노 YUN이 보이면 제대로 설정한거에요.

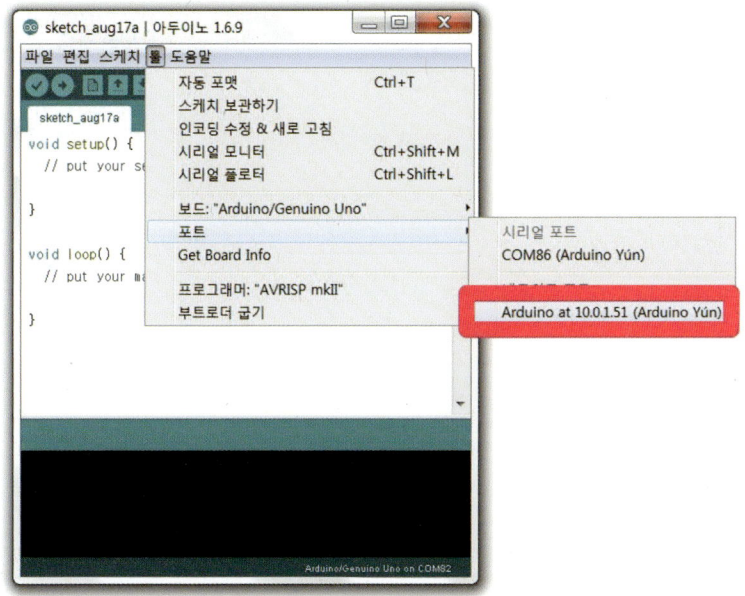

아두이노 보드에 연결은 [회로도 14-1]과 같이 해요. 다음 순서대로 하나씩 따라 연결해주세요.

회로도 14-1 아두이노 YUN과 템부(http://goo.gl/xdBG4h)

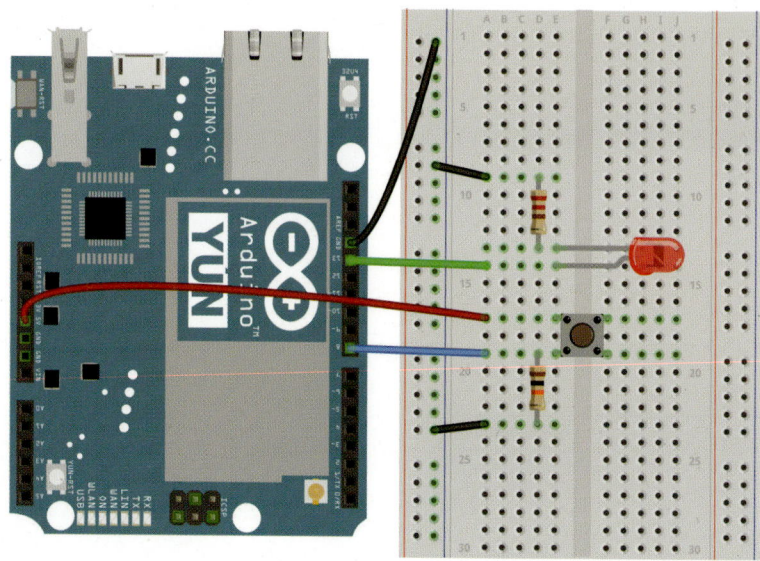

01 아두이노 보드 그라운드 핀에 점퍼 와이어를 연결하고, 반대쪽을 브레드 보드의 긴 파란색 세로줄 부분에 꽂아주세요.

02 LED의 플러스를 아두이노 보드의 13번 핀과 연결해주세요. 그리고 LED의 마이너스와 저항을 연결하고, 저항의 다른 쪽 다리를 그라운드가 연결된 세로줄과 연결해주세요.

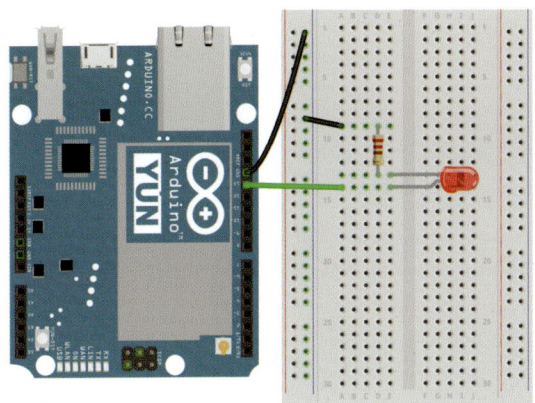

03 버튼을 꽂고 아두이노 보드 8번 핀에 연결해주세요.

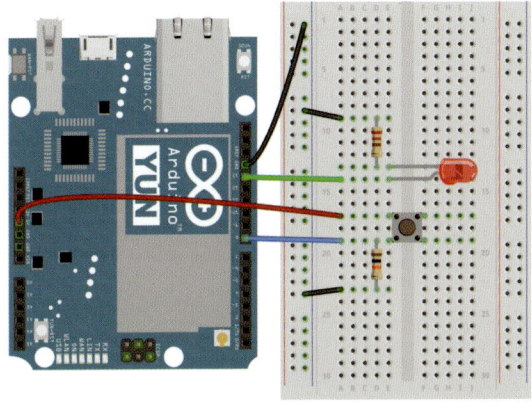

04 완성된 모습이에요!

이제 템부를 이용해 아두이노 스케치를 만들거에요. 다음 순서대로 따라해주세요.

01 템부 홈페이지로 이동해주세요. 템부를 사용하려면 계정이 필요해요. 아이디, 이메일 주소, 비밀번호를 입력해 회원가입을 해주세요.

02 회원가입하고 로그인하면 다음과 같은 화면이 떠요. 여기서 왼쪽 목록에 있는 것이 템부에서 사용할 수 있는 API 서비스에요. 여기서는 API 서비스를 코레오(Choreo)라고 불러요. 이 중 야후의 날씨 API를 이용해볼께요.

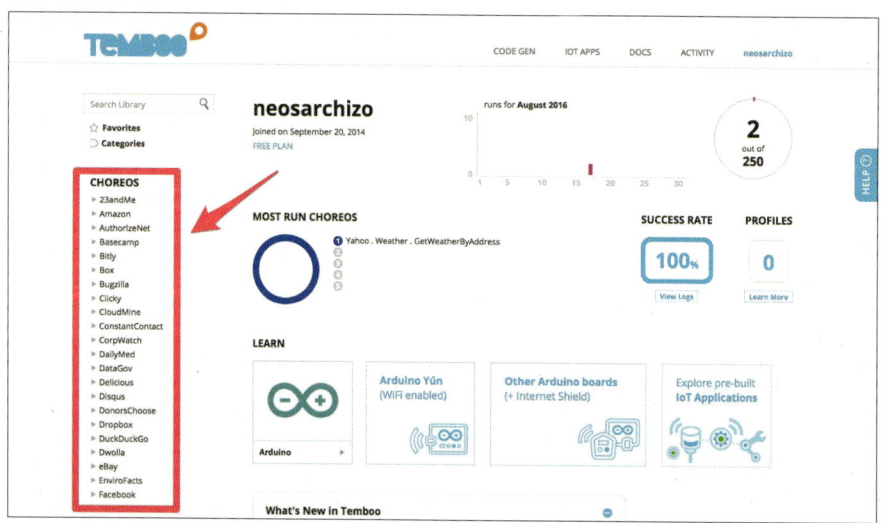

03 코레오 목록에서 [Yahoo]-[Weather]-[GetWeatherByAddress]를 선택해주세요. 이 코레오는 주소를 기준으로 날씨 정보를 받아와요.

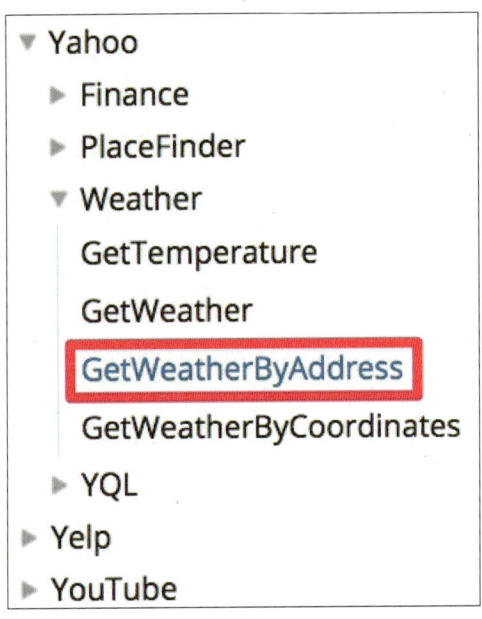

04 GetWeatherByAddress 코레오 페이지로 이동하면 다음과 같이 주소를 입력하는 곳이 있어요. 영어로 seoul이라고 입력해주세요. 이 상태에서 [Run] 버튼을 눌러주세요.

325

05 버튼을 누르면 야후에서 날씨 정보를 갖고 와요. 만약 아두이노에서 코레오를 사용하면 다음과 같은 정보를 받는거에요.

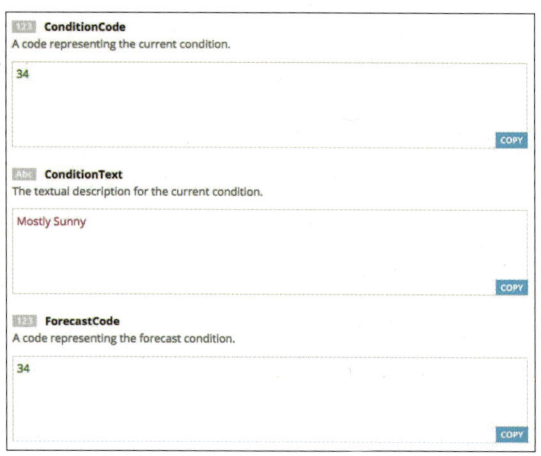

06 페이지 오른쪽 위를 보면 IoT Mode라고 적힌 스위치가 있어요. 이 스위치를 ON으로 설정해주세요. 코레오로 사물인터넷 프로젝트를 한다는 뜻이에요.

07 선택하면 페이지 위에 다음과 같은 메뉴들이 생겨요. 템부는 아두이노 YUN만 아니라 다른 아두이노 모델을 연결해 사용할 수도 있어요. 대신 아두이노가 인터넷에 연결되어 있어야해요. 여기서 "How is it connected?" 부분을 클릭해주세요.

08 클릭하면 템부에서 지원하는 쉴드 목록이 표시돼요. 아두이노 YUN이 아닌 다른 모델이라도 여기 표시된 쉴드를 연결해 템부를 사용할 수 있어요. 다시 아두이노 YUN을 선택하기 위해 "Arduino" 부분을 클릭해주세요.

09 클릭하면 지원하는 하드웨어 목록이 표시돼요. 이 중 Arduino Yun을 선택해주세요.

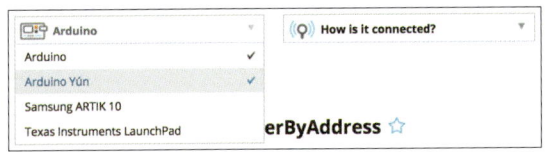

10 다음과 같이 "Is this Choreo triggered by a sensor event?"라고 적힌 부분을 클릭해주세요. 바로 센서 값에 따라 코레오를 실행할지 설정하는 거에요.

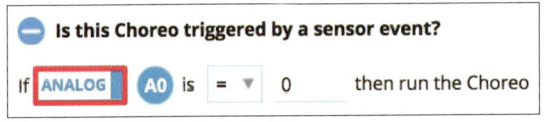

11 클릭하면 만약 어떤 조건일 때 코레오를 실행할지 옵션이 표시돼요. 여기서는 디지털 핀 8번에 연결한 버튼을 눌렀을 때 코레오를 실행할 거에요. "ANALOG" 부분을 클릭해주세요.

12 클릭하면 아날로그에서 디지털로 바뀌어요. 핀 번호를 설정하기 위해 "A0" 부분을 클릭해주세요.

13 페이지 오른쪽 위 보드 그림에서 8번 핀을 선택해주세요.

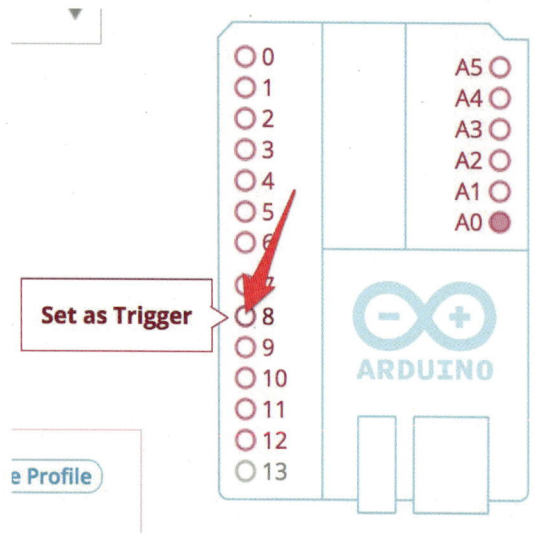

14 선택하면 다음과 같이 조건이 완성된 것을 볼 수 있어요.

15 다음과 같이 "Should an output trigger a hardware event?"라고 적힌 부분을 클릭해주세요. 바로 코레오 결과를 받으면 결과 값을 이용해 아두이노를 제어할지 설정하는 거에요.

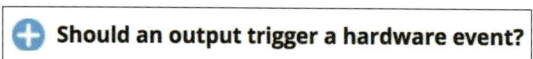

16 클릭하면 만약 코레오의 결과 값이 어떤 조건일 때 아두이노를 어떻게 제어할지 옵션이 표시돼요. 여기서는 코레오의 결과 값 중 ConditionText가 "Mostly Sunny"일 때 13번 핀에 연결된 LED가 켜지도록 할거에요. "ConditionCode" 부분을 클릭해주세요.

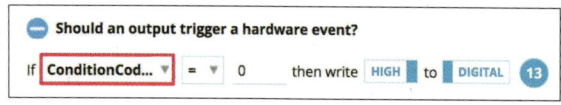

17 클릭하면 코레오 결과 값의 옵션들이 표시돼요. 여기서 "ConditionText"를 선택해주세요.

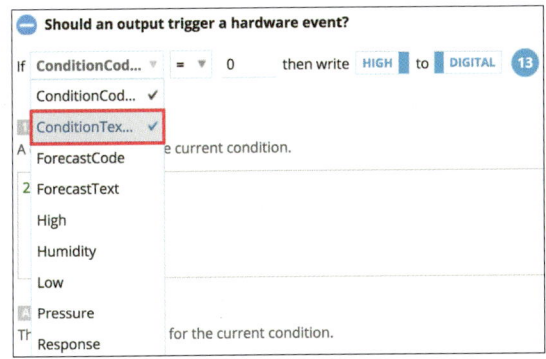

18 가운데 글자를 입력하는 부분에 "Mostly Sunny"라고 입력해주세요. 이렇게 하면 코레오의 결과 값을 받았을 때 아두이노를 제어하기 위한 조건이 완성돼요. 페이지 밑으로 내려가 다음과 같이 "Download your code"라고 적힌 부분을 클릭해주세요. 클릭하면 아두이노 스케치 코드가 다운로드 돼요. 다운로드한 파일의 압축을 풀고 스케치 파일을 열어주세요. 그리고 [툴]-[보드]-[Arduino Yun] 메뉴를 선택하고 스케치를 업로드해주세요.

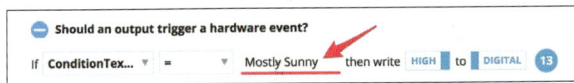 

19 스케치를 업로드하고 시리얼 모니터를 실행하면 다음과 같이 센서 값이 찍히는 것을 볼 수 있어요. 여기서 센서 값은 앞에서 설정한 디지털 8번 핀의 상태에요. 여기서 버튼을 누르면 코레오가 실행되는 것을 볼 수 있어요. 그리고 코레오 결과 값의 ConditionText가 "Mostly Sunny"일 때 13번 LED가 켜지는 것도 볼 수 있어요.

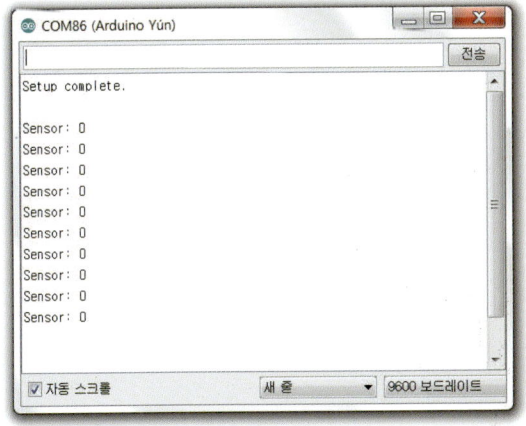 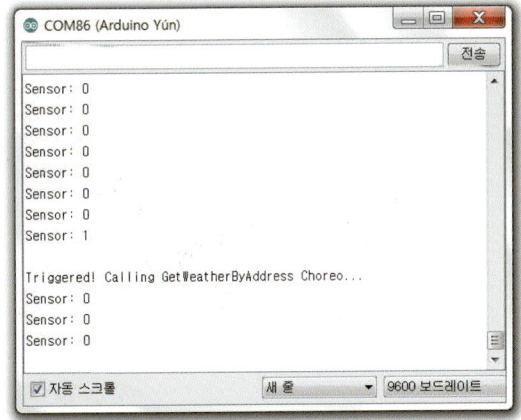

쉬 어 가 는 **페 이 지**

플로라 : 웨어러블 아두이노

웨어러블용 아두이노로 LILYPAD 아두이노라는 모델이 있지만 저는 플로라(Flora)라는 모델을 좋아해요. 플로라는 웨어러블 관련 부품을 전문적으로 제작하고 판매하는 아다푸르트(adafruit)에서 만든 아두이노 호환보드에요. LILYPAD 아두이노와 비슷하게 생겼지만 사용하기 보다 편리해요. 아다프루트나 디바이스마트(http://goo.gl/Xs6aiw)에서 살 수 있어요.

플로라와 같은 웨어러블용 보드는 전자부품을 연결할때 점퍼 와이어를 사용하지 않아요. 대신 전기가 통하는 전도성 실을 이용해요. 전도성 실을 플로라 핀 구멍에 감아서 연결하는거에요. 최근에 나온 플로라 버전 3 같은 경우에는 악어클립을 이용해 쉽게 전자부품을 연결할 수 있어요.

전자부품도 조도센서, 가속도센서, 적외선센서 등 플로라용이 따로 있어 쉽게 연결할 수 있어요.

플로라의 가장 큰 매력은 같은 회사에서 판매하는 웨어러블용 LED인 네오픽셀을 쉽게 연결할 수 있다는거에요. LILYPAD 아두이노에 네오픽셀을 연결하려면 전원 때문에 상당히 힘든데, 플로라는 곧바로 연결해 사용할 수 있어요.

또한 아두이노 LEONARDO처럼 PC에 연결하면 키보드나 마우스로 인식하기 때문에 조이스틱 같은 것을 만들 수도 있어요.

쉬 어 가 는 페 이 지

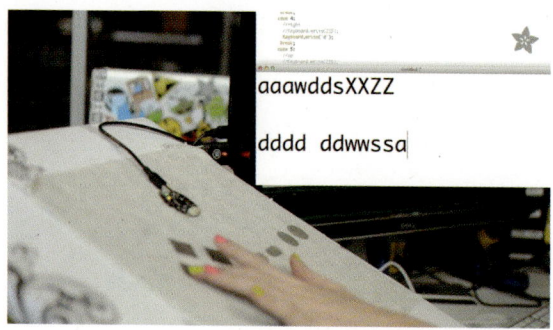

혹시나 플로라를 이용한 웨어러블 프로젝트에 대해 더 알고 싶다면 제가 전에 찍은 동영상 강의(https://goo.gl/pxGFaP)를 참고해주세요. 플로라와 네오픽셀을 이용한 빛나는 신발이나 이퀄라이저 옷 만드는 강의를 볼 수 있어요.

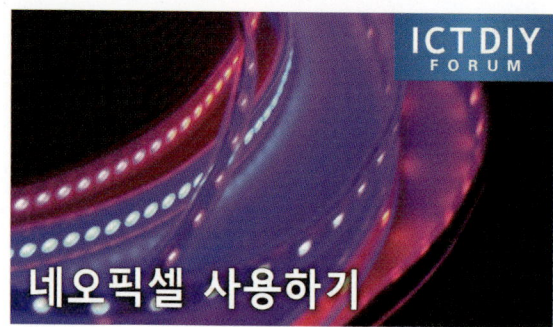

마치며

이제 마무리할 시간이 되었네요. 이번 실전편은 입문편에서 못한 이야기를 정리해보았는데 여전히 아직 하지 못한 이야기가 많이 남았네요. 남은 내용은 다음 기회에 또 책으로 정리해볼께요. 한번 여러분들이 이 책을 보고 지금까지 배운 것을 살펴볼까요?

- ☐ 서보모터를 이용해 재밌는 장난감을 만들 수 있어요.
- ☐ 외부전원을 사용할 수 있어요.
- ☐ 릴레이로 가전제품을 제어할 수 있어요.
- ☐ 아두이노 LEONARDO로 조이스틱을 만들 수 있어요.
- ☐ 시리얼 통신을 더 잘 활용할 수 있어요.
- ☐ 프로세싱을 할 수 있어요.
- ☐ 아두이노와 프로세싱을 이용해 초음파 레이더를 만들 수 있어요.
- ☐ 아두이노와 프로세싱을 이용해 레이저 장난감을 만들 수 있어요.
- ☐ 아두이노에 블루투스를 연결해 안드로이드와 통신할 수 있어요.
- ☐ 앱 인벤터로 안드로이드 앱을 만들 수 있어요.
- ☐ 아두이노, 블루투스, 안드로이드를 이용해 RC카를 만들 수 있어요.
- ☐ 아두이노를 인터넷에 연결할 수 있어요.
- ☐ 아두이노와 블링크를 이용해 간단히 사물인터넷을 구현할 수 있어요.
- ☐ 아두이노 YUN과 템부를 이용해 간단히 사물인터넷을 구현할 수 있어요.

이번에도 아두이노를 이용해 이렇게 많은 것을 할 수 있게 되었어요. 이제 남은 것은 배운 것을 응용해 여러분들이 만들고 싶은 것을 만들기만 하면 돼요. 한번 다음 순서와 같이 해보세요.

- ☐ 종이에 만들고 싶은 것을 낙서하거나 막 써보세요.
- ☐ 이 중 제일 마음에 드는 것을 골라 어떤 전자부품이 필요한지 생각해보세요.
- ☐ 아두이노에 전자부품을 연결하세요.

- ☐ 라이브러리나 예제를 활용해 스케치 코드를 작성해 주세요.
- ☐ 완성이 됐다면 종이박스나 3D 프린터 등을 이용해 예쁘게 꾸며주세요.

가능하면 부모님이나 친구들과 함께 만들어보세요. 또는 집 주위에 메이커 스페이스가 있다면 그 곳에 있는 다른 사람들과 같이 해보세요. 분명 혼자 만드는 것보다 훨씬 재미있을 거예요.

혹시 아두이노에 대해 더 공부하고 싶으신가요? 아니면 아두이노뿐만 아니라 오픈소스 하드웨어를 더 배우고 싶나요? 그렇다면 오픈소스 DIY(https://goo.gl/HulTrI) 유튜브 채널에 있는 동영상 강좌를 추천드려요. 다음과 같은 내용으로 구성되어 있어요.

- ☐ 스크래치X
- ☐ 아두이노 기초
- ☐ 아두이노 이론
- ☐ 임베디드 이론
- ☐ 무선통신
- ☐ 프로세싱
- ☐ 프로젝트
- ☐ 앱 인벤터
- ☐ 사물인터넷
- ☐ 라즈베리 파이
- ☐ 비글본 블랙
- ☐ 메이커 스페이스
- ☐ 메이커 무브먼트

또 궁금한 것이 있다면 제게 메일이나 페이스북(http://fb.com/DoYouKnowArduino)을 통해 연락주세요!

아두이노,
상상을 현실로 만드는 프로젝트 실전편

1판 1쇄 발행 2016년 10월 30일
1판 5쇄 발행 2021년 5월 10일

저　자 | 이준혁
발 행 인 | 김길수
발 행 처 | (주)영진닷컴
주　소 | (우)08507 서울특별시 금천구 가산디지털1로 128
　　　　　 STX-V 타워 4층 401호
등　록 | 2007. 4. 27. 제16-4189

©2016., 2021. (주)영진닷컴

ISBN | 978-89-314-5488-8
이 책에 실린 내용의 무단 전재 및 무단 복제를 금합니다.

YoungJin.com Y.